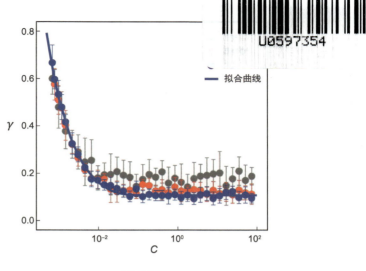

图 7.15

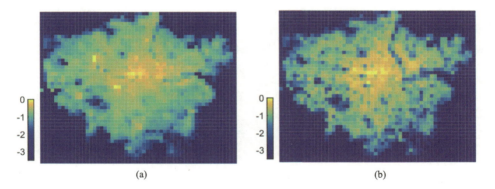

(a)   (b)

图 7.18

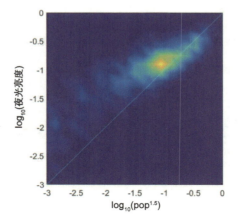

图 7.19

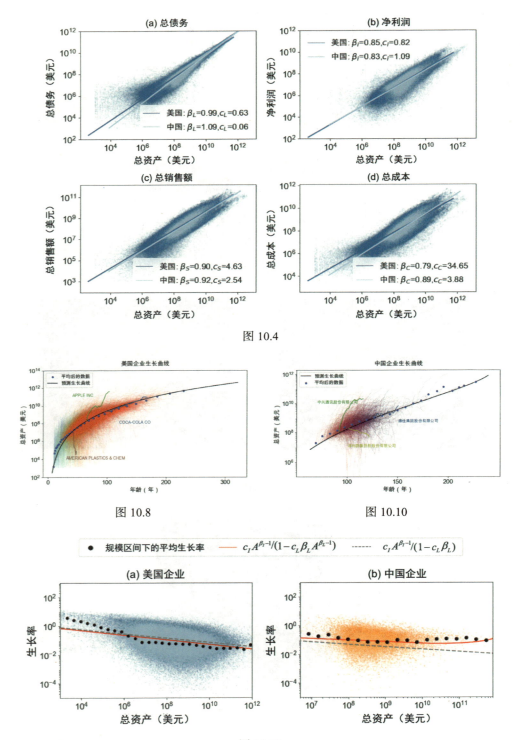

图 10.4

图 10.8

图 10.10

图 10.13

张江 ◎ 著

规模法则

探索从细胞到城市的普适规律

人民邮电出版社
北 京

图书在版编目（CIP）数据

规模法则 ： 探索从细胞到城市的普适规律 / 张江著
. -- 北京 ： 人民邮电出版社，2023.7
（图灵原创）
ISBN 978-7-115-61005-8

Ⅰ．①规⋯ Ⅱ．①张⋯ Ⅲ．①社会规律－普及读物
Ⅳ．①K02-49

中国国家版本馆CIP数据核字(2023)第003586号

内 容 提 要

本书聚焦于“规模法则”这一复杂科学前沿研究方向，阐释了各类复杂系统（生命系统、生态系统、互联网社区、城市、国家、企业等）中存在的统一规律。规模法则理论能够用简洁的幂律公式刻画各种宏观变量随系统规模变化的数量关系，帮助我们重新审视万事万物。本书不仅搭建了一个系统认识复杂科学的思维框架，揭示了不同事物背后的普适规律，而且可以让你对工作和生活有更全面的理解、更本质的洞察。

本书适合大学生、研究生、跨领域科研人员、企业高管，以及对复杂科学感兴趣的大众读者阅读。

◆ 著　　　　　 张 江
　 责任编辑　 王军花
　 责任印制　 胡 南
◆ 人民邮电出版社出版发行　　 北京市丰台区成寿寺路11号
　 邮编　100164　 电子邮件　315@ptpress.com.cn
　 网址　https://www.ptpress.com.cn
　 北京捷迅佳彩印刷有限公司印刷
◆ 开本：720×960　1/16　　　　 彩插：1
　 印张：19.5　　　　　　　　　　 2023年7月第1版
　 字数：360千字　　　　　　　　 2025年9月北京第4次印刷

定价：79.80元
读者服务热线：(010)84084456-6009　 印装质量热线：(010)81055316
反盗版热线：(010)81055315

谨以此书献给我的母亲

Foreword

I am delighted and honored to have been asked by my colleague and collaborator, Jiang Zhang, to write a Foreword to his wonderful book *Scaling Laws - Exploring universal laws from cells to cities*. The subject of the book is dear to my heart and it is a source of great pleasure that it is written by the foremost authority in China on the subject of scaling laws and their far-reaching implications.

At the turn of the millennium, the eminent cosmologist, Stephen Hawking, was asked the following question: *Some say that while the 20th century was the century of physics, we are now entering the century of biology. What do you think of this?* To which he responded: *I think the next century will be the century of complexity.* I whole-heartedly agree, as I'm sure Jiang does. As we move into the 21st century we face increasingly challenging societal problems, such as climate change and the degradation of the environment, the stability of markets and political systems, exponential urbanization and population growth, and the long-term sustainability of the planet. All of these are examples of what have become known as *complex adaptive systems* and there is now an urgent need to develop a quantitative, predictive, unifying scientific framework for understanding the dynamics of such systems in order to inform practitioners and politicians addressing these hugely challenging and threatening problems. And this is where the power and importance of scaling laws comes in to play since they can potentially provide the key for understanding the generic underlying mechanisms at work in these systems, as well as revealing the profound interconnectedness that exists throughout the natural and human-made world.

At its core, scaling laws tell us how various measurable characteristics of a system change with its size; these could include, for example, metabolic rates, growth rates, transportation networks, or even the behavior of individuals within a society. They also tell us, for instance, how these kinds of characteristics change across scales between different mammals, different cities or different companies, thereby providing significant, and often fundamental, insights into the underlying mechanisms that shape both the natural and socio-economic world. For, despite the apparent random, arbitrary and capricious nature of the messy world around us - from the tiniest organisms to the largest metropolises - fascinating patterns, principles and laws that transcend their size and complexity are revealed when viewed through the lens of scaling.

Scaling laws expose the intricate order hidden beneath the surface of complexity. They can help us understand how various systems function, evolve, and interact with one another, whether it's the efficiency of a machine, a company, or an organism, or the design of more sustainable cities. Equally importantly, they also point to the central role of complex networks that distribute energy, resources and information throughout these systems, as for example in revealing the similarities and differences between the architectures of the branching structures of trees, river networks, or the human circulatory system, and how these are related to the dynamics of social networks that operate in a company, or the commonalities that govern the behavior of individuals within societies.

This book is not only for the scientific community but is for anyone with a curiosity for understanding the world around them whether it's organisms, ecosystems, cities or companies, or it's for appreciating the extraordinary underlying unity of our world that transcends the artificial boundaries separating disciplines and fields. It is only by embracing a transdisciplinary approach that goes beyond such synthetic constructs will we be able to seriously address the many challenges we face. Viewing the world through scaling phenomena does just that.

I am confident that this book will provide novel insights, and be an inspiration, to thinkers, scientists, and problem solvers from all backgrounds for embracing a more holistic, integrated complexity perspective as a complement to the predominantly reductionistic focus of most of our traditional ways of attacking problems, both big and small.

Geoffrey B. West

Shannan Distinguished Professor
Former President
Santa Fe Institute
Santa Fe, New Mexico, USA

序 一

我很高兴,也很荣幸,应同事兼合作者张江的邀请,为他精彩的新书《规模法则——探索从细胞到城市的普适规律》作序。首先,这本书的主题就让我觉得非常亲切,而更让我感到高兴的是,该书作者张江是在规模法则(scaling law)这一研究领域最权威的中国专家之一。

在千禧世纪之交,著名的宇宙学家霍金曾被问及这样的问题:有人说 20 世纪是物理学的世纪,而我们现在正在进入生物学的世纪,您对此有何看法?霍金回答道:"我认为下一个世纪将会是复杂性的世纪。"我非常赞同这一点,并且我肯定张江也会赞同。随着进入 21 世纪,我们面临越来越多的社会挑战,如气候变化和环境恶化、市场和政治体系的不稳定、城市化和人口呈指数级增长所带来的压力,以及人类社会长期可持续性发展等问题。所有这些都是"复杂适应系统"的具体实例。而当务之急是,我们应该针对复杂适应系统发展出一个定量的、具有可预测性的、统一的科学框架来理解这些系统的动力学机制,从而帮助实践者和政策制定者解决这些极具挑战性和威胁性的问题。这是规模法则理论能够发挥重大作用的地方,因为它很有可能在解释这些系统的底层机制方面起到关键性作用,以及揭示出自然世界与人造世界之间的深刻关联。

规模法则理论的核心是揭示出一个系统的各种可观测特征如何随其规模而变化,这些特征包括新陈代谢率、生长率、输运网络甚至社会中个体的行为方式。它同样可以告诉我们,这些特征如何在不同的动物、不同的城市或不同的公司中随规模而变化,因此它可以提供重要的,同时也是非常本质的,关于塑造自然与社会经济形态的底层机制的洞察。这是因为,从微生物到大都市,尽管这些事物看似随机、任意和反复无常,但当我们通过规模缩放(scaling)的视角考察时,就会发现超越它们大小和复杂性的迷人的模式、原理和定律。

规模法则揭示出事物复杂性表面下微妙的隐藏秩序。它们可以帮助我们理解各式各样的系统是如何发挥功能、逐步演化,以及与其他系统发生相互作用的,还能够回答一台机器、一家公司或一个生命体的效率如何,以及怎样规划一座城市,让它实现可持续发展。同等重要的是，它们还能指出那些分发能量、资源和信息的各式各样的复杂网络在系统中的重要作用。例如，规模法则能够揭示出树、河流网络、血管网络等网络的分叉模式有哪些相似之处和不同之处，这些特征如何与一家公司的社会网络动力学相联系，以及不同社会中个体的行为有哪些普适性的规律。

这本书不仅适用于科学界，还适用于对周围世界（无论是生物体、生态系统、城市还是公司）充满好奇心的人们，以及能够超越传统学科划分和领域边界，欣赏这个世界中非凡统一性规律的人们。只有超越传统学科边界，拥抱跨学科领域的研究方法，我们才能够真正解决所面临的一系列挑战。从规模缩放的视角看待世界正是这样做的。

我相信这本书会为各个领域的思想家、科学家以及真正试图解决问题之人提供新的见解和灵感，以拥抱更全面、综合的复杂性视角，作为对大多数传统解决问题方式的还原论视角的补充。

杰弗里·韦斯特

美国新墨西哥州圣塔菲研究所前所长，Shannan 杰出教授

序 二

施必适其量，用必思其器

"更重要的是，从质能方程到规模法则，复杂系统从中悄然诞生。"

2020 年以来，人类社会的发展仿佛呈现出一条全新的轨迹：极端天气、俄乌冲突、股市熔断、粮食危机，这些百年罕见的天灾人祸、重大事件集中发生。与此同时，以人工智能、区块链、元宇宙等颠覆性技术为代表的高科技产业仍在不遗余力地加速推进着。人们乐观地以为新的问题只有通过新的技术变革才能解决，但其实每一项新的发明都有可能引发新的问题和挑战。人们不禁要问：这意味着什么？这个疯狂的世界将要奔向何方？

要回答这一系列问题，应对人类百年未有之大变局，就必须站在一个全新的视角上进行系统性的思考。首先，这一全新视角需要抛开所谓"学科"的狭隘局限，将古今中外各个学科的知识统合起来；其次，它要求我们既要站在全球的宏观视角把握大的发展趋势，又要深入细节，给出精细微妙的处理方案；最后，它还要求我们必须认识到所有这些问题都并非彼此孤立，其背后存在关联性与统一性。总之，我们需要一个新兴的学科作为思维的脚手架，帮助我们理解这个复杂的世界。

复杂科学（complexity science）无疑将承担起历史的重任。这门自 20 世纪 80 年代发展起来的新兴学科试图采用跨学科的方法，研究各类复杂系统背后的统一规律。尽管它还很年轻，还没有一个普遍公认的概念体系和学科框架，但是它的跨学科范式、多尺度的研究视角、超越还原论的研究方法以及普遍联系的世界观，足以让它担此重任。

《规模法则》讲的正是复杂科学研究和关注的问题。首先我想讨论的一个问题是，这本书中的内容，按照我们一般的知识经验和学科框架，应该归于哪一个部分？我想这对于读者而言是十分重要的。显然，大家都会从书名和内容简介中意识到这本书将是极其有趣的，却又有些陌生：应该把它装进我大脑中的哪个学科板块呢？

我们对"量变引起质变"都非常熟悉，它揭示了当事物量的变化超过一定界限就会引发质的变化的规律，事物的本质差异由质所决定，不同的质往往对应不同的量的范围。可以看到，规模、大小、多少等都是量的基本内涵。这就要求我们在实践中把握适度原则，"施必适其量"。

然而，对不同的事物或者系统而言，与它们本身相适应的量，比如大小、规模、寿命等，应该是多少呢？这些量是否遵循相同的规律？这个规律具体又是什么？或者说，量变引起质变，进而导致事物由此变彼，可这背后还有不变的东西吗？这些问题正是本书试图回答的。万有引力不变，质量、能量守恒，这些都是物理学的普适原理。除此之外，对于复杂系统研究也许还有"新万物理论"——规模法则。

由此，回到开头的问题，规模法则似乎该归类为物理学。然而它的研究对象横跨整个自然界与社会，从细胞到企业甚至国家，显然并不局限于物理学范畴。实际上，学科的门类曾是为了方便人的认知而划分的，今天，我们是时候打破它们之间的壁垒了。我们不妨开拓一块新的领地来存放它，这里将弱化甚至摒弃学科间的差异，为我们认识事物提供一个新视角，一个新工具。

规模法则是什么？简单来说，规模法则力图对具有不同规模的事物一视同仁，无论它是生命系统还是非生命系统，无论它来自人类社会还是自然界，都力求找出它们背后共同遵循的规律。规模法则研究各种看似毫不相干的对象的各种宏观表征随系统规模变化的规律，且这些规律通常能够用一个简洁的幂律公式概括。

如何理解幂律？比如马太效应，也叫二八定律，每个人都耳熟能详，它广泛存在于社会财富、市场份额、网络流量、学术引用等的分布及资源、声誉和权力等的分配中，即绝大部分的收益被少数人占有，大部分人只能分享剩余的很少收益。在统计上，它们都服从幂律分布。再比如，鲨鱼、钞票、人和股票价格的移动/变化共同遵循"莱维飞行"模式，即它们大多数时间移动/变化的幅度比较小，而少数时间则非常大。这些移动/变化的幅度也遵从幂律分布。科学家在很多真实系统中发现了幂律分布，与这些讨论系统中某一个量的分布不同的是，规模法则的幂律公式描述的是复杂系统的各类宏观变量如何随着系统规模的大小而变化。

从一般的时间角度来看，老鼠、人、大象之间的寿命差异很大，这是由它们巨大的体重差异所导致的不同新陈代谢率造成的，且它们的寿命与各自的体重都遵循同一个幂律公式。不同于一般时间的概念，如果将相邻两次心跳之间的时间间隔看作一个单位时间（也叫生理时间），这些物种的"寿命"却很相近，因为它们一生的心跳总次数几乎相同。也因为不同物种生理时间之间的差异，老鼠总显得毛毛躁躁，而大象则慢慢悠悠。那为什么它们一生的心跳总次数几乎相同？在生命体的生长过程中，为什么虾、鸡和牛都遵循相同的生长曲线？心跳总次数和生长曲线又是怎样被它们与规模之间的幂律关系所决定的？这些问题的答案都在本书中，有待大家自行探索。

似乎这些问题与我们的生活关系不大？但下面的事情却与我们息息相关。

在药品说明书上经常可以看到"儿童减半"的说明，严格来说这并不准确。规模法则告诉我们，当一个儿童的体重是成人的一半时，他应该服用的准确剂量是成人的60%。或许减半服用并不是多么严重的事，最多效果欠佳或见效慢。然而反过来，当成人按照儿童剂量的双倍服用时，则可能因药物过量导致严重的后果。而造成这种差异的原因，也是源于规模法则中幂律形式的非线性关系。

相比如何科学服药，我们可能更关注一些有关人类社会的大问题。比如，为什么科技进步放缓之后，内卷现象就会加剧？为什么城市生活节奏越来越快？对市场而言，如何从公司财报的销售总额估计它的运转效率、总资产和投资收益率？如何刻画互联网社区的用户黏性——无论这个社区是流量巨头还是新上线的小网站？对城市设计和管理者而言，随着人口增长，基础设施建设该如何规划？城市的犯罪率是否过高？是否应该制定以及如何制定合理的创新激励政策？超大城市的未来图景是什么？是否应该限制城市规模甚至适当逆城市化？在规模多大的城市中人们将不能忍受它所要求的快节奏生活？规模法则揭示了以上所有与规模相关的问题产生的内在必然性，也对它们一一作答。

在规模法则的数学描述 $Y \propto M^b$ 中，右侧的 M 可以看作对构成系统的物质规模的定量刻画，而左侧的 Y 可以理解为对系统的各种"能量"属性的度量，因此可以说规模法则描述了系统能量流与物质总量之间的定量关系。这个公式让我们自然想到爱因斯坦的质能方程及其所阐明的能量与质量之间的关系，不妨将其简记为 $E \propto m$。这两者无论是形式还是内涵，都是如此相似。更重要的是，从质能方程到规模法则，复杂系统从中悄然诞生。

除了规模法则的内容，它的探索过程本身也给予我们诸多启示。从鲁布纳的 2/3 次幂到克莱伯的 3/4 次幂，再到韦斯特等人的 WBE 模型，"第谷→开普勒→牛顿"的研究范式在这一过程中清晰呈现：首先将现象"采样"成数据，然后归纳建模现象层面的规律，最后探究现象规律背后的决定机制。这一研究范式并不限于科学实践，它是一种可靠的方法论，一种更高效的认知思维，无论你在什么行业和职位，都可以用它来更好地指导社会实践的方方面面。然而，在我们的实践中往往面临两个问题：

一、只有数据而不清楚其背景;二、我们面对的大多数问题经常是细碎的,或者深度分工化的。因此,我们往往只见其部分而不见背后问题的全貌。这些问题经常导致我们难以准确把握现象层面的规律,更难以在决定机制的探索中有所建树。因此,我们应该花费一些精力从整个系统的角度去认识更全局性的情况,去适当地"逆分工化",从而获得更深刻的认知和更长远的收益。正如二十大报告中所提到的"六个坚持"中的第五个坚持,就强调了将系统观念作为基础性的思想和工作方法。

而这种强调系统、整体的观念不仅可以追溯到老子这样的先贤的哲学思想,也秉承了近代科学巨人钱学森先生以整体与部分的关系为研究对象的系统论理论的研究脉络。复杂科学可以看作系统科学发展到当今世界的一个新阶段。不同于牛顿给人们描绘的一个机械性、确定性的世界:只要设定了初始状态,世界万物都将按照确定的规律运行,如同精心设计的机械钟表一样准确无误,复杂科学面对的往往是具有不确定性的世界,就如同大家熟知的蝴蝶效应,它形象地展现了非线性系统对初始值的极端敏感性,也体现了复杂系统一个有意思的现象——混沌。事实上,大多数真实系统既不是混沌的,也不是秩序的,而是处于两者之间,我们称之为混沌与秩序的边缘状态。复杂科学正是诞生于混沌与秩序边缘的新科学,它培养的是一种复杂性思维,而这种思维范式助力着我们对复杂系统中规模法则所展现出的普适规律的探索。

另外,我们需要看到,规模法则的形成,既是作者、韦斯特及更多研究者合作的结晶,更是跨越多个学科交叉研究的成果。今天,学科间的壁垒经常让研究和知识变得彼此陌生和难以沟通,这本身阻碍了人们对复杂的、宏大的、跨学科的问题的认识与研究,也阻碍了普适的"万物理论"的发现。甚至可能某些领域已经获知了一个新的"万物理论",却因囿于狭窄的学科经验和不够开阔的视野而难以将其"举一反三"拓展到其他领域。正如克莱伯定律也需要跳出生物学范畴,在其他自然系统、社会系统、技术系统中验证之后,才能意识到它的"万物理论"的性质。

回到前文的"施必适其量",它的后半句是"用必思其器"。让我们将本书的精华作为新的实践之"器",超越现有的认知与经验,更深入地推进研究、认识万物、指导实践。

吕琳媛

中国科学技术大学教授,国际网络科学学会理事

Erdős-Rényi Prize、科学探索奖获得者

癸卯年丙辰月 杭州

前　　言

这是一本有关复杂系统的前沿研究方向"规模法则"（scaling law）的科普读物。所谓复杂系统，是指由大量个体通过错综复杂的相互作用关系形成的整体，它包括生命系统、生态系统、互联网社区、城市、国家、企业等。这些复杂系统表面上看起来毫不相干，甚至按照传统的学科划分，它们隶属于完全不同的科学领域，但是它们背后却存在统一的规律与法则。规模法则就是这些规律中的一组非常简洁而深刻的定量法则，它描绘了复杂系统的各类宏观变量是如何随着系统规模的大小而变化的，而且通常能够表达成简单的幂律公式。这些简单的数量关系背后隐藏着更深刻的复杂系统普适的基本原理。

正如粒子物理学家们希望找到一个万物理论以精确刻画所有基本粒子的行为一样，复杂科学研究者们也希望找到一套"新万物理论"，以洞悉各类复杂系统背后的简单法则，甚至写下优雅的数学方程。然而，与物理学的"老万物理论"相比，"新万物理论"并不试图将复杂系统的特性归结为个体单元的运行规律，而是希望找到系统构成本身的普适规律，它甚至独立于系统的构成单元。如果我们将复杂系统的构成单元看作硬件，将这些单元的组成与相互作用方式看作软件，那么粒子物理学的"老万物理论"就是描述硬件的方程，而复杂系统研究者们的"新万物理论"则是希望发现软件中的普适规律。

但是，复杂系统千差万别，我们应如何入手寻找规律呢？经典物理学中第谷、开普勒和牛顿这3位科学家的理论发展轨迹可以给我们不少启发。首先，第谷从记录天体运行轨迹，而不是研究马车、炮弹的运动轨迹入手。这是一个良好的开端，因为正确的切入点才会引出真正的发现。同样，面对复杂系统，我们也必须找到一个好的视角，它既足够简单，又可以引出深刻的观点。种种迹象表明，系统的规模（scale）就是这个正确的切入点。描述复杂系统的功能、属性如何随规模而变化的规模缩放（scaling）规律就像是行星的运行轨道。其次，第谷→开普勒→牛顿的范式也给我们研究复杂系统提供了很好的借鉴，它指导我们从观测出发，归纳出背后的简单模型，最后升华到普适原理。这是300多年来科学研究方法不变的范式。本书恰恰就是沿着这种范式，不断趋近复杂系统的"牛顿定律"，也就是"新万物理论"的。

本书的内容基本可以分成 5 个部分。第一部分包括第 1 章和第 2 章，阐明复杂系统、规模、规模缩放变换以及规模法则等概念。

第二部分包括第 3 章、第 4 章和第 5 章。第 3 章主要围绕克莱伯定律（Kleiber's law）展开。为什么人类的最长寿命大约是 120 岁？寿命长短由什么决定？为什么几乎所有生物体在成年后都不再生长？这些问题都和克莱伯定律有关。这一定律告诉我们，无论是单细胞生物还是大象、鲸，生物体的新陈代谢率与生物体的体重都存在幂指数为 3/4 的幂律关系。它的适用范围甚至可以横跨约 30 个数量级。而且该定律还有一大批非常重要的推论，例如：所有哺乳动物一生之中的总心跳次数近似为一个常数（15 亿），真可谓冥冥中自有定数。为了理解克莱伯定律的起源，人们提出了最优化网络模型（WBE 模型），并指出克莱伯定律现象恰恰是网络的自相似特性导致的。一旦我们明确了这一点，便很容易将结论扩展到更多的复杂系统中。

第 4 章主要围绕克莱伯定律的拓展进行展开，介绍了巴拿瓦网络模型、德雷尔球模型以及各种流网络模型，它们具有远超生物体的适用范围，但都遵循普适的广义克莱伯定律。

在第 5 章中，我们将克莱伯定律扩展到了 30 万个百度贴吧之中。我们发现，广义克莱伯定律普遍适用于这 30 万个贴吧，并且不同的贴吧具有不同的幂指数。这些幂指数可以作为对贴吧用户黏性的测量，幂指数越大，贴吧中各个网友之间的交互黏性也就越强。更进一步，我们发现网民浏览贴吧的注意力流结构决定了贴吧的用户黏性。注意力流结构越垂直、耗散越小，则用户黏性越强。从这一点来看，广义克莱伯定律也许可以帮助我们管理互联网社区。

第三部分包括第 6 章、第 7 章和第 8 章，主要讨论互联网社区、城市中的规模法则，以及衍生的城市生长和奇点等推论。在第 6 章中，我们指出：社会系统与生物群落不同，这些有人参与的社会系统除了要像老鼠或大象一样摄取外部资源以维持基本的新陈代谢之外，还需要创造财富和创新。这一特性使得这类系统普遍存在超线性规模法则，即产出的增长速度要远大于系统规模的增长速度。这恰恰就是对亚当·斯密大头针工厂之谜的定量化表述，即多人劳动分工协作的效率要远大于这些人单干的效率之和。为了理解这些现象，我们在第 6 章中构造了一个"匹配生长"理论模型，它可以同时解释社区和城市中的各类规模法则。该模型模拟了一个个节点不断加入网络的过程，但只有当新节点的特征能够与某些老节点匹配的时候，新节点才能存活。

无论在互联网社区还是在城市中，新来者要想融入，必须找到能够接受他的人，也就是有自己的生态位。所以，只有当系统的规模足够大，其中个体的种类足够丰富的时候，才会有更多的生态位被创造，随机新加入的节点才能快速地找到自己的生态位，这就是匹配生长模型的精髓。

在第 7 章中，我们将目光聚焦在城市。首先，城市中也广泛存在财富创造、科技创新的超线性规模法则。然而，一起超线性增长的还包括犯罪、环境污染和疾病传播，我们将这些负面因素统一理解为"社会熵"。也就是说，随着城市增长，每个人的财富都会增加，但与此同时，我们也会遭遇更多的犯罪和环境污染。更大的收益伴随着更大的风险。另外，城市中所有的基础设施都遵循亚线性规模法则，即城市越大，对于各类基础设施的人均需求就会越小，这体现了城市的规模效应。为了理解这些现象，我们介绍了两个城市模型。第一个模型根据城市的产出与成本的平衡，以及层级化的道路网络，能够推导出城市中的所有规模法则。第二个模型则是匹配生长模型的扩展。无论是哪种模型，它们都认为创新和财富创造超线性规模法则来源于人与人之间的非线性交互，以及这些交互所受到的道路网络约束。于是，我们可以认为城市的超线性规模法则实际上与基础设施的亚线性规模法则相辅相成。道路网络决定了城市的规模效应，以及创新和发展。此外，匹配生长模型的扩展不仅可以说明城市的各类规模法则，还可以推导出城市中道路、社会交互等各类要素的空间分布情况。

在第 8 章中，我们讨论了城市超线性规模法则背后的深刻含义，并引申出一个全新的话题：技术奇点。奇点临近是根据城市中的超线性规模法则以及生长动力学方程推导出来的一个必然结论。首先，超线性规模法则导致了城市的产出要远大于维护成本，这使得城市展现出超指数生长动力学行为。这种动力学可以在有限时间内让城市的人口、财富、创新（也包括犯罪、疾病传播、环境污染）同时趋于无穷大，从而引发城市崩溃。科技革命可能会延缓这一过程，但更快的社会变革迫使科技革命本身也在不断加速。最终，城市将不可避免地走向终极奇点。奇点来临的时候将会发生什么？我们是否可能避免奇点？第 8 章进行了详尽的探讨。

第四部分包括第 9 章和第 10 章，集中讨论了企业的规模法则和生长规律。首先，在第 9 章中，我们利用 3 万多家美国上市企业和 3000 多家中国上市企业的数据，展示了企业的规模法则。其次，我们比较了中美两国企业在规模法则上的差异。我们发现，虽然中国企业的人均销售贡献高于美国，但随着公司规模越来越大，人均销售贡献反而会变得越来越低。这为激发中小企业活力这一政策的提出提供了理论参考。最后，我们给出了一种评估企业的全新指标——规模法则离差。相比常用的比例指标，离差指标考虑了非线性效应，从而剔除了企业规模因素的干扰，让我们可以更合理地比较不同规模的企业。

第 10 章讨论的话题是企业的生长。长久以来，企业生长都被视为不确定性的，它会受到政治、经济、营商环境等各种因素的影响。然而，根据规模法则和基本的财务平衡原理，我们从数学上推导出了一个严格的确定性的企业生长方程。这一方程不仅消除了长久以来理论界关于吉布莱特定律的争论，而且预测出一个全新的现象——奇点。然而，与城市的奇点不同，企业生长的奇点是一个临界规模，会限制企业的发展，没有企业能够在长期发展中超越这个规模。更有意思的是，该理论指出，这个奇点与整个市场中债务和总资产的规模法则有密切关系。

第五部分为第 11 章，是对前面各章内容的总结与升华。我们试图透过已介绍的内容和研究现状猜测"新万物理论"——复杂系统的物理学，或简称"复杂物理学"的大概模样。规模、规模法则很可能仅仅是一个开端。围绕规模这一特殊的变量，我们也许会进入一片完全未知的天地。甚至，就像当年牛顿发明微积分，复杂系统的"新万物理论"可能也需要发展一套崭新的数学工具。只有借助这样的工具，"新万物理论"才有可能成功。

本书的写作目的主要有 4 个。

- 普及复杂系统研究中有趣而深刻的前沿知识，介绍知识背后的动人故事。
- 介绍复杂系统建模的思考方式和技术手段，特别是如何融会贯通复杂网络、统计物理等理论工具和技术手段，将其应用于各类实际问题的研究。
- 将第谷→开普勒→牛顿的研究范式以及思维方法传递给读者。我们将领略复杂性研究是如何抽丝剥茧，从复杂的现象中抽取最核心的要素，从而得到优雅、简单的模型的。
- 引领读者走上寻觅复杂系统"新万物理论"的征程。路漫漫其修远兮，不知道读者是不是下一位牛顿呢？

作为一名各类科普读物的爱好者，我深知"每增加一个数学公式，就会吓退一半读者"的警世名言。尽管我已做了很大的努力，但仍然保留了一系列简单的公式。希望读者不要因此而害怕，因为它们都长成了类似的模样，即规模法则方程 $Y \propto X^b$。我真的不能把它再抛弃了，因为本书所讨论的就是这一方程。我在注释中尽量给出了公式的推导细节，希望可以帮助那些数理基础好的读者更清晰地理解正文所描述的模型。

　　本书的写作始于 2014 年的夏天，当时我仅仅想对生物、互联网社区、城市中的规模法则以及自己的研究做一个总结。一年多之后，全书基本完成，只差最后一章。由于这一章是总结与展望，我陷入"新万物理论"的宏大构思中而无法自拔。于是，写作被打断并搁置，3 年多的时间过去了……2018 年 9 月，杰弗里·韦斯特的《规模》中文版出版。作为他的合作研究者，也作为《规模》一书的校译者，我深深地被韦斯特的精彩理论和宏大构思所吸引。其实从内容上看，本书与《规模》非常相似，而且基本架构也雷同，似乎《规模》的出版让这本书更没有了面世的理由。然而，在朋友的鼓励下，我还是重新开始了这本书的写作，并计划于 2018 年 11 月底完成。

　　然而，计划赶不上变化。由于此时我与韦斯特关于企业的研究工作进入了关键阶段，因而这本书的写作再次搁置。直到 2022 年夏天，我将企业的研究论文完成并投稿之后，才再次重拾本书的写作。也正因为此，我得以将企业规模法则和生长方面的最新研究成果加入本书中，这一主题是《规模》一书未曾展开的，也是本书的精彩之处，很多研究成果是"全球首发"，独此一家。

　　除此之外，尽管构思相近，但本书绝不是《规模》的东施效颦之作。读者权且可以将本书看作《规模》的深入解读和扩展，我会按照自己的方式重新表述《规模》中的重大发现，并加入自己的大量解读，还补充了《规模》中省略的推理过程和技术细节。特别是在理论模型方面，无论是生物还是城市，我都做出了详尽的介绍。这就有可能为那些想深入了解《规模》的人提供一个阶梯。所以，各位读者不妨将本书视作《规模》的解读版本。更重要的是，我加入了自己的大量研究成果以扩展规模理论。

　　在本书出版之际，我想向以下几位重要人物表达感激之情并致以深切的谢意：我的主要研究合作者，Geoffrey West、Chris Kempes、Macus Hamilton、吴令飞、李睿琪、董磊；我的学生，陶如意、张章、陈昊、张妍、杨明哲；集智俱乐部的同事，王建男、张倩、王婷、刘培源、周莉、徐恩峤、梁金等。本书的成型和你们的帮助密不可分。

目　　录

第1章

新万物理论

将万事万物的运行规律概括为一个简洁的方程，这就是所谓的万物理论（The Theory of Everything），是物理学家们长久以来追求的宏伟目标。从爱因斯坦研究统一场论到霍金研究引力，一代代才华横溢的物理学奇才为此奋斗终生。然而，万物理论是可能存在的吗？

物理学家们的基本逻辑是：万物都可以分解成分子、原子甚至夸克，万事无外乎是基本相互作用力的复杂表现。于是，只要把基本粒子及其相互作用的原理搞定，理论上我们就可以理解万事万物的运作机制了。暂且不说统一量子和引力的理论是否存在，即使找到了这样的万物理论，我们真的就能了解一切吗？

1.1 确定性的丧失

答案恐怕是否定的。我们来看几个例子。1963 年，美国气象学家洛伦兹（E. N. Lorenze）写下了一组微分方程用以模拟大气系统的运转。当他看到计算机给出的运算答案的时候，却发现结果混乱不堪，完全超出了他的想象。他甚至一度怀疑是自己的程序出错了。后来，人们认识到这种现象叫作确定性混沌，即使基本的方程是完全确定性的，运行结果仍然可能充满了混乱和不确定性。由此可见，即使我们知道了基本的方程，由于混沌效应的存在，我们仍然可能无法预测宏观系统的运行。

1970 年，数学家约翰·康威（John Conway）在《科学美国人》上发表了一个非常有意思的游戏。假设一个棋盘格世界，每个方格都有可能居住一个小生命体。如果一个生命体的周围有超过 3 个邻居，那么这个生命体就会因为过分拥挤而死亡；如果邻居少于 2 个，该生命体就会因为过分孤独而死亡；如果一个空方格周围有 3 个生命体，就会有一个新生命体在这个方格诞生。我们不妨把有生命体的方格涂成黑色，无生命体的方格涂成白色，并在计算机上运行这个有趣的程序，我们会看到异常复杂的图案在屏幕上闪烁，如图 1.1 所示。这些图案时而混乱不堪，时而高度对称。甚至，在这个方格世界中，经常会"窜出"一些可以称为"滑翔机"的小家伙，它们慢悠悠地从一边走向另一边，如图 1.2 所示。康威甚至证明，如果将这些小"滑翔机"看作 01 编码串，那么我们可以在这个生命游戏的世界中拼出一台完整的虚拟计算机，从而支持任意复杂的运算。这一切宏观结果完全超出了康威在设计游戏时的想象。由此可见，尽管底层规则非常简单，我们仍然很难把握宏观的整体模式[①]。

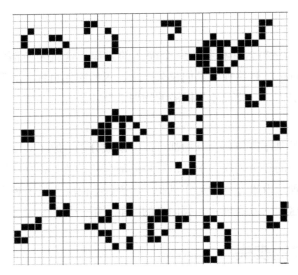

图 1.1　"生命游戏"运行中产生的模式

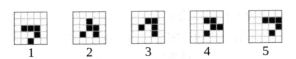

图 1.2　"生命游戏"中涌现出的"滑翔机"在 5 个时刻的运动情况

　　在这些例子中，底层的微观构成单元是确定的方程或简单的规则；但是在高层次，我们却发现了全新的特性和规律。所以，即使物理学家在基本粒子层面找到了统一的

---

① 关于复杂科学，大家可以参考两本以《复杂》为正标题的书，一本是米歇尔·沃尔德罗普著的《复杂——诞生于秩序与混沌边缘的科学》，另一本是梅拉妮·米歇尔著的《复杂》。前者的故事性更强，后者则更偏向于理论介绍。关于生命游戏和计算机建模，可以参考约翰·L.卡斯蒂著的《虚实世界》以及约翰·H.霍兰著的《隐秩序——适应性造就复杂性》。

方程，他们也并不一定可以获知高层次的全部知识。真可谓"隔层次如隔山"。那么，是否可以下结论：我们永远不可能找到万事万物中的统一规律了呢？

1.2　确定性的涌现

答案似乎仍然是否定的。在很多情况下，即使看似完全不同的系统，却存在统一性。下面仍然用例子来说明。

深海中，鲨鱼捕食猎物的过程会在三维海底空间中画出一条混乱而随机的轨迹，鲨鱼时而快速冲向水底袭击鱼群，时而缓慢上游等候时机。如果对它们每次运动的距离做频率统计，画出一张图，其中横坐标为运动距离，纵坐标为相应的出现频率，那么我们会得到一条幂律分布曲线，即大部分时间鲨鱼的运动距离很短；而少部分时间，鲨鱼的运动距离却非常长。学界将这种运动方式称为莱维飞行（Levy flight）。这是由法国数学家保罗·莱维（Paul Levy）提出的一种随机游走模型，如图 1.3 所示。科学家们通过数学模型发现鲨鱼之所以采用莱维飞行的方式游走，是因为这样可以让自己有更大的概率捕获猎物。少数长距离的游动保证了它可以探索整片海域，获得全局性信息；而大量短距离的游动则保证它可以尽可能地开发利用已探索过的可能存在猎物的区域。

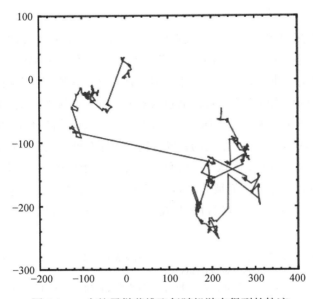

图 1.3　一个粒子做莱维飞行随机游走得到的轨迹

无独有偶，在现代社会中，人类的出行方式也遵从类似的莱维飞行模式。早在 1998 年，一个叫汉克·埃斯金（Hank Eskin）的人建立了一个叫作 Where's George? 的网站，并号召网民将手中美元上的号码和他当时所在地的邮政编码输入网站中。久而久之，该网站便收集了大量的数据。按照汗克自己的话说，这一举动完全是出于好玩，他想让人们知道一张美元的运动轨迹，尽管他并不能严格追踪每一张钞票。然而没想到的是，他的这些数据却在 7 年后帮到了一个叫作布鲁克曼（D. Brockmann）的科学家，这位科学家利用这些数据分析出了人类的运动规律[①]。我们知道，钞票自己是不会移动的，只会被装在兜里跟着人一起移动。于是，布鲁克曼可以在美国地图上标记出同一张钞票在不同时刻出现的地点。他发现，钞票的移动轨迹竟然也是类似莱维飞行的模式，即大多数时间停留在一个城市内，而少数时间则会做跨州旅行[②]。如果将钞票每两次出现的距离间隔进行频率统计，一条笔直的直线就会出现在双对数坐标系中——没错，这是一种典型的幂律分布，这一结论后来又被研究者们以更详细、精度更高的手机数据进行了验证。其实，人类采用这种移动模式并不稀奇，每个人的日常出行基本都是往返于家和工作地点这两点；而在节假日，则就有可能做一次旅行。

更有甚者，如果我们将股票的价格波动看作一种在价格区间内的随机游走，那么它也是一种莱维飞行：大部分时间股票价格波动很小，但仍然会出现少数的大涨大跌的情形。鲨鱼、钞票和股票价格，这 3 种东西看起来风马牛不相及，但共同遵循莱维飞行的规律！

我们来看更多的例子。如果把人看作节点，朋友关系看作连线，那么整个社会就是一张社交网络。在这张网络上，任意两个节点的平均间隔要远远小于网络上的节点数，这被称为小世界现象。事实上，对于社交网络来说，这个间隔近似为 6。换句话说，世界上的任意两个人都可以通过大概 6 次好友链接而产生关联。比如，你如何和美国总统产生关联呢？如果你是一名学生，一定认识你的老师，你的老师一定认识校长，而校长认识省级教育部门的领导，这位领导有可能认识教育部部长，教育部部长认识国家主席，国家主席认识美国总统，其中的间隔刚好是 6 步。无独有偶，如果我们将网站看作节点，它们彼此之间的超链接看作连线，那么这个网络也有小世界特性：任意两个网站都可以通过少数几个中间网站产生关联。事实证明，尽管科

[①] 关于这项研究，可以参考布鲁克曼等人在《自然》上发表的文章：Brockmann D, et al. The scaling laws of human travel. Nature, 2006, 439: 462-465.

[②] 严格来说，人类的移动是一种分数扩散过程，它与莱维飞行的最大区别在于该过程的时间间隔取值本身也是不均匀的，而莱维飞行则是每一时间步一跳。

学引文网络、互联网、蛋白质相互作用网络属于完全不同的领域，但它们都具有小世界效应①。

当你站在旗杆底下抖动一下绳子，就会看到一股波从绳子底端以一定速度传播到顶端。这股波就像是一个匀速运动的物体，它仿佛可以无视地球引力的存在而快速爬上高空。事实上，在凝聚态物理中，人们已经发现一些材料就充当了绳子的角色，在材料上传播的波会形成所谓的"声子"。更有意思的是，在一些情况下，声子会和真空中的电子遵循完全相同的量子力学方程。要知道，"声子"作为一种虚拟粒子，实际上是由材料原子的集体振荡形成的波，它和电子完全处于不同的层级。难怪有人怀疑，可能真空也是一种材料（由更微观的粒子构成），而电子则是一种衍生现象（emergant phenomenon）②。

在这些例子中，统一的规律在完全不同的背景、层次下涌现，甚至我们可以用精确的数学公式来描述这些规律。由此可见，万物理论——万事万物的统一理论——并不是完全不可能的。但很有意思的是，这里的统一并不是按照粒子物理学家们——这些"万物理论"名词的提出者们——设想的方式出现的。它是在看似非常不同的系统中，剥离掉无关紧要的因素之后，在高层次展现出来的独立于组成单元特性的全新属性。例如，当我们将人类还是鱼类、乘车还是步行等属性抛弃，而仅仅关心每一次运动的距离间隔的时候，莱维飞行的统一模式就会呈现；当撇开具体节点所指代的对象，而仅考虑节点之间的连接模式时，我们就看到了小世界特性。我们称这样的特性为系统属性，而研究这种系统属性的学科为复杂性科学或简称复杂科学（complexity science）。

1.3　复杂科学

正当物理学家们不断深入分子、原子、夸克等基本物质结构的时候，他们却忽然发现了一个令人尴尬的问题：就像顽皮的小男孩喜欢拆卸玩具，却不知道如何拼装——我们"拆散了整个宇宙，却不知道如何再把它组装起来"③。

---

① 关于网络科学的更多内容，可以参考邓肯·J.瓦茨著的《六度分隔——一个相互连接的时代的科学》和《小小世界——有序与无序之间的网络动力学》，以及艾伯特–拉斯洛·巴拉巴西著的《链接——商业、科学与生活的新思维》。

② 关于凝聚态物理与衍生现象，请参考文小刚著的《多体系统的量子场论》。

③ 参见艾伯特–拉斯洛·巴拉巴西著的《链接——商业、科学与生活的新思维》。

没错,这就是复杂性的问题。知道构造整个宇宙的基石,不等于了解如何用这些基石构造出宇宙;解析了自然界 4 种基本作用力,却对于拳头大小的人脑之中隐藏的奥秘无能为力。20 世纪初的科学大发现早已将人类的认知触角延伸到小至 10^{-15} 米的原子核,大到 10^{27} 米的茫茫宇宙[①],却唯独留下了与每个人息息相关的介观世界——$10^{-5} \sim 10^{8}$ 米的灰色地带[②]——而这里恰恰是生命、智能、城市、国家等宏观复杂系统的寄居之所。于是,在这样的大背景下,复杂科学应运而生。

我们不妨把系统抽象成一个由节点和连线构成的网络(如图 1.4 所示),其中节点为组成成分,连线为节点之间的相互作用关系。所谓简单系统,通常是个体数目不多、相互作用也不强的系统。除此之外,还有另外一类简单系统:个体数目繁多,相互作用却不强。它们是无组织的随机系统,比如理想气体系统。理想气体中包含大量的(10^{23} 数量级)分子个体,但分子之间的相互作用却异常微弱以致可以忽略不计。因此,这也不是我们感兴趣的复杂系统。真正的复杂系统并不一定有数目繁多的个体,但个体之间却有着很强、很复杂的相互作用。例如,鸟群就是一个典型的复杂系统,几十只鸟就构成了一个鸟群,并且鸟个体之间的相互作用(飞行中一只鸟跟随另一只鸟,同时需要避免碰撞)很强,而且错综复杂地构成了网络。

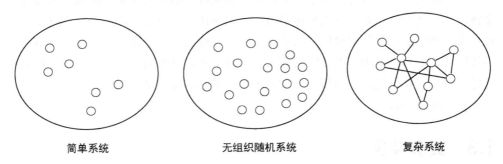

简单系统　　　　　　　无组织随机系统　　　　　　复杂系统

图 1.4　简单系统、无组织随机系统与复杂系统

飞鸟如何聚集成群?生命如何起源?大脑如何运转?人类为何合作?"看不见的手"如何操控经济?互联网是否正形成一个全球大脑?这些问题忽然一股脑儿地摆到了科学家们面前,让他们多少有些措手不及。这些研究对象非常特别,它们不再局限于物理世界,而是涵盖了生命和智慧系统;它们的组成成分并不重要,而具有的宏观特性却异常突出;更要命的是,这些对象分属于传统意义上的不同学科,从生物、生

---

① 可观测宇宙的直径是 930 亿光年,1 光年是 9.46×10^{15} 米。

② 动物细胞的平均尺度是 10 微米到 100 微米,1 微米为 10^{-6} 米。地球的直径是 12 742 千米。

态、经济，再到社会、计算机，不一而足。换句话说，复杂科学正尝试研究那些传统意义上不是研究对象的对象。

但复杂科学研究的最核心的问题，还是希望找到各类复杂现象背后的统一规律。混沌、分形、自组织、无标度、小世界，这些现象和规律都是从各式各样复杂系统中抽取出来的共性。但是，复杂性科学家们显然并不满足于此，他们希望再深入一步，最好是能像理论物理学家那样找到能够描述所有复杂系统运行的统一方程。如果这种统一的规律存在，那么它就是我所说的新万物理论。

接下来的问题就是，我们应该采取什么样的手段来实现这样的目标呢？如果按照还原论的老路，我们应该将生命分解为细胞，再把细胞分解成分子……直到我们可以确知每一个粒子的属性。但是这显然是行不通的，因为正如生命游戏中的"滑翔机"一样，生命层次的规律不能简单地还原到物理和化学上。

那么，如果将复杂系统看作一个整体而不加分解，我们是否依旧可以得到确定的规律呢？这种情形非常像 16、17 世纪的物理学家所面临的情形，那时的天体就像今天的复杂系统，让人摸不着头脑。

想象一下，你被关在一间密闭的舱室之中玩过山车，只能透过一个小孔观察外面的世界。随着过山车的翻滚，你的眼前展现出了异常凌乱的景象。而你要从这些凌乱景象之中理出来一个头绪，这是一项怎样艰难的任务呀！

然而，当年的物理学家却在没有打开天体的前提下一步步推演出了牛顿力学——这是经典物理学的巅峰。复杂科学是否也能达到如此成就？在回答这个问题之前，我们先来看看这些物理学家是怎么做到的吧。

1.4　第谷、开普勒与牛顿

第谷·布拉赫（Tycho Brahe，1546—1601），丹麦著名天文学家，如图 1.5 所示。这位仰望星空的学者一生致力于提高天文学测量的精度。长达 20 年之久的观测，使得第谷搜集了大量行星运动的第一手资料。这些记录在他去世 26 年之后才由开普勒整理成《鲁道夫天文表》一书出版——这是当时全世界最精确的天文表。

图 1.5　第谷（图片来自 pixabay）

约翰尼斯·开普勒（Johnies Kepler，1571—1630）出生于德国的维尔德斯达特镇（Weil der Stadt），如图 1.6 所示。他早年对天文学产生了浓厚的兴趣，其深厚的数学基本功赢得了第谷的赏识，于是第谷聘请他作为自己的助手，并慷慨地资助他。相差25 岁的两人很快成了忘年之交，并携手进行天文学观测，忠实记录下每一条数据，直至第谷去世。在第谷即将撒手人寰的时候，他把开普勒叫到身旁，语重心长地说道："我把全部的数据都交给你了。其他一切麻烦都没有了，但除了火星之外……"

图 1.6　开普勒（图片来自 Image Gallery）

火星出了什么问题？原来，第谷除了记录行星运行轨迹以外，还在尝试破解这看起来杂乱无章的运动背后的规律。第谷建立了数学模型，并在各大行星的运行轨迹之上都得到了了很好的结果，唯独火星例外。第谷发现，似乎所有已知的模型，无论是地心说还是日心说，都与观测数据无法吻合。第谷只能带着火星的问题抱憾而终。开普勒继承了衣钵之后，尝试提出了自己的模型，然而这个问题并没有看起来那么简单。在经历了 70 多次的失败之后，开普勒终于找到了一个最好的模型。然而此模型的预测轨道仍然与第谷的数据存在 8 分（即 1.333 度）的误差。这是一个很小的误差，开普勒完全可以置之不理，因为很有可能是第谷的观测数据错了。然而，开普勒在深思熟虑之后还是选择了相信自己的老师，而果断地放弃了自己的模型，心甘情愿地再次陷入沉思。

山重水复疑无路，柳暗花明又一村。开普勒渐渐意识到，也许问题出在圆形轨道这个假设上。无论是地心说还是日心说，人们始终坚守圆形轨道这一假设，这是因为圆无疑是所有几何模型中最简单且美丽的一个。然而，大自然为什么要偏爱圆形而不是其他曲线呢？这完全没有道理呀。于是，开普勒大胆假设火星绕太阳的运行轨道是一个椭圆，而太阳恰好位于椭圆的一个焦点上。在这样的新假设下，开普勒得到了一套崭新的理论，不仅很好地解释了火星的轨道数据，还解释了其他行星的轨道数据，这就是开普勒第一定律的发现。在此之后，开普勒又相继提出了另外两条普适法则。后人将它们总结为开普勒行星运动三大定律。

□ 开普勒第一定律：所有的行星都围绕太阳做椭圆运动，并且太阳恰好位于椭圆的一个焦点之上。

□ 开普勒第二定律：在单位时间内，行星与太阳的连线扫过的扇形面积相等。

□ 开普勒第三定律：行星运动周期 T 与该行星到太阳的距离 R 呈现幂指数为 3/2 的幂律关系：$T \propto R^{3/2}$。[①]

这三条来自于数据的规律仿佛是来自天空的立法，所有行星无论大小都严格服从，开普勒也因此被称为"天空立法者"。

然而，开普勒三大定律仅仅适用于恒星–行星构成的双星系统，对于更复杂的情形则不再适用，更不可能应用到日常生活中的物品上，如下落的小球和行驶的汽车。我们说开普勒定律仅仅是一种唯象规律，即仅仅是用于描述已观测到的现象的规律，而不具备更广泛的扩展性和预测性。这些行星立法只是对第谷的观测数据进行了忠实而高度简洁的概括，不是万物至理，更无法推广到超越观测数据的更广阔范围。但是，开普勒毕竟播下了革命的火种，真正的大火要等到 20 年后才开始熊熊燃烧。

---

① 这里的符号 $\propto$ 表示成比例于，也就是说，如果 $x \propto y$，就意味着 $x=ay$，其中 a 是 x 和 y 的比例常数。

　　1643 年 1 月 4 日，一个瘦小的婴儿在英格兰林肯郡（Lincolnshire）乡下呱呱落地，这就是后来大名鼎鼎的艾萨克·牛顿（Issac Newton），如图 1.7 所示。由于他性格孤僻，中学时代并没有引起别人的注意。但与其他学生最大的不同之处在于，牛顿对于数学异常偏爱。多年之后，牛顿凭借个人的努力，考入了剑桥大学的三一学院，他终于可以全身心地投入科学研究之中了。也就是在这个时候，牛顿开始疯狂地阅读伽利略、哥白尼、第谷以及开普勒的著作。1665 年，伦敦市爆发大规模的瘟疫，剑桥大学也因此被迫关闭，牛顿回到了乡下的家中，度过了他一生中最快乐的假期，也正是这个假期彻底改变了人类历史的发展轨迹。

图 1.7　牛顿（图片来自 pixabay）

　　牛顿想知道，是否在开普勒三大定律之后还蕴藏着更深刻的普适原理？当时，基于伽利略等人的研究，人们对于力已经有了比较清楚的认识。那么，开普勒三大定律是否能够从力的角度来解释呢？事实上，开普勒当年就提出过类似的想法，但是最终没有成功，原因是他的数学知识不足以解决椭圆上的复杂计算。牛顿的伟大之处不仅在于提出了万有引力以及牛顿定律，更重要的是，他发明了一套全新的数学工具——微积分——用来支撑一般曲线（包括椭圆）上的复杂计算。当牛顿把一切准备就绪，他所需要做的就仅仅是一道微积分的练习题了。就这样，牛顿最终从第一性原理（first principle，即牛顿定律和万有引力）推导出了开普勒三大定律。这里的第一性原理可以类比数学中的公理，它往往是简洁的，却是揭开整个谜题最关键的依据。

　　牛顿的发现不仅适用于地球、火星和太阳，还适用于更遥远的天体，甚至包括下落的小球和行驶的汽车——这已经远远超出了第谷观测数据的范围！牛顿定律是比开普勒定律高一个层次的普适法则，我们称其为力学（mechanics）。mechanics 一词还有"机制"的含义，也就是说，牛顿所发现的是行星、恒星、小球、汽车、苹果等一切事物背后的运行机制。有了这种机制，我们就可以任意地演绎出各种具体的运动，包括行星运行轨道以及小球下落曲线。这就是力学——人类有史以来第一次发现，原来天上的星星和地上的苹果遵循同样的法则。自此之后，人们将牛顿力学应用到越来越多的领域中，小到分子，大到星云。科技革命全面爆发，人类开始大踏步地进入了工业化时代。

从第谷到开普勒再到牛顿，我们见证了从数据积累到唯象规律，再到普适力学原理的科学发现历程。数据构成了一切科学观测的基础，而唯象规律则将大量枯燥的数据转变为严格的数学方程，力学原理则为唯象数学方程的诞生提供了第一性原理。这仿佛是一场人与上帝之间的博弈。人类通过高精度的实验观测搜集上帝行事的蛛丝马迹，再通过一个个假设的唯象原理来揣测上帝的意图，但是上帝老人家始终犹抱琵琶半遮面。直到最后，人们洞悉了普适的力学原理，上帝终于抿嘴一笑。

这也是一个从复杂到简单的过程。尽管行星运动对于现代的人类来说算是简单运动，但是在第谷和开普勒的年代，人们尚无法脱离地面去观察星体的运动，他们所看到的是一个超级凌乱、复杂的天球。第谷、开普勒和牛顿的工作就是帮助人们对凌乱的线团抽丝剥茧，最终寻找到几行简单的数学方程来描述超级复杂的行星运动轨迹。

从数据到唯象规律再到普适法则，这很快形成了物理学乃至整个自然科学的研究范式。于是，无论是电磁学、统计力学还是量子力学，第谷→开普勒→牛顿的故事一次次地重演着。

1.5　复杂系统中的"行星运动"

仔细思考第谷→开普勒→牛顿的探索历程，我们会发现，他们之所以会获得如此大的成功，恰恰就在于选择了一个正确的切入点——行星运动。仰望星空在彼时的欧洲是一种奢侈的行为。除了少数天文学家外，大多数人认为研究赚钱比研究星空更加实用（事实上现代也是如此），因为前者才是人们朝夕相处的事物。然而，人们没有想到的是，经历了从第谷到牛顿这近 100 年的探索后，牛顿定律最终回答了诸如苹果下落、马车运行等日常问题。从天体到苹果，这显然是一条曲折的探索道路。我们可以设想，如果第谷记录的不是行星运动轨迹而是马车的运动方式，那么开普勒也许永远找不到简单的方程，从而也不可能出现经典力学理论。所以，这就是科学，它有着自身的发展轨迹，不会因为人类的喜好而发生改变。我们必须找到正确的切入点，尽管它与最终的目标看起来可能相差很远，但只要能得出足够清晰的结论，那它就有可能是正确的。

那么，复杂系统的切入点在哪里呢？随着大数据时代的来临、各种传感器网络的普及、社交媒体的发展、移动互联网的进步，人们已经有能力将各式各样的复杂系统的表现利用高精度数据记录下来，计算机成为了第谷——我们早已经迈出了第一步。接下来的问题是，如何从大数据中抽取出有用的信息？比特的海洋很快让我们坠入思维的混沌之中。这个时候，我们需要一副特殊眼镜，它不是显微镜也不是望远镜，而是帮助我们忽略细节，从大尺度透视复杂系统的新工具。只有这样，我们才能再次回到久违的行星运行轨道之上，第谷→开普勒→牛顿的研究方式才能再次绽放异彩。这副特殊的眼镜就是：规模（英文是 scale，也有尺度、标度的意思）。

没错，就是事物的大小。无论是生命、互联网社区还是城市，它们都拥有规模。规模可以用重量、人口、活跃用户数、点击率等变量来衡量，不一而足。但是复杂系统的这一显著数字特征蕴藏着统一的规律。

当我们将一个三角形扩大 2 倍，它的面积会扩大 4 倍。而当一头大象放大 2 倍，它的新陈代谢率却仅仅是原来的 1.68（$2^{3/4}$）倍，它的心跳频率会变为原来的 0.84（$2^{-1/4}$）倍，寿命会延长为原来的 1.19（$2^{1/4}$）倍。如果北京市的面积扩大 2 倍，那么人口将会增加到原来的 2.83（$2^{3/2}$）倍，人均 GDP 会增长到原来的 1.12（$2^{1/6}$）倍。我们发现，在复杂系统中，很多属性会随着系统规模的增长而改变，但是这种变化却与规模的变化速度不一致，有的增长得更快，有的则更慢。这便是蕴藏在复杂系统规模之中的"行星运动规律"，被称为规模缩放法则（scaling law），简称规模法则[①]。它可以概括成一个简单的幂律方程：

$$Y \propto M^b \tag{1.1}$$

其中，M 为系统的规模，可以是长度、面积、重量、体积、人口等；Y 是任意一种系统的宏观变量，如新陈代谢率、心跳速度、寿命、GDP 等；b 是规模法则的幂律指数或简称幂指数，表示 Y 与 M 在生长过程中的速度差异。b 越大，Y 就会比 M 增长得更快。

---

① 在学术界，一般 scaling law 被翻译为标度律。为了通俗起见，这里统一翻译为规模法则。

1.6 新万物理论的探索之旅

本书就是围绕规模法则，即式(1.1)以及它的起源展开的。尽管它非常简单，但能描述各类复杂系统。我们将透过规模法则的视角，穿越生命王国、互联网社区，以及超级复杂的国际都市。我们会看到跨越多个层次、多个系统的普适规律。

正如第谷的天体观测数据开启了现代物理学研究一样，规模法则的研究必将开启新万物理论的征程。在本书中，我们将看到，围绕不同领域的规模法则，人们是如何透过现象看到本质，并逐渐趋近造物主的秘密的。为了理解这些现象，人们提出了一个又一个模型，这些模型就仿佛是开普勒那 70 多次尝试一样，它们有的贴近现实，有的简单而抽象，有的则充满想象力。从这些模型渗透出来的则是一系列前沿的数学和物理知识，包括分形、随机过程、统计物理、复杂网络等。

本书将引领读者踏上这次非凡的探索之旅。然而，这段旅程是开放式的：我们将不会看到终点。因为迄今为止，所有的尝试都仅仅是一个小小开端，所有的猜想、理论和模型都尚处于开普勒模型那样的唯象探索阶段，大一统的牛顿力学尚未出现。不知道你会不会成为下一位牛顿呢？

第 2 章
万物的规模

　　万事万物都有尺度，也就是规模。规模通常是相对而言的，没有参考的基准，就没有了比较的可能，也就失去了意义。不同量的比较基准构成了量纲（dimension），米、秒、千克都是基本的物理量纲。大千世界中，不同事物的规模差异是如此之大。如表 2.1 所示，就人类现有的科学技术所能观测到的最小事物和最大事物来看，规模横跨了 45 个数量级。由大量个体组成的复杂系统也有其规模，但这些规模可能不可见，例如互联网社区和鸟群。对于这样的系统，我们通常用其包含的个体数目作为系统规模的基本度量。

表 2.1　万物的规模

事　　物	数量级（米）	对数（以 10 为底）	事　　物	数量级（米）	对数（以 10 为底）
宇宙	10^{27}	27	蟑螂	10^{-2}	-2
银河系	10^{21}	21	动物细胞	10^{-5}	-5
太阳	10^{9}	9	病毒	10^{-7}	-7
地球	10^{8}	8	水分子	10^{-10}	-10
上海市	10^{5}	5	氢原子	10^{-11}	-11
恐龙	10	1	质子	10^{-15}	-15
人	10^{0}	0	夸克	10^{-18}	-18
老鼠	10^{-1}	-1			

2.1　尺度

　　图 2.1 分别展示了不同尺度下原子、细胞、皮肤和星系的样子。当通过缩放自身的比例大小来遨游宇宙的时候，我们将会经历非常奇特的尺度比例之旅[①]。最重要的是，

———————————

① NASA 曾经拍摄了一个视频向我们展示神奇的规模缩放之旅。

你身处的空间点在整个规模缩放的旅程中可能丝毫没有变化。这就像科幻电影《蚁人》中的情节一样，主人公乘坐尺度飞船从正常人的尺度穿梭到原子的尺度，周遭事物发生了天翻地覆的变化，但有趣的是一切都发生在同样的空间点上。

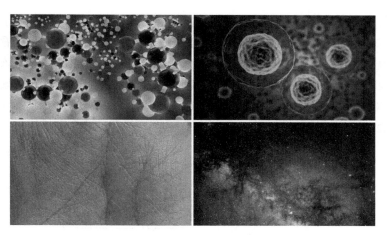

图 2.1　不同尺度下的事物形态（除皮肤外的图片来自 pixabay）

与空间类似，时间也有其尺度。一段时间的长度就是时间的尺度。有些过程发生的时间很短，例如原子的核裂变；有些过程发生的时间很长，例如星系的形成。不同的时间尺度会呈现完全不同的景象。例如，从人类熟悉的时间尺度来看，植物大多数时候"呆呆傻傻"，没有发生有趣的生命行为；但是从更大的时间尺度来看，植物的生死过程却短得可怜。

尺度是一类观察事物的独立变量。我们已经熟悉了用四维空间中的点来表示某一个事件，但实际上，由于在不同尺度下看到的事物会非常不同，因此我们可以把尺度作为一个新的坐标引入对事物的描述之中。例如同样是死亡这个事件，细胞的死亡和人体的死亡发生在完全不同的时间、空间和尺度之下。

一个系统的尺度往往决定了它的功能、特性等。尺度不仅仅取决于事物本身，还与比较对象有关。例如，蚂蚁无法和大象比较力量，因为它们处于完全不同的尺度量级；大公司的管理方法跟个体户的管理方法不同，因为它们处于不同的规模量级；夸克级别的量子规律也不能简单外推得到分子级别的化学规律，因为它们处于不同的尺度量级。正如达西·汤普森（D'Arcy Thompson）著的《生长和形态》一书中所说："天下之大，事物的规模都逃不过自然之手。万事万物都有各自合适的尺寸。人和树、鸟和鱼、星星和星系，都有一定的大小，其绝对量值也是有限的。人类观察和体验的范围也只限于厘米、米和千米这样狭小的领域,这一切都是以人类自我意识和自我行为的语汇来度量的。至于光年、秒、埃、原子或亚原子单位这样的尺度,则属于另一类事物和另外的认知方法。"

规模是一个具体事物的尺度,也是复杂系统中最显著的变量,它忽略了大量的细节信息,却可以展现出很好的规律性。接下来展示一个小例子,由此可以看到不同城市规模背后的规律性。我们考虑美国所有的城市,并用城市的总人口作为该城市的规模度量。我们将所有的城市按照规模从大到小进行排序,并把每个城市的规模和排名画在一个双对数坐标系(横纵坐标轴上等间隔排列的刻度是数量级的对数)中,就会得到图 2.2。

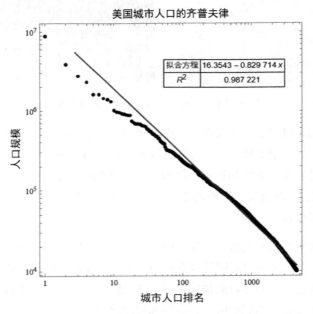

图 2.2　美国城市的齐普夫律,城市人口数据从 mathematica 软件提供的
　　　　免费在线数据库获得

数据点近似形成一条直线,通过拟合可以得到其斜率是 -0.83,这表明:

$$P \propto r^{-0.83} \tag{2.1}$$

其中 P 为城市人口,r 为以人口为标准的城市排名。式(2.1)意味着美国最大城市的规模是第二大城市的 1.8 ($2^{0.83}$) 倍,是第三大城市的 2.6 ($3^{0.83}$) 倍……而排名第 100 的城市规模是排名第 200 的城市的 1.8 倍。这意味着排名靠前的大城市规模差异非常

大，而排名靠后的小城市规模差异却很小。总体来看，美国城市的规模分布极其不均匀，存在大量规模差异不大的小城市，以及少数规模差异巨大的大城市。

城市人口和排名呈现出清晰的幂律关系，这一规律被称为齐普夫律（Zipf's law），它反映了城市人口分布的不均匀性。研究者发现人们的财富水平、单词使用频率、地震强度等也都满足这一规律。由此可见，复杂系统的规模下蕴藏着深刻的规律性和普适性。这就是为什么我们要从规模入手来研究各类复杂系统。

2.2　规模缩放

相信你一定使用过家用摄像机或者手机上的摄像头。摄像机上有一个放大（zoom in）及缩小（zoom out）焦距的旋钮，调节它就可以成比例地放大或缩小一个东西的观测尺度，我们把这种放大或缩小的动态过程称为规模缩放，即按照比例放大或缩小物体。英文 scale 一词作为名词时，拥有尺度、比例、度量等意义；作为动词时，它表达的是规模缩放。于是，作为 scale 的动名词形式，scaling 一词表达的就是规模缩放这一动作。

我们可以利用摄像机进行一个有趣的小实验，从而窥探尺度、规模缩放与复杂性之间的联系。找来一台电视机和一台摄像机，将摄像机的视频输出连向电视机的视频输入，然后用摄像机拍摄电视机屏幕，并将屏幕上的画面通过摄像机–电视机回路实时播放到电视机屏幕上，这就构成了一个摄像机–电视机的视频反馈回路，如图 2.3 所示。

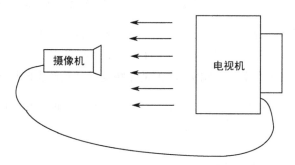

图 2.3　摄像机–电视机的视频反馈回路

此时电视机屏幕上会出现一条蜿蜒的长长的"走廊"，走廊尽头有一个小小的白色亮点，它代表着这个虚拟空间中的"无穷远点"。更有趣的事情还在后面。当我们慢慢调节摄像机上的旋钮，对准屏幕中心的小亮点，不断地放大它……当放大到一定比例的时候，我们会看到，一些复杂的结构、花纹会从屏幕中心"飞出来"，如图 2.4 所示。这相当于一个不断自动规模放大的过程，而被放大的东西就是无穷"走廊"中的那个"无穷远点"。当这个"无穷远点"放大到一定比例时，就会"喷发"出一系列复杂的结构，有的像岛屿，有的像星系。更有意思的是，当摄像机歪斜一定的角度，这些复杂的结构会发生相应的旋转，转动旋钮放大的比例越大，这些结构奔涌出来的速度就越快。当换用不同的摄像机或电视机重复这个实验的时候，你会看到完全不同的结构。这些结构与设备相关，似乎越古老的设备越能展现出有意思的动画。例如，模拟摄像机比数字摄像机更容易展现出漂亮而复杂的动画。

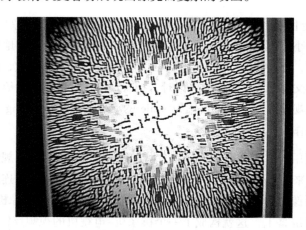

图 2.4　摄像机–电视机的视频反馈画面。更多关于这个实验的说明，可以参考
维基百科"摄像机–屏幕自指实验"，更多视频见 B 站"摄像机自指实验"

事实上，整个系统就是一个视频反馈回路，规模缩放操作会不断地作用到屏幕自身上。在这样的条件下，摄像机–电视机的视频反馈回路所产生的噪声信号会被放大（就像话筒对准音箱所产生的啸叫），这正是那些复杂动画产生的原因。

在此，我们并不打算对这个实验背后的原理展开更多的讨论，而是希望用它形象地展示规模缩放与复杂性之间的联系。

2.3　缩放对称与分形

规模缩放是一种几何变换，就像是空间中的平移变换和旋转变换一样。在几何变换下，我们常常关注某种不变性。以空间平移变换为例，如果一个几何体在平移变换下不变，那么我们就说这个几何体具有空间平移对称性，比如直线。圆还具有旋转对称性，因为无论从哪个角度来看，圆都是一样的。

与此类似，对于规模缩放变换来说，如果一个几何体在不同缩放比例下观察起来没有任何区别，那么我们就说这个几何体具有规模缩放对称性，简称缩放对称性。什么样的几何体具备这种特性呢？直线很显然是缩放对称的，因为无论将其放大多少倍，它还是一条无穷长的直线。与此类似，一个无穷延展的平面也是缩放对称的。除此之外，人们还发现了一大类几何体具备这种缩放对称性，这就是分形（fractal）[①]。分形一词最早由法国数学家曼德尔布罗（B. B. Mandelbrot）提出，用来描述一系列形状不规则，但具有缩放对称性（或称为自相似性质）的几何体。如图 2.5 所示的分形雪花，它在缩放变换下体现出不变性：将它的局部线段放大就会发现，它与整体曲线自相似[②]。不仅仅是人造几何体，自然界中也存在大量的分形现象，包括云朵、菜花、树木。分形几何的一个核心思想就是缩放不变性。

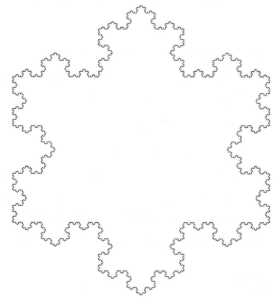

图 2.5　分形雪花

① 有关分形的进一步探讨，可参见曼德尔布罗著的《大自然的分形几何学》。

② 按照这个分形雪花的数学定义，它边缘上的折线会在更小的尺度上无穷延伸下去。所以，当放大一段曲线的时候，我们就能看到曲线上更为细节的折线结构。但由于印刷精度有限，因此图 2.5 无法展现更为细节的结构。

2.4　规模法则

既然尺度可以看作一种与时间和空间同等重要的变量，那么我们就来看看当系统的规模发生变化时会发生什么。我们可以考察系统其他变量如何随着规模而改变。比如，把一个三角形扩大 2 倍（把每条边的长度都扩大 2 倍），那么其周长也扩大了 2 倍，而面积扩大了 4 倍。一般地，设三角形扩大了 x 倍，那么周长扩大 x 倍，面积扩大 x^2 倍。这种在规模缩放下不同量之间展现出来的幂律关系称为规模缩放法则（scaling law），简称规模法则。

三角形中，周长会与边长同比例缩放，我们称这样的规律为"同速规模法则"（isometric scaling law）。当三角形变大的时候，面积显然会比边长增长得更快（以平方的速度增长），我们称这样的规律为"异速规模法则"（allometric scaling law）。

一般地，如果某变量 Y 随着系统规模 M 的变化关系可以描述为幂律函数：

$$Y = aM^b \propto M^b \tag{2.2}$$

则我们称 Y 满足规模法则。式(2.2)中，b 为规模法则的幂指数，a 为规模法则系数。式(2.2)中等号右边写成了"成比例于"（$\propto$）的形式，因为在很多讨论中，我们并不关心系数 a，仅仅关心幂指数 b，式(2.2)正是忽略 a 的形式。

将式(2.2)的两边取以 e 为底的对数，就会得到：

$$\ln Y = \ln a + b\ln M \tag{2.3}$$

如果将 $\ln Y$ 和 $\ln M$ 看成两个变量，那么式(2.3)就变成了一个线性方程。如果把曲线画在 $\ln Y$ 与 $\ln M$ 的坐标系（也就是上文所说的双对数坐标系）中，它就变成了一条直线，其中 b 是这条直线的斜率，$\ln a$ 是截距。在实际的数据分析中，我们通常将数据画在双对数坐标系中，然后通过线性回归拟合数据，从而计算出 a、b 的数值。

2.5　规模法则举例

观察式(2.2)会发现，所谓的规模法则就是一个幂律方程。我们知道，数学、物理中的幂律方程比比皆是，比如牛顿力学、库仑定律、面积公式、体积公式等都可以写成幂律方程的形式。那么，是不是只要是幂律方程，就一定意味着规模法则呢？

答案是并非如此。规模法则的实质是规模缩放，进而通过考察各种变量如何随着规模缩放的尺度系统性地变化，就可以把握系统的关键因素和规律。我们来看一些具体的例子，有的跟我们的日常生活密切相关，有的牵扯到一些热点新闻事件，有的还关系到重要的科学问题。

2.5.1 比萨

假设某天你走进比萨店，点了一个直径为 9 英寸①的比萨并付款。经过几分钟的等待，店员突然走过来跟你说："抱歉，9 英寸的比萨已经卖完了，我给您换成两个 5 英寸的吧？" 那么，你该不该接受店员的建议呢？

这个问题看似很简单，两个 5 英寸的比萨加起来好像是一个 10 英寸的比萨，比一个 9 英寸的还大，你可以占点儿小便宜。但其实这个建议对你非常不划算。因为两个直径为 5 英寸的比萨的总面积要小于一个直径为 9 英寸的比萨！为什么会这样呢？答案就在于简单的规模法则：

$$S \propto D^2 \tag{2.4}$$

其中 D 为比萨的直径，当它变成了原来的 1/2 时，面积减少为原来的 1/4，而不是 1/2。因此，两个 5 英寸比萨的总面积还不到一个 9 英寸比萨的 2/3，如果你接受店员的建议，就吃了亏。

我们之所以在这个简单的问题上很容易犯错误，是因为人脑非常擅长线性外推。当我们听到店员的建议之后，大脑就会下意识地认为两个 5 英寸比萨的总面积等于 10 英寸比萨，而不会按照式(2.4)的非线性规模法则进行思考。这种例子在生活中还有很多，不懂得非线性规模法则经常会让我们闹出很多笑话，然而下面的例子就没那么好笑了。

2.5.2 从服药剂量到假疫苗事件

假设你家有两个宝宝，大宝 8 岁重 25 千克，二宝两岁重 12.5 千克。如果大宝感冒需要一次喝两包感冒冲剂，那么二宝感冒需要喝多少呢？一包吗？

答案并不是一包，而是一包多一些。为什么要喝这么多呢？根据下一章即将介绍的克莱伯定律，生物体的代谢率和体重呈幂指数 b=3/4 的幂律关系。这意味着，体重减少一半，代谢率并不会下降一半，而是变为原来的 60% 左右。人类对药物的消化能力主要来源于代谢能力，所以合适的剂量应该减小为原来的 60% 左右。

---

① 1 英寸为 2.54 厘米。——编者注

这又是生活中的一个非线性规模法则的例子，而我们却很容易犯线性外推的错误。即使是相关技术人员，也有可能无法避免类似的情况。比如，2018 年夏天闹得沸沸扬扬的长春长生假疫苗事件，就很有可能是操作人员忽略了从"小罐发酵"到"大罐发酵"这一规模放大过程中的非线性效应而导致的。一般的制药和发酵行业（尤其是制药行业）在从实验室研究到大规模生产的过程中，要经历实验室规模、小试、中试以及正式生产这样的规模放大过程。每个阶段都需要突破大量的技术瓶颈，才能获得与前一个阶段同等质量的产品，而非简单地等比例增大用量。因此，总是需要严格地进行各项试验，才能够提高产率并通过检验。长生制药的工作人员在没有经过审批的情况下更换更大体积的发酵罐，结果引起了产率下降、毒素水平升高等问题。

再比如，1962 年，科学家要在大象身上试验一种致幻剂 LSD 的效果。他们想当然地把在猫身上的安全剂量等比例地用到了大象身上，结果酿成了悲剧。LSD 在猫身上的安全剂量差不多是 0.5 毫克，而他们的试验对象亚洲象图什科重达 3 吨，这个重量大概是猫的 600 倍，于是计算得出用量为 300 毫克，实际的注射量是 297 毫克。注射 5 分钟后，可怜的图什科开始大声尖叫，并轰然倒下、失控排便、进入癫痫状态，差不多 1 小时 40 分钟后，可怜的图什科不幸身亡。人们对非线性规模法则的无知就这样杀害了这头可怜的大象！

2.5.3 大城市其实更危险

现在，很多大学毕业生向往留在大城市，因为大城市能够提供更多的发展机会。然而，人们往往会忽略一个事实：大城市的犯罪率比小城镇更高，即每个人平均遭遇犯罪活动的可能性会更大！圣塔菲研究所（Santa Fe Institute）的学者路易斯·贝当古（Luis Bettencourt）利用美国各大城市的犯罪率数据和人口数据得到了如下超线性规模法则：

$$Y \propto X^{1.15} \tag{2.5}$$

其中 Y 为一个城市中一段时期内发生犯罪活动的总数量，X 为城市的总人口，超线性规模法则是指这两者的幂律关系的指数 b 显著大于 1。这意味着城市越大，总的犯罪活动也会越多。根据式(2.5)，我们还可以得到 $Y/X \propto X^{0.15}$，这意味着城市越大，平均每个人遭遇犯罪活动的可能性就会越大。大都市并不是只有亮丽光鲜的摩天大楼，也有其黑暗的一面。

2.5.4 为什么跳蚤可以跳得这么高

普通人的跳跃高度在 50 厘米左右。跳蚤的体长在 0.5 毫米到 3 毫米，却可以跳跃 35 厘米的高度，这足足是其体长的 100 倍到 700 倍，这怎么可能呢？事实上，早在 16 世纪，伽利略就根据力学中的规模法则得出了生物体跳跃的高度与其体长无关这一结论。所以，跳蚤能跳跃自己体长数百倍的高度一点儿也不稀奇，但这是为什么呢？

我们知道，决定跳跃高度的因素包括腿部弹跳力量大小和体重大小。决定弹跳力量大小的是大腿支撑的应力，该力正比于腿部横截面积，这一面积则正比于体长的平方，而动物的体重显然正比于体长的立方。当身体变小的时候，腿部力量和体重虽然都在减小，但是后者减小得更快，这样跳蚤的弹跳高度与体长的比值就要比人类大很多。

更具体地，动物弹跳需要克服重力做功，这部分能量只能由动物自身肌肉收缩舒张做功得到。假设动物弹跳力量大小为 f，它在跃起过程中腿部移动的距离为 l，这样弹力做功与 fl 呈正比。而体重为 m 的动物，若要完成高度为 h 的跳跃，需要克服重力做功的大小为 mgh，g 为重力加速度。显然，这两部分能量应该相等，即 $fl = mgh$，于是 $h = fl/(mg)$。

如果动物体长为 L，则体重 $m \propto L^3$，应力 $f \propto L^2$，做功长度应该与体长呈正比，即 $l \propto L$，于是：

$$h \propto L^0 \tag{2.6}$$

这是一个特殊的规模法则，其幂指数刚好为 0，也就是说，动物跳跃的高度实际上与它的体长无关。这就解释了为什么跳蚤跳跃的高度可达 35 厘米，这和普通人的跳跃高度没有差太多。如果我们将跳跃高度比上动物的体长，则得到一个具有负幂指数的规模法则：

$$h / L \propto L^{-1} \tag{2.7}$$

也就是说，动物越小，它相对于自身体长的跳跃高度反而会越大。

2.6 规模分析简史

跳蚤跳高的例子展现了规模分析的强大威力。规模分析（scaling analysis）是研究事物在规模缩放变换下展现出来的特性，或者据此做出某些判断。这是与我们熟悉的分析物体的时空运动特性（例如微分方程）相并列的另一种方法。如果我们深究规模分析方法的历史，会发现它几乎跟物理学的历史一样悠久[①]。

规模分析方法可以追溯到 16～17 世纪的伽利略。伽利略被称为"物理学之父"，他同样也是规模分析领域的鼻祖。他很早就利用力学中的规模法则来分析生物体的各类特性。他得出了随着体型的增长，动物的四肢会变得短粗，整个骨架也会更加壮实、沉重的结论。伽利略甚至预言了树木的最大高度为 90 米，这与实际观测到的最高杉树的高度非常接近。

到了 18 世纪，著名医生勒萨（Leasage）在一本未公开的著作中，运用类似的分析方法得出了昆虫和一些小型陆生动物长有厚而硬的皮肤的推论。这是因为，动物对水分、养料的消耗速度与它们的表面积和体重之比有关。我们知道，动物变大的时候，体重比表面积增长得更快，所以越小的动物，表面积和体重之比越大，它们的水分越容易散失，所以不得不进化出厚厚的表皮加以保护。

后来，人们运用同类型的方法，分析了生物体的各种变量，包括运动速度、代谢率、跳跃高度、行走的摆动幅度等与生物体体积的关系。这些都是早期发现的异速律，即规模法则，但是那时的人们并没有使用这一名字。人们也将这套方法运用于力学问题中，例如桥梁、宫殿等建筑物需要用粗大的柱子加以支撑，也是基于同样的考虑。

1822 年，著名数学家、物理学家约瑟夫·傅里叶（Joseph Fourier）将这套方法进一步提炼，提出了量纲分析（dimensional analysis）的初步思想。他指出，基本的物理定律，比如牛顿第二定律 $F = ma$，不应该因为这些物理量所选取的量纲不同而具有不同的形式。也就是说，用米、分、千克作为量纲和用厘米、秒、克作为量纲，应该得到同样形式的牛顿定律。量纲分析蕴含着规模分析的思想，因为选取不同的量纲实际上等价于在物理量上乘了一定的比例系数，也就相当于对该物理量进行了规模缩放变换。例如，我们将牛顿第二定律中的质量 m 的量纲由千克换成克，则相应的 m 的值就应该扩大 1000 倍。因此，物理公式要在量纲变换下保持不变，相当于要求该公式在规模缩放变换下保持不变。后来，这套方法被贝特朗（J. Bertrand）、白金汉（E. Buckingham）等人进一步提炼总结，形成了现代的量纲分析方法。目前，量纲分析已经成为物理学和工程中的一种重要的分析方法。它往往能够在我们对研究对象性质不熟悉的情况下，迅速找到起主导作用的变量。

[①] 有关规模分析的历史，可以参考达西·汤普森著的《生长和形态》以及杰弗里·韦斯特著的《规模》。

1917 年，生物学家达西·汤普森出版了他的旷世名作《生长和形态》（*On Growth and Form*），该书列举了大量采用量纲分析、规模分析的手段研究生物体的例子，并进行了总结。同时，该书还就生物体如何生长以及生物体展现出来的各种几何形态进行了广泛讨论。

1932 年，化学家马克斯·克莱伯（Max Kleiber）系统性地研究了哺乳动物新陈代谢率与其体重的关系，并发现异速规模法则幂指数是 3/4，而不是 1882 年鲁布纳（Rubner）通过量纲分析得到的 2/3，因此提出了克莱伯定律。前面的分析大多借鉴物理学的手段，例如受力分析或者量纲分析；被分析的对象也大多是标准的欧氏几何体。生物体的新陈代谢牵涉到其内部运作机制，是非常复杂的生物、化学、物理过程，而且 3/4 这一幂指数的发现也在向我们暗示生物体的分形几何特性。因此，克莱伯定律具有划时代的意义，它首次将规模法则拓展到了复杂系统之中。

异速律（allometry）一词最早由生物学家赫胥黎（Huxley）和泰西耶（Tessier）在 1936 年开始使用。他们研究招潮蟹（fiddler crab）的钳子大小是如何随着其身体大小变化的，发现两者之间存在幂律关系。20 世纪初，路德维希·冯·贝塔朗菲（Ludwig von Betalanffy）等人对有关生物体的规模法则研究进行了扩展，进一步对生物体的异速规模法则进行了分类，包括种间异速规模法则、种内异速规模法则以及个体发育异速规模法则。也就是说，当对生物体的异速规模缩放现象做统计分析的时候，我们既可以针对不同的物种来统计，也可以针对某一个物种的不同个体来统计，还可以针对同一个个体的不同发育时间段来统计。这就是这 3 种法则的区别。人们对生物体的规模法则有了系统化的认识，并创作了大量的文章和图书。

20 世纪五六十年代，在贝努瓦·曼德尔布罗（Benoit Mandelbrot）等人的努力下，分形几何成为大家熟知的重要概念。如前所述，分形就是一种在规模缩放变换下保持不变的几何体。曼德尔布罗发现，这些分形几何体本身就存在很多规模法则，例如图 2.5 所示的分形雪花的周长就和它的直径存在规模法则，幂指数甚至可以用来定义几何体的分形维度。分形与规模法则以及规模分析方法存在密切的关系。而且，很多规模法则的起源可以追溯到分形几何的特性，例如著名的克莱伯定律就被认为起源于生物体内部的分形输运网络——参见本书第 3 章。

幂律分布（power law distribution），或更准确地称为厚尾分布（fat tail distribution），是另一种形式的规模法则，它刻画了事物出现的概率与事物的规模呈现负指数的幂律关系。这种概率分布表明，出现"黑天鹅事件"的可能性要比我们想象的大很多。例如，早在 19 世纪，著名经济学家帕累托（V. Pareto）就发现社会财富分布服从幂律形式，即 80% 的财富被 20% 的富人所占有。其中超级富有的人就相当于"黑天鹅事件"。除此之外，人们发现网站的点击量、文件的下载量、城市的规模、地震的规模、战争的规模、不同人的好友数量等都服从幂律分布，这是规模法则的另一种体现。前文提到的齐普夫定律也是幂律分布的一种表现形式。关于这一主题还有非常多值得讨论的内容，本书限于篇幅暂且不涉及①。

1997 年，杰弗里·韦斯特（Geoffrey West）、詹姆斯·布朗（James Brown）和布莱恩·恩奎斯特（Brain Enquist）等人在《科学》上发表文章，提出了著名的 WBE 模型，为克莱伯定律给出了令人信服的解释。克莱伯定律这一话题再一次被提起，成为生物学界关注的焦点。之后，韦斯特等人开始大刀阔斧地进行更深入、更广泛的研究。首先，他们通过收集更广泛的生物学数据，在更大的尺度范围内验证了克莱伯定律。小到细胞内部的线粒体，大到蓝鲸，克莱伯定律在 20 多个数量级的大尺度范围内都适用。其次，大量的生物学特征，包括寿命、心跳频率等因素与规模大小的依赖关系都可以从克莱伯定律中推导出来。更进一步，韦斯特等人从克莱伯定律出发推导出了生物体普适的生长曲线。从此，克莱伯定律成为了生物学中少有的定量性的基础规律。

到了 2009 年，韦斯特联合贝当古等人又将规模分析方法引入了城市系统的研究之中，并提出了社会经济系统中的异速规模法则。这些规模法则可以分为三种：基础设施与城市规模的亚线性规模法则（幂指数小于 1）；个人、家庭相关变量的线性规模法则；以及社会经济活动的超线性规模法则（幂指数大于 1）。与生物体中的克莱伯定律不同的是，城市的新陈代谢率，即人类的社会经济活动，与城市规模之间存在超线性规模法则——城市规模越大，发展节奏就越快，进而导致超指数增长——在有限的时间内城市规模会增长到无穷大。然而，有限的资源必然会阻止无限的生长，于是城市通过科技创新重置生长过程。即使经历了动力学重置，城市发展的总体进程仍然会不断加速，韦斯特和贝当古的理论预言城市最终会迈向奇点。

我于 2010 年发表文章，系统性地探讨了国家中的规模法则：包括国家宏观广延量（满足可加和性质的变量，如总人口、GDP 等）的规模法则和强度量（不可加和的变量，如生育率、人均 GDP 等）的规模法则。我们发现，对于同样的变量，国家和

---

① 更多有关幂律分布的探讨，可以参考马克·纽曼（Mark Newmann）的经典文章："Power laws, Pareto distributions and Zipf's law"以及塔勒布著的通俗读物《黑天鹅》。

城市的规模法则幂指数存在明显的不同。例如城市的 GDP 与人口之间存在超线性规模法则，而国家的 GDP 与人口则为近似线性关系。这说明城市的高度聚集效应是超线性规模法则产生的原因。

更进一步，我与合作者还研究了互联网社区中的规模法则，发现互联网社区与城市存在一定的相似性，社区的各类活动与用户数之间存在明显的超线性规模法则。这进一步说明聚集效应是导致各种规模法则的主要原因。我们还对百度贴吧中的注意力流进行了分析，发现了广义克莱伯定律，且幂指数大小可以作为贴吧用户黏性的衡量指标。本书的后续章节会对这部分内容进行详细讨论。

大概在 2010 年，我加入圣塔菲研究所的韦斯特研究小组，并与马库斯·哈密尔顿（Marcus Hamilton）及克里斯·肯普斯（Chris Kempes）等人合作研究公司的规模法则。我们对比了美国近 3 万家和中国 3000 多家上市公司的规模法则，并试图将其与公司的生长行为联系起来。目前这一研究已经得到了一些初步结果，并仍在进行之中，本书第 9 章和第 10 章将对这一主题展开详细讨论。

2017 年，韦斯特出版《规模》（*scale*）一书，引起了全球范围的关注。该书系统性地总结了生物、城市和公司中的规模法则，并建立起了统一的框架，将规模法则与复杂系统的动力学行为联系了起来。

第 3 章

克莱伯定律

> 如果你捡起一块石头，把它抛向空中，它会呈一条漂亮的抛物线落下；但是如果你把一只小鸟抛向天空，它绝不会像石头一样落下，而是会飞向树丛的某处。

> ——理查德·道金斯

　　生命是地球上最神奇的一种物质组成形态。与非生命物质不同，生命可以通过复杂的信息处理过程在一定程度上"挣脱"物理定律对它们的束缚，从而展现出更深层次的复杂性。地球上的生物多达数百万种，它们的体重更是横跨了 21 个数量级。从最小 10^{-13} 克的微生物到最大 10^8 克的哺乳动物，这一数量级跨越幅度甚至超出了从地球跨越到星系的范围（质量跨越幅度为 18 个数量级），与电子到猫的数量级跨越幅度相当。很难想象，即使存在如此繁多的种类与如此巨大的规模量级跨越，生命形态背后仍然存在统一而简单的共性。然而不要忘记，所有的生物体无论大小，不管是植物还是动物，都具备一个简单的特征——新陈代谢。老鼠每小时大约代谢 1000 卡的能量，而大象每小时要代谢 10 万卡的能量。很显然，体型越大的物种代谢的能量越多。然而，不那么显然的事实是，我们能通过一个简单的定量化方程，将生物体的重量和新陈代谢率联系起来——这就是克莱伯定律。

　　将克莱伯定律比喻为现代生物学中的"开普勒定律"一点不为过。一方面，克莱伯定律的适用范围横跨了高达 27 个数量级，包括了所有的生命形态，无论是恒温动物、冷血动物，还是植物、单细胞生物，甚至包括构成生命的分子。另一方面，克莱伯定律具有令人惊叹的准确性和简洁性。无论生物体内部的结构多么复杂，它的行为和表现多么高深莫测，一个简单的幂律方程统帅了横跨 27 个数量级、数百万的物种。更有甚者，从克莱伯定律出发，我们还可以推导出更多的定量数学公式，来将生物体的各种重要的可观测变量与生物体的规模联系起来。无论是呼吸、心跳、捕食、求偶、繁育后代、寿命长短，这些重要的生物特征都被生物体的体型大小牢牢制约。在生物学领域，量子力学与相对论都不再重要，克莱伯定律才是王道。

3.1 生物界的"开普勒定律"

自古以来，无论哪一种人类文明，都有这样一种直觉认识：每一个生命都是靠消耗某种能量而存活的。在中国道家，这种能量被称为"气"；在印度教中，这种能量被称为普拉纳（息）。可以说，生命就是一种"慢火"（slow fire），每一个细胞都是通过对分子进行组合与拆分而获得能量，这种能量又维持了我们的心跳、大脑的思考、肌肉的运动。一个机体的新陈代谢是由细胞中大量微小的"熔炉"和"工厂"所产生的。这些慢火可以被刺激或抑止。当我们进行不同的活动时，慢火会以不同的速度燃烧。比如，当我们运动的时候，身体会变热，就是因为机体会以更快的速度燃烧燃料。生物有一种状态称为"静息"，是指机体平躺着什么都不做。这个时候，我们的身体仍然要燃烧一部分物质产生能量，这部分能量的转化过程称为基础代谢（basal metabolism）。

第一位测量生命代谢率的人是化学家安托万–洛朗·德·拉瓦锡（Antoine-Laurent de Lavoisier）。1777 年，他与数学家皮埃尔–西蒙·拉普拉斯（Pierre Simon Laplace）合作把一只荷兰猪和一大块冰放置到一个密闭的房间中。这样，通过测量冰块融化的速度以及荷兰猪释放的二氧化碳的量，他们就可以近似得到荷兰猪的基础代谢率。他们不仅计算出了代谢率，而且发现这两种测量结果吻合，即荷兰猪呼出的二氧化碳越多，冰块融化得也越多。这意味着动物身体释放的能量和它们与外界交换的物质是密切相关的。1860 年，卡尔·福伊特（Carl Voit）在慕尼黑建造了第一个测量人类新陈代谢率的装置——一个足够容纳一个成年人的卡路里①测量仪。被试者坐在一间密闭的被水包围的舱室中，他释放的热量可以通过水温的升高量来计算。

马克斯·鲁布纳（Max Rubner）比拉瓦锡和卡尔·福伊特走得更远，他在新陈代谢与饮食的现代科学基础方面做出了大量贡献。鲁布纳大大改进了卡路里测量仪，并认为可以仅通过被试者呼出的气体来估算出代谢量，这大大简化了实验装置。

---

① 简称卡，热量单位，约等于 4.186 焦耳，英文为 Calorie，简写为 Cal。

　　马克斯·鲁布纳不仅测量了生物体的能量代谢指标，他还大胆猜想动物的体型大小决定了其新陈代谢率大小，即这两个重要变量之间存在明确的数量关系。就像我们观察到的那样，老鼠个头小，所以代谢消耗的食物、产生的热量也会少；而个头大的动物代谢消耗的食物、排泄的废物也会多（这就是为什么都市里很少有人养得起大象这种体型庞大的动物）。然而，体型大小和新陈代谢率到底是一种什么关系呢？我们能不能定量地将其刻画出来？

　　鲁布纳进一步猜想：动物是通过体表与外界发生能量、物质交换的。也就是说，动物的新陈代谢率正比于动物作为一个几何体的表面积。而动物的体型大小显然与它的体积正相关（当然前提是动物的密度应该几乎处处相等）。一般情况下，面积与体长的平方成正比，体积与体长的立方成正比，那么，新陈代谢率和体积之间的关系就应该是：

$$F \propto M^{2/3} \tag{3.1}$$

　　真实情况是否如此呢？1883 年，鲁布纳对几只不同大小的狗测量了新陈代谢率，验证了这一结论。事实上，这里面最关键的因素就是动物的新陈代谢率是否与它的表面积成正比。鲁布纳用纸包裹住被试者表面，然后通过所用纸的重量和厚度估算出动物的表面积，从而验证了动物的表面积与新陈代谢率正相关的结论。在此之后，鲁布纳又对更多的物种做实验，验证了该结论。1902 年，鲁布纳把自己的发现总结成一本书《营养中的能量消耗法则》（*die gesetze des energieverbrauchs bei der ernährung*）。尽管这本书是出了名的晦涩难懂，但是由于鲁布纳的学术影响力，它还是引起了不少的关注。

　　看起来一切都很完美，我们可以从几何学的基本原理推导出上述幂律关系，又可以通过实验手段加以验证。到了 20 世纪 20 年代，鲁布纳的论断已经基本成为了某种教条。然而，他的实验其实还有很多地方可以改进。比如，他采用的样本仅仅包括 2 个人、5 条狗、5 只兔子、3 头荷兰猪和 12 只老鼠。以今天的标准来看，这次实验不具备统计显著性。另外，他允许被试者在实验期间喝一些啤酒，这在今天来看是绝对不允许的，因为它显然会影响基础代谢率的测量。最后，他测量的时间一般都超过 24 小时，这对于一条狗来说过长了。

　　这些瑕疵在当时并没有引起人们注意，直到另一个叫作马克斯的人出现，他就是瑞士化学家马克斯·克莱伯（Max Kleiber）。说来也有趣，克莱伯能够知道鲁布纳的工作还要感谢瑞士监狱。在"一战"期间的某天，身为瑞士军人的克莱伯由于目睹了一名军官私通敌情而对整个命令传递链失去了信心。于是他开始抗令不从,最终被捕入狱。正是在被囚禁期间,无所事事的克莱伯为了解闷,就在监狱中一字不落地读完了鲁布纳这本晦涩难懂的著作:《营养中的能量消耗法则》[1]。

克莱伯对鲁布纳的发现感到深深地震惊,也对实验中存在的那些瑕疵耿耿于怀。出狱后,马克斯·克莱伯一方面开始自己的实验,另一方面开始四处搜集更多有关各种动物新陈代谢的资料。终于,到了 1932 年,也就是鲁布纳去世的那一年,克莱伯在一本叫作 *Hilgardia* 的不起眼的农业杂志上发表了自己的文章。对于每一个物种,他都通过计算多个个体的新陈代谢率的平均值作为该物种的平均新陈代谢率。另一个很大的突破是克莱伯采用双对数坐标系来绘制各个物种体重与新陈代谢率之间的关系。由于物种之间的体型差异非常大,如果将这些数据绘制到普通坐标系中,会很容易忽略小型物种的差异。取对数坐标的方法可以对坐标轴进行一定的形变,更好地体现规模缩放的作用,因为对数坐标系中的每一个刻度实际上都是将体重或者新陈代谢率放大了一定倍数,也就是将生物体进行了放大。图 3.1 展示了哺乳动物的克莱伯定律。

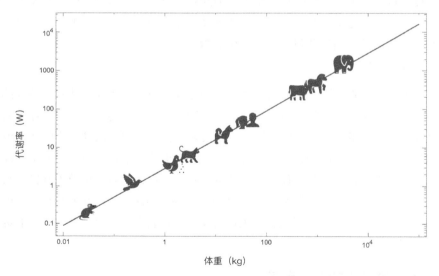

图 3.1 哺乳动物的克莱伯定律。横坐标为体重(对数坐标系),纵坐标为新陈代谢率(对数坐标系)。图中每一个散点代表一个物种,不同的散点近似连成一条直线,直线的斜率为 0.75 左右

---

[1] 关于新陈代谢率的测量,以及克莱伯定律发现的历史,请参见 John Whitfield 著的 *In the beat of a heart*。

　　我们看到，在这样的双对数坐标系中，所有物种的数据点都均匀地散布，近似形成一条直线。这些物种的体重大小横跨了 5 个数量级，这一数量级的跨越远比以往的研究要大。所有物种的数据点都聚集在这条直线上。这意味着，我们可以用一个异速规模法则方程来描述新陈代谢率与体重的关系：

$$F = aM^{3/4} \tag{3.2}$$

　　通过线性回归方法，克莱伯发现，这一方程的系数 $a \approx 0.1$ 瓦；这条直线的斜率，也就是新陈代谢率与体重之间的幂指数是 0.74 左右，近似为 3/4，这与鲁布纳估计的幂指数 2/3 存在很大的差异。这意味着，假如大象的体重是狮子的 2 倍（$M_2/M_1 = 2$），那么大象每天摄取的食物仅为狮子的 1.68 倍（$F_2/F_1 = (M_2/M_1)^{3/4} \approx 1.68$），小于 2 倍，比鲁布纳预言的 1.59 倍要高一点。无论是 3/4 次幂还是 2/3 次幂，从小型物种到大型物种，新陈代谢率的增长速度要小于体重的增长速度。

　　我们知道，异速规模法则描述的是当一个生物体放大不同比例的时候，它的新陈代谢率会按照怎样的速度增长，所以我们采集的样本点所在的尺度跨度越大越好。从这个角度来说，克莱伯收集的数据比鲁布纳的好，因为前者的数据横跨的尺度显然要大很多。另外，在克莱伯的计算中，他是通过对每个物种取平均值来计算体重和新陈代谢率的，这能消除由于测量误差而产生的数据噪声。因此，克莱伯计算得到的 3/4 幂指数更加接近实际。

　　在学术界，尽管关于幂指数的具体数值仍然存在争论，特别是针对物种内部不同个体的异速规模法则和个体自身的异速规模法则，但是在跨物种级别上，克莱伯的结论还是被普遍接受的。在克莱伯之后，又有很多学者用新的数据进一步验证了他的发现。例如，布罗迪（S. Brody）等人研究了从 20 克重的老鼠到 4 吨重的大象这样体重横跨 5 个数量级的物种的新陈代谢率与体重之间的关系，此时幂指数为 0.73，与克莱伯发现的幂指数相差无几。随后，本尼迪克特（Benedict）做了更多的研究，也得到了 0.73 的幂指数。最后，为了纪念克莱伯的发现，人们将式(3.2)命名为克莱伯定律或克莱伯法则。

横跨 27 个数量级的 3/4 定律

　　在 20 世纪，生物学得到了突飞猛进的发展，人们发现了 DNA 双螺旋结构，搞清楚了细胞内发生的大部分生物化学过程。但是，尽管到了今天，我们已经可以从生命活体获得高通量的数据，却缺乏能够定量、精确表达的类似伽利略自由落体定律或

牛顿力学原理那样的生物学定律。从某种程度上来说，主流生物学已经偏离了"第谷
→伽利略→牛顿"这样的科学范式主航线。

　　然而，克莱伯定律这一生物学参天大树上的一根不起眼的小嫩芽却在缓慢生长，
等待着开花结果。在克莱伯定律诞生大约 70 年后，以杰弗里·韦斯特（如图 3.2 所示）
和詹姆斯·布朗为代表的物理学家和生态学家对克莱伯定律重新燃起了热情，他们将
克莱伯定律的适用范围进行了前所未有的扩展，涵盖更多的物种（包括各种动物、
植物，甚至单细胞生物），以及更大的重量范围（从重量为 10^{-18} 克左右的线粒体呼
吸复合体到体重为 10^8 克左右的鲸）。所有的生物都服从克莱伯定律，幂指数都是 3/4。
只不过，不同生物的数据会落到不同的直线上，这些直线的截距（即系数 a）会因物
种的不同而不同，如图 3.3 所示。就这样，克莱伯定律的适用范围被韦斯特等人扩大
到了 10^{27} 的体重量级，引起了学界的震惊。要知道，在此之前，生物学家从来没有
找到过如此精确、适用面如此之广的生物学规律。

图 3.2　杰弗里·韦斯特（拍摄于北京师范大学教室，经韦斯特本人同意使用）

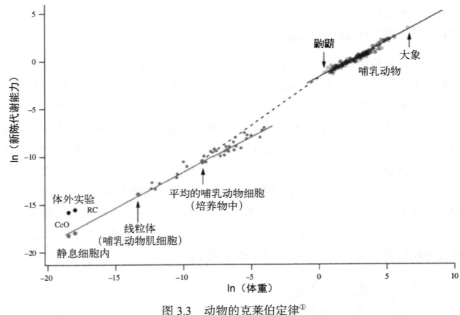

图 3.3 动物的克莱伯定律[①]

尽管如此，克莱伯定律还是没有引起主流生物学界的足够关注。主流生物学似乎有自己的发展轨迹，它更关心进化、细胞、DNA 等问题。但实际上，克莱伯定律不仅揭示了新陈代谢率与体重之间的关系，还进一步催生了更多的重要变量与体重之间关系的发现，例如心跳频率、呼吸频率、寿命长短、妊娠时间甚至生态群落的分布等。也就是说，从克莱伯定律出发，我们能推导出更多的定量法则。因此，克莱伯定律在整个生物学甚至生态学中都扮演着相当基础的角色。基于此，我将克莱伯定律称为生物学中的"开普勒定律"。

3.2 冥冥中的定数

克莱伯定律描述了生物体新陈代谢率与体重之间的关系。我们不妨将生物体看作一个盛满水的大水缸，它的新陈代谢过程（新陈代谢率为 F）就好比一个水龙头，可以往水缸中不停地注水，水缸中存储的总水量就好比是生物体的体重 M。当然，水缸中的水也会流出，这相当于生物体的排泄。当流入量等于流出量的时候，水缸就会处

---

① 经论文第一作者同意使用该图片。图片来源：West G B, Brown J H. The origin of allometric scaling laws in biology from genomes to ecosystems: towards a quantitative unifying theory of biological structure and organization[J]. Journal of experimental biology, 2005, 208(9): 1575-1592.

于一种流平衡状态，因此 M 和 F 就会保持稳定的值，不再变化。

如果我们提问：在流平衡的时候，一滴水从流入到流出平均会在水缸里停留多长时间呢？不难计算，这个平均时间应该正比于 M/F，即水缸里的总水量除以流速。根据克莱伯定律 $F \propto M^{3/4}$，有

$$T \propto M^{1/4} \tag{3.3}$$

也就是说，水滴的平均停留时间会随着水缸水量的增加而缓慢增加。这个停留时间就相当于细胞新旧更替所用的时间，它直接影响了生物体的寿命、妊娠时间、发育时间等时间变量。生物学家们通过大量数据发现，生物体的这些时间变量 T 都与生物体的体重呈现幂指数为 1/4 的幂律关系。如果大象的体积是狮子的 16 倍，那么大象的寿命就是狮子的 2 倍。一般体积越大的生物活得越久①。为什么人类的最长寿命不会超过 120 岁？其实这恰恰是因为人类的平均体重在 100 斤到 200 斤之间所导致的。

接下来，我们考虑在单位时间内整个水缸中的水会被更新多少次？每个水滴平均停留 T 时间，所以答案显然是 $1/T$。它是一种特征频率（记为 Z），与体重的关系是：

$$Z \propto M^{-1/4} \tag{3.4}$$

也就是说，该理论预言，生物体的特征频率与体重呈现幂指数为 -1/4 的规模法则。我们在实证数据中观察到，生物体的心跳频率、生长率、呼吸频率、DNA 核苷酸替换频率等都与体重呈现幂指数为 -1/4 的幂律关系。总体来看，小型生物的一切活动都很快，心跳快，呼吸快，但是每个动作蕴含的能量很低；大型生物的一切活动都相对迟缓，频率慢，但是每一个动作蕴含相当大的能量。因此，小型生物是用多和快弥补大量上的不足；大型生物则用沉稳、有力弥补迟缓与不灵活。

除了心跳频率、寿命等重要变量以外，还有其他更多的变量与体重呈幂律关系。例如，主动脉长度、树的高度都与规模呈幂指数为 1/4 的幂律关系，主动脉宽度、树干的半径都与规模呈幂指数为 3/8 的幂律关系；大脑中的灰质与生物体的体积呈幂指数为 5/4 的幂律关系；线粒体、叶绿体以及核糖体的密度都与规模呈幂指数为 -1/4 的幂律关系；核糖体的 RNA 以及代谢酶的浓度都与体积呈幂指数为 -1/4 的幂律关系。值得注意的是，在这些幂律关系中，几乎所有的幂指数都是 1/4 的倍数，有的为正，有的为负。

---

① 这一规律是统计规律，因此存在一些统计异常点。有人可能说乌龟就是一个反例，但其实式(3.3)描述的大多是哺乳动物。

更有意思的是，我们知道哺乳动物的心跳频率 $Z \propto M^{-1/4}$，而它们的寿命 $T \propto M^{1/4}$。这样，哺乳动物一生的心跳总次数就是 $T \cdot Z$，把式(3.3)和式(3.4)乘在一起，就得到：

$$T \cdot Z = C \cdot M^{1/4} \cdot M^{-1/4} = C \cdot M^0 = C \tag{3.5}$$

即哺乳动物一生的心跳总次数是一个与其体重无关的常数 C，这个常数只与式(3.3)和式(3.4)的规模法则系数有关，计算得到：$C \approx 1.5 \times 10^9$，即 15 亿次。所谓冥冥之中自有定数，生物体（哺乳动物）无论是大是小，是强是弱，一生的心跳总次数平均是 1.5×10^9 次，再强势的物种也无法摆脱规模法则的制约。这是一个适用于所有哺乳动物的新常数[1]。同样，哺乳动物一生中单位质量所需的代谢能量也是一个常数，大概是 4×10^{16} J/g。在分子层面也存在类似的常数，例如所有生物体一生之中呼吸复合体（respiratory complex）的更换数量为一个常数，大概是 10^{16} 个。这一常数直接和导致生物体老化、死亡的自由基损坏假说有关。我们知道，自由基以及其他氧化物是呼吸作用的副产品，它们会与细胞内的元素发生化学反应，从而引起损伤的累积。这能解释为什么虽然鸽子和老鼠的体重和代谢率差不多，但老鼠顶多活 4 岁，而鸽子却能活 40 多岁。这也许是因为老鼠细胞线粒体生产自由基的速度是鸽子细胞线粒体的 10 倍。

3.2.1 普适生长曲线

为什么几乎所有的生物体在生长过程中都会经历类似的几个发育阶段：身体快速生长，然后生长速度放缓，达到固定的规模后就不再生长？出乎意料的是，答案仍然在克莱伯定律中。我们可以由此推导出一条对所有生物体都普适的生长曲线，从而解释生长规律。

再回到上一节讨论过的水缸模型。如图 3.4 所示，在这个模型中，流入的水流表示生物体从外界摄取的能量流 I，储水量则表示生物体的体重 M，流出的水流则表示生物体用于维持自身新陈代谢而消耗的能量流 O。生物体由于每时每刻都在发生细胞凋谢，因此需要消耗一定的能量来促使细胞再生。在前面的讨论中，我们假设水缸处于流动的平衡状态，即生物体已经长成，体重不再变化了。而在生物体生长发育的过程中，水缸中水的流入速度会大于流出速度，从而使得水缸中的水量不断增多；而当流入速度慢慢接近流出速度时，水缸里的储水量虽然仍在逐渐增多，但增加的速度在慢慢减缓；最后，当流入速度刚好等于流出速度时，储水量不再变化。这 3 种情况刚

---

[1] 注意，这里的计算是对物种一生平均来说，对于同一个物种的不同个体来说，这一规律并不一定精确适用。因此，通过运动提高心跳频率并不一定会减少我们的寿命。

好对应生物体发育的 3 个阶段。

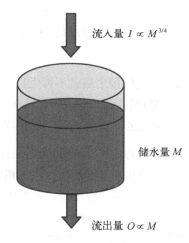

图 3.4　生物体的水缸模型

　　那么，这 3 个阶段又是由什么因素决定的呢？答案就是生物体的规模。科学家们发现，流出量 O 正比于生物体的体重（这是因为生物体的每一个细胞都要代谢，它们消耗的能量总和应正比于细胞总数，而细胞总数正比于生物体体重 M），而流入量 I 仍然服从克莱伯定律（个体发育的异速规模法则），即 $I = aM^{3/4}$。

　　我们不妨将流入量和流出量随体重变化的曲线绘制到同一张图上，如图 3.5 所示，实线表示流入量 I，虚线表示流出量 O，它们相交于 X 点。

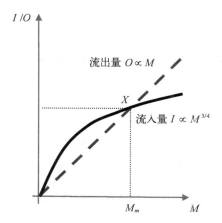

图 3.5　生物体在发育过程中，流入量 I 和流出量 O 随体重 M 变化的曲线

当 M 增大的时候,流入量 I 会沿着实线增长,它的形状是上凸的,因此呈现为先快速增长后慢速增长,这对应了生物体早期快速生长和随后缓慢生长的两个阶段;流出量 O 则沿着虚线增长,即始终以同一个速度增长。两条曲线的差就是流入水缸的净流量,它直接导致了水缸里水量的增长。

为什么所有生物体在生长到一定阶段之后就不再生长了呢?答案就在于两条曲线的交点 X,在这一点上,流入量刚好等于流出量,因此储水量的净增量刚好是 0,也就是生物体停止生长。此时,X 点的横坐标 M_m 恰好是生物体发育完善后的最大体重。

进一步,我们可以把上述分析过程用一个 M 如何随发育时间 t 而变化的方程来更加精确地刻画[①],通过求解这个方程并为不同的物种代入相应的参数,我们便可以为每个物种计算得到一条生长曲线[②]。实证研究发现,各类生物体的生长的确和理论模型的预测一致。如果我们对不同物种的生长曲线进行适当的缩放,使得它们可以相互比较,则可以得到一条统一的生长曲线[③],如图 3.6 所示。我们再一次见证了自然规律的力量,无论是老鼠还是大象,在统一的生长法则面前都归一为一条光滑的曲线。

---

① $\dfrac{\mathrm{d}M}{\mathrm{d}t} = aM^{3/4} - cM$,即生物体体重的增长为新陈代谢摄入的能量 I 减去每个细胞代谢消耗的能量 cM,比例系数 c 表示维护单位质量所需要的摄入量。

② 方程的解为

$$M(t) = M_m \cdot \left(1 - \left[1 - \left(\frac{M_0}{M_m} \right)^{1/4} \right] \mathrm{e}^{-bt/4} \right)^4$$

这里 $M_m = a/c$,它刚好是生物体发育成熟之后(也就是 $\mathrm{d}M/\mathrm{d}t = 0$ 时)的体重,M_0 是生物体出生时的体重。通过推导不难发现,这条曲线还可以写为这样的形式:$r = 1 - \mathrm{e}^{-\tau}$,其中 $r = (M/M_m)^{1/4}$ 是一种归一化的生物量,$\tau = bt/4 - \ln(1 - (M_0/M_m)^{1/4})$ 为重新标度的时间。之所以用这种写法,是因为无论是重新标度的时间 τ 还是重新定义的归一化生物量 r,都与生物个体无关。也就是说 $r = 1 - \mathrm{e}^{-\tau}$ 是对于所有生物体都成立的生长曲线。

③ 即曲线:$r = 1 - \mathrm{e}^{-\tau}$。

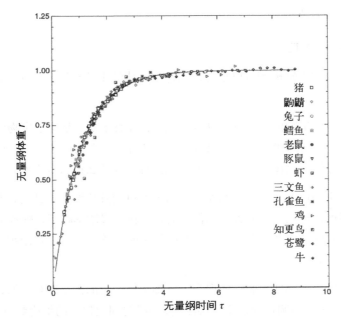

图 3.6 不同生物体的归一化生长曲线。其中横坐标为某种归一化的时间，
纵坐标为归一化的体重①

整个生物体生长方程的推导过程如图 3.7 所示。

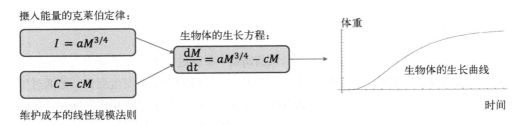

摄入能量的克莱伯定律：

$$I = aM^{3/4}$$

生物体的生长方程：

$$\frac{\mathrm{d}M}{\mathrm{d}t} = aM^{3/4} - cM$$

$$C = cM$$

维护成本的线性规模法则

体重

生物体的生长曲线

时间

图 3.7 生物体生长方程和生长曲线的推导

总之，克莱伯定律不仅适用于体重横跨近 10^{30} 个数量级的生物体，而且可以推演出各式各样的规模法则和统一的生长曲线，甚至还导致了一系列生物学常数的发现，比如哺乳动物一生的心跳总次数为 1.5×10^9 左右这一惊人的结论。可以说，克莱伯定律就是生物界中的"开普勒定律"，它第一次以无可争辩的实证研究揭示出生物界中

① 经论文第一作者同意使用该图片。图片来源：West G B, Brown J H, Enquist B J. A general model for ontogenetic growth[J]. Nature, 2001, 413(6856): 628-631.

也存在如此精确而统一的数学定律。

3.2.2　衰老与死亡

克莱伯定律和水缸模型可以很好地描述生物体的生长和发育规律，那么衰老和死亡呢？

韦斯特认为，生物体之所以会衰老和死亡，究其本质，是由于生物体的新陈代谢作用。也就是说，新陈代谢是一把双刃剑，它既可以为生物体源源不断地带来能量输入，同时也是导致生物体衰老和死亡的罪魁祸首。为什么这么说呢？

事实上，生物体的每个组织和器官都需要通过新陈代谢来维持运作和各种活动。这些活动则不可避免地会造成各种部件的磨损。新陈代谢率越高，则各个部件的活动会越频繁，导致的磨损就会越严重。这些磨损不断积累，就会使得组织和器官老化，最终导致生命走向终结。

假设生物体各个部件的磨损体现为个体细胞以一定的概率凋亡。那么，新陈代谢速度越快，则每个细胞凋亡的概率就会越高，一段时间内损失的细胞数量也就会越多。假设生物体的细胞总数正比于 M，则每个细胞的新陈代谢率就是 $F/M \propto M^{-1/4}$，所以每个细胞的新陈代谢率会随着生物体体型变大而降低。这样，个体细胞就会存活更长时间，它刚好反比于每个细胞的新陈代谢率，即 $T \propto M^{1/4}$。这样我们便得到了寿命的规模法则，即式(3.3)。

3.2.3　温度的影响

故事还没有结束，2004 年，生态学家詹姆斯·布朗进一步研究了影响克莱伯定律中系数 a 的因素，他发现该系数会随着生物体所处环境的温度而发生变化。他通过拟合生活在不同环境温度下的生物体的数据，发现了一种耦合了温度和化学反应活化能的更广义的克莱伯定律[①]。基于此，一个物种的新陈代谢除了受到体型大小的制约以外，还受温度因素影响。例如生活在热带的鸟要比生活在寒带的鸟新陈代谢更快。

---

① 数学表达式为：

$$F = a_0 M^{3/4} \mathrm{e}^{\frac{E_0}{kT}} \tag{3.6}$$

其中 a_0 是一个与体重和温度都无关的常数，它只与生物体的种类有关。e 是自然对数的底；$k = 1.38 \times 10^{-23}$，为玻尔兹曼常数（单位：焦耳/开尔文，J/K），它是统计物理中的重要常量；T 为生物体所在环境的温度，单位为开尔文（K）；E_0 为化学反应活化能，数值为 0.65 电子伏特（eV）。

　　进一步，新陈代谢率和寿命也受温度影响[①]。这表明，对于同一物种来说，生活在赤道附近会比生活在温带寿命更短。这是因为，随着温度升高，生物体内的新陈代谢速度会加快，从而导致心跳频率、呼吸频率等基本指标都升高，这便加速了死亡。理论上，我们可以通过降低体温来延长寿命。例如，体温每下降 2℃，寿命可以延长20%~30%。更极端的情况是，我们可以通过直接将人体冷冻的方式任意延长寿命。但是请注意，我们不能随意降低体温。对于人类来说，在一般情况下，正常体温保持在37℃左右。如果通过人为手段降低体温，可能会产生一些意想不到的伤害[②]。

3.3　四维几何体

　　然而，为什么生物体的新陈代谢率会与体重呈现出这样一种特殊的幂律关系呢？正如前面介绍的，如果按照鲁布纳的推理，假设生物体是一个三维几何体，那么其新陈代谢率与体重将呈现 $F \propto M^{2/3}$ 的关系，如图 3.8a 所示。

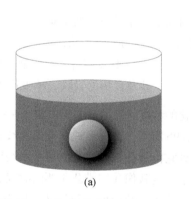

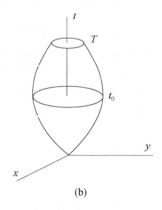

(a)　　　　　　　　　　　　　　(b)

图 3.8　生物体被看成三维（a）或四维（b）欧氏几何体。在 b 中，水平面代表空间，纵轴代表时间。假设生物体在 $t=0$ 时刻诞生，在 T 时刻死亡，锥形区域的高度就是它的寿命，在任意时刻 t_0 的截面面积就是它的三维体积

---

① 数学表达式为：

$$R = R_0 M^{-1/4} e^{\frac{E_0}{kT}} \tag{3.7}$$

$$T = T_0 M^{1/4} e^{\frac{E_0}{kT}} \tag{3.8}$$

其中，R_0 和 T_0 都是不随体重和温度变化的常数。

② 关于温度影响的进一步讨论，请参见：Brown J H, et al. Toward a metabolic theory of ecology. Ecology, 2004, 85(7): 1771–1789.

尽管形式类似，但是幂指数 2/3 显然与克莱伯定律的幂指数 3/4 相差很大，所以这个模型并不能解释神奇的数字 3/4 是如何起源的[①]。由此可见，克莱伯定律不能简单地归结为三维几何规律。

那么，如果我们考虑四维空间，又会怎样呢？如图 3.8b 所示，假设生物为四维空间中的一个规则几何体，其中有三维空间和一维时间，那么这个几何体的四维体积和三维体积之间的关系就刚好满足克莱伯定律，同时时间长度与四维体积之间也满足幂指数为 1/4 的幂律关系。尽管这个推理的前提——M 正比于四维体积——很荒谬，但是它毕竟给我们一个启发：也许生物体真的存活于四维空间，只不过这个第四维可能并不是我们熟悉的时间，而是某种隐藏的维度。

于是，我们想到了分形。分形是 20 世纪复杂科学领域的一个重要概念，它可以对 d 维的几何体施加最大化的褶皱和扭曲而得到 $d+1$ 维的几何体。例如褶皱的大脑皮层，以及扭曲缠绕的大肠。1999 年，韦斯特、布朗和恩奎斯特等人在《科学》期刊上发表的论文详细地表述了如何用分形几何的观点来解释克莱伯定律[②]。

他们认为生物体的表面实际上有两种：一种是我们能看到的外表面，就像动物的皮肤，这层表面是一种欧氏曲面，与体积呈幂指数为 2/3 的幂律关系；另外一种则是生物体的内表面，例如肺管、血管、肠（如图 3.9a 所示）、大脑皮层等，它们是分形几何体。生物体的新陈代谢率刚好正比于内表面的面积（涉及食物的吸收、呼吸作用等）。

进化使得内表面的褶皱、扭曲达到了最大化的程度，就像是皮亚诺曲线——一条类似于迷宫的曲线，然而它的维度是 2，如图 3.9b 所示。为什么说皮亚诺曲线的维度为 2 呢？如果将皮亚诺曲线扩大 2 倍，就会看到它内部的细节，它的每个小线段内部有更多褶皱，使得总长度扩大了 4 倍而不是 2 倍。这就像我们排队买票的时候，可以通过弯曲队形增加队伍的总长度，从而将一个广大的二维空间尽量用队伍填满。

类似地，生物体的内表面填充了三维空间，因此这些面的维度是 3 而不是 2。生物体的特征长度，例如从根到叶的距离，从心脏到某一个细胞的血液输运距离等都是常规的欧氏长度，于是由三维表面和一维长度乘积得到的内部体积（例如整个大肠的

[①] 事实上，种内的新陈代谢率与体积是满足 $F \propto M^{2/3}$ 规律的。例如鲁布纳当年就测量了不同的鸟类的新陈代谢率与体重的关系，发现它们满足指数为 2/3 的幂律关系。然而，克莱伯关注的是种间的（不同物种）异速规模法则，它的适用范围要更大一些。因此，鲁布纳并没有成功地解释克莱伯定律。

[②] 详情请参见 G. West, et al. The Fourth Dimension of Life: Fractal Geometry and Allometric Scaling of Organisms, Science, 1999, 284(5420): 1677-1679.

体积、血管的体积等）就是四维几何体了。这便自然得到了克莱伯定律。所以，韦斯特等人的结论是，生命中那隐藏在三维空间中的第四维恰恰正是通过生物体内表面的褶皱分形得到的。

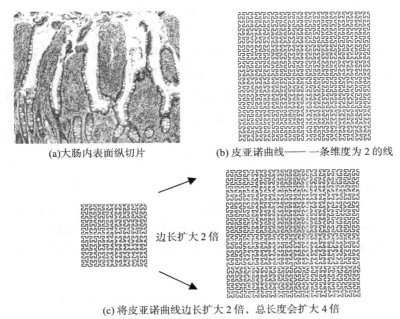

(a)大肠内表面纵切片　　(b) 皮亚诺曲线——一条维度为 2 的线

边长扩大 2 倍

(c)将皮亚诺曲线边长扩大 2 倍，总长度会扩大 4 倍

图 3.9　分形几何体

3.4　生命中的河流

尽管上一节讨论的观点具有理论指导意义，但是没有给出非常具体的机制，整个讨论也过于抽象。接下来我将给出具体的模型，它们都对克莱伯定律给出了更精确和具象的解释。

第一个经典模型要数 1997 年韦斯特、布朗和恩奎斯特在《科学》期刊上联合发表的 WBE 模型（WBE 即三个人的姓 West、Brown 和 Enquist 的首字母）。身为粒子物理学家的韦斯特能够对克莱伯定律这样冷门的生物学小分支产生兴趣也有着一段有趣的故事。在 20 世纪 90 年代，年过半百的韦斯特还是洛斯阿拉莫斯国家实验室的一名颇有名气的粒子物理学家。然而，在了解到家族中的多名男性前辈在他这个年纪逝世以后，韦斯特陷入了对于死亡的恐惧与沉思。他开始翻阅大量的生物学文献，希望找到为什么生物体必然会死亡，人类的最长寿命为什么仅有 100 多岁的生物学解释。然而，令他大失所望的是，主流的生物学教材、论文几乎很少讨论死亡，即使有也大多是定性的。于是，韦斯特开始了他孤独的探索旅程，直到他偶然遇到新墨西哥州大学的生态学家詹姆斯·布朗以及他的学生布莱恩·恩奎斯特。布朗告诉韦斯特，其实生物学界一直存在关于生命死亡和寿命问题的定量讨论，只不过这些研究处于主流生物学的边缘地带，这就是克莱伯定律。听到这些，韦斯特兴奋极了，他果断地从物理学出逃，一脚踏入了生物学的研究之中。一方面，韦斯特作为一名粒子物理学家，但对生物学问题产生了浓厚的兴趣；另一方面，詹姆斯·布朗是一名生态学家，但希望学习更多的数学、物理知识来解释克莱伯定律的起源。于是这两个人在命运的召唤下，汇聚到了圣塔菲研究所这个著名的复杂科学圣地，和布朗的学生恩奎斯特一起展开了研究工作。他们的出发点就是生物体中无处不在的输运网络：血管、经脉、微管等。

我们知道，动物体内存在血管网络，从心脏泵出的血液通过这些网络输运到身体的各个细胞；植物体内也存在类似的分形输运网络，它们从根部吸入养料，并通过植物维管系统（plant vascular system）输运到枝枝叶叶；甚至连一个单细胞内部都布满了这样的分形网络：微管。韦斯特等人通过反复地观察、揣摩，提出这些网络可能都遵循以下三条基本假设。

(1) 该分形网络是空间填充形式的，即树状分叉将生物体的整个内部空间填满。
(2) 分叉的最小单元不随着生物体的体重而变化。
(3) 该分形网络是一种最优化的网络，也就是说，输运营养物质所消耗的能量会达到最小。

下面我们详细解释这几条基本假设。

当我们欣赏大自然中的各种树木时（尤其是在冬天叶子都掉光的时候）就会发现，其实枝杈所充斥的空间是空心的，但当树枝分叉得足够多、足够密时，它就会把整个枝杈空间"填满"。这里"填满"的意思是，当我们从很远的地方观察树时，会发现空隙不明显了，形成了一个密闭的"表观体积"，这就是假设(1)。

假设(2)是说，无论是大象还是老鼠，它们体内网络分叉末梢是同样大小的。如果我们把最小的分叉末梢粗略地理解为细胞，那么老鼠和大象的体细胞大小几乎相同。当生物体保持末端单元的大小不随规模而变的时候，只有整个输运网络的结构会随体积而改变。因此，体积越大的生物体也就拥有越大的输运网络，但是这些网络链接的基本单元是一样的。

假设(3)则是基于进化论思想,即生物体内的分形输运网络已经进化为最优了——能够最小化输运所消耗的能量,这是因为不能优化能量消耗的生物体会被自然选择淘汰。这种最优性具体体现为血管分叉网络的面积守恒,也就是说血管每一次分叉,上游血管的横截面积应等于下游血管横截面积的总和。我们知道,血液在血管中流动,是通过一种脉冲的方式进行的,因为这样可以减少能量损耗。电力传输采用交流电而不是直流电也是同样的道理。如果血液流动的脉冲被血管壁阻挡,这种脉冲的能量就会损耗。因此,为了减少这种损耗,血管网络应在血液流动的方向上尽可能地不产生回波反弹。当出现血管分叉的时候,则应让血管的横截面积保持守恒,这样才能尽可能地减少能量损耗。因此,这样的分叉特性是为了将分叉处的能量损耗降到最小。

这三条假设可谓字字珠玑,它们简单而深刻地刻画了生物体内分形输运网络的主要特征。

根据上述三条原则,韦斯特等人设计了一个具体的分形输运网络模型。如图 3.10 所示,假设网络由若干段水管连接而成,并且该网络从一条最粗的主干开始不断地分叉,每次分叉都具有相同的分叉数 n。假设(1)意味着在不同层级,输运网络的填充体积都充满整个空间,因此每层分叉所占的“表观体积”不变。这就要求每次分叉时,上级和下级水管的长度乘以水管粗细的结果为常数,于是上下两级的水管长度之比正比于 $n^{-1/3}$。根据假设(2),生物体内最底层单元大小不变,这就使得当我们扩大生物体的时候,网络的层级会相应地增长。如此一来,无论是水管的长度、横截面积,还是每一层水管的数量,都会随着层数的增加而构成等比数列,如图 3.11 所示。根据假设(3),生物体内的输运网络已经演化为一种输运效率最高的网络,如果血液在网络中是以脉冲的方式流动,那么网络在分叉的过程中要保持总的横截面积不变,这就要求每次分叉两个层级之间横截面半径之比要正比于 $n^{-1/2}$。

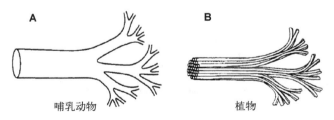

图 3.10　WBE 模型中的哺乳动物（A）和植物（B）的分形输运网络[①]

---

① 经论文第一作者同意使用该图片。图片来源：West G B, Brown J H, Enquist B J. A general model for the origin of allometric scaling laws in biology[J]. Science, 1997, 276(5309): 122-126.

设营养物质顺着网络从根部（第一级水管）流入，然后逐层流向各个分支水管，并从最后一层流出以滋养各个细胞，那么生物体的新陈代谢率 F 就正比于每一层的总横截面积（由于整个网络横截面积守恒，因此流入任意层的流量都相同）。同时，系统的总重量 M 正比于整个网络中的物质存量。一旦 n 固定下来，那么网络就会随着分叉的最大层级 L 的增大而增大，但是无论怎么变化，F 都会随着 M 呈现出 $F \propto M^{3/4}$ 的规律。因此，我们可以得到克莱伯定律。[①]

为了更形象地表示从 WBE 网络推导出克莱伯定律的方法，我们用计算机模拟的方法构造了一系列 WBE 网络，它们的分叉数 $n=2$，但是分叉层级 L 从 1 变到 15，并通过数值计算结果验证了克莱伯定律，如图 3.11 所示。

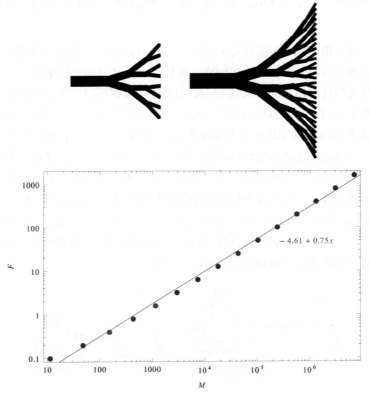

图 3.11　WBE 模型的模拟。上面两张图分别为 $L=3$ 和 $L=5$ 时的网络形态，下图展示了 L 取 1 到 15 时流量，也即新陈代谢率 F 与体重 M 之间的幂律关系

① 关于 WBE 模型的详细推导，可参见附录 A。

这就是 WBE 模型，它第一次系统性地对克莱伯定律给出了一个较全面、完整的解释。同时，该模型还自然地得到了其他符合实证观察的一大类异速规模法则，例如血流速度、血压、网络长度、血管宽度等各种变量与体积的关系等。不仅如此，根据WBE 模型，我们还可以推知哺乳动物的最小体型、最大体型，以及活体内的细胞和实验室中的细胞具备不同的行为等诸多生物学结论，并且所有结论都与实证观察相符。因此，该模型堪称理论生物学中的经典。

3.5 小结

新陈代谢是所有生物体都具备的特征。围绕新陈代谢，人们发现了同样普适的克莱伯定律。尽管这一定律的发现过程一波三折，但是人们已经将该定律的适用范围和推论推演到了极致。一方面，人们发现克莱伯定律适用于 10^{27} 级体重跨度的生物体和数百万的不同物种；另一方面，从克莱伯定律出发，人们还可以推导出寿命长短、心跳频率等各种重要的生物学变量与生物体规模的关系，以及不随规模变化的生物学常量（如哺乳动物一生的心跳总次数等），还包括普适的生长曲线。

克莱伯定律是如何起源的？围绕这一问题，韦斯特、布朗和恩奎斯特提出了著名的 WBE 模型。在该模型中，韦斯特向我们展示了，只要生物体内的分形输运网络满足他们提出的三条基本假设，就必然能够推导出生物体的克莱伯定律。不仅如此，韦斯特等人还基于 WBE 模型展开预测，发现其与实验数据吻合。另外，从 WBE 模型出发，他们还能推导出哺乳动物的体型极限，以及呼吸复合体在活体与离体条件下的行为等。

我们看到，第谷→开普勒→牛顿的物理学研究范式在生物学中得到了体现，而这一切的核心正是克莱伯定律。可以说，克莱伯定律是生物学中的"开普勒定律"。那么，我们又该如何从克莱伯定律出发找到适用于生物学的"牛顿力学"呢？

第 4 章

广义的流动

生命在某种意义上就是一种流动，能量和营养物质不断"冲刷"着我们身体的每一个细胞，生长、衰老和死亡随之展开。当你盯着自己三岁时的照片，可能会兴奋地说道："瞧，那时的我多么可爱呀！"然而要知道，每隔几年人体的几乎所有细胞就会因为新陈代谢被整体"调包"。那么凭什么说三岁时的你和现在的你是同一个人？当我们蹲伏在小溪旁观察一道道驻波随流舞动，会发现驻波这种存在很有意思。它的所有组成单元（水滴）都瞬息万变（流走），但是其上的波纹能保持相对稳定。我们的身体仿佛就是水流，那个寄居在肉身上的"我"就仿佛是水流上的驻波。似乎构成"我"的基本单元是那么虚无缥缈、变化无常。然而，上一章的讨论告诉我们，就是在这样"虚无缥缈、变化无常"的构型中，存在可以用数学公式定量刻画的精准规律——生物体的新陈代谢率与体重之间普适的克莱伯定律。并且，从这一关系出发，我们还可以推导出与寿命、心跳、生长等有关的一系列重要结论。

那么，这些结论和规律是否可以推广呢？要知道，新陈代谢与流动普遍存在于自然界与社会系统和人造系统之中。例如，自然界中存在物质流、能量流；社会系统中存在人流、货币流；人造系统如互联网，存在信息流、注意力流等。我们也经常用新陈代谢一词来形容城市之中的物质流动、能量循环或者公司之中的人员更替。那么，这些系统之中是否也存在克莱伯定律呢？

在考虑扩展克莱伯定律之前，首先需要搞清楚非生命系统的新陈代谢究竟意味着什么。我们在日常生活中谈论的新陈代谢基本有两种含义：(1)吐故纳新；(2)新老更替。从人体的角度来说，吐故纳新就是指我们通过呼吸、进食从外界摄取物质和能量，并排出废物；新老更替是指人体细胞的更替。当人体处于一种流平衡的时候，这两种效应是相同的。根据上一章的结论，这是因为我们获取的物质流量相当于新陈代谢率 F，而人体细胞更替的平均速度等价于用于维护的能量 O，在流平衡中，二者相等。

　　我们也可以按照这两种方式思考更一般系统的新陈代谢。从吐故纳新的角度来说，系统从外界获取物质和能量以及向外界排出废物就是一种新陈代谢，这个速率的大小就体现为物质或能量的流入量或流出量。比如，考虑河水冲刷河岸形成河流盆地，其中从山上源源不断注入的水流或从地下源源不断渗出的水流等就构成了它的新陈代谢。再比如，穿越城市边界流入的商品、原材料以及被当作废物排出的热量、垃圾等构成了城市的新陈代谢。

　　从新老更替的角度理解新陈代谢，问题会稍显复杂。首先，对于很多复杂系统来说，虽然新老更替时刻都在发生，但是我们很难对它进行衡量。例如，似乎很难回答城市系统的新老更替是什么，但我们都知道城市中的任何事物都在经历衰败、老化、失效、死亡。从另一个角度来说，系统之中各个单元的相互作用往往伴随着熵的产生。因此，如果单元之间的相互作用很频繁、很剧烈，那么系统的老化速度也会很快，它的新老更替速度也会很快，新陈代谢率也会很高。因此，我们常用系统之中单元之间相互作用的频率和强度来衡量新老更替所导致的新陈代谢。

　　这两种理解新陈代谢的方式对于不同问题会有不同的便利性。在本章中，我们将从第一种角度理解新陈代谢，也就是将任何系统看作一种流网络，这样网络从外部环境获取或向外排出的流都可以看作广义的新陈代谢。后续章节讨论互联网社区和城市的时候，我们将从人与人之间交互强度的角度考虑新陈代谢。

　　克莱伯定律中的第二个重要变量是规模，如前几章所述，这个变量可以用体重来衡量，也可以用身高、体积、面积等来衡量，因此它具备一定的灵活性。从吐故纳新的角度来说，系统内部存储的物质、能量总量就类比生物体的体重，作为对系统规模的衡量。例如，对于河流盆地来说，这片区域的总水流量即为其规模；对于城市来说，通过一切途径在城市内部流动的所有物品总量就是城市的规模。这种理解体现了上一章介绍的水缸模型中蕴含的思想，即"流"和"存"的相互依存关系——有流动就必然会有贮存，克莱伯定律反映的恰恰是生物体新陈代谢的"流""存"关系。

　　搞清楚了新陈代谢和规模大小的度量以后，我们便可以扩展克莱伯定律。我们将会看到，广义克莱伯定律——流量与存量之间的幂律关系，适用范围非常广，包括河流盆地、生态系统、国际贸易网络、互联网社区等。这种普遍性意味着各式各样的流网络在规模缩放的过程中，是按照某种普适法则有规律地变化的。为了揭示这种普适规律的起源，我们将进一步对空间流网络的模型展开探索，包括巴拿瓦网络模型和德霍尔球模型。然而，更多的流动虽然没有明显的存在空间（例如生态系统中的能量流、国际贸易网络中的商品流以及互联网上的注意力流等），但它们也遵循广义克莱伯定律。这表明这些系统中的流网络本身就是一种自相似的结构，大大小小的流动被网络结构循环、嵌套到了一起。

更有意思的是，尽管广义克莱伯定律普遍存在于各种系统中，但它在不同系统、不同情境下的幂指数非常不同，而并非固定不变的常数。这也正是我们将此规律称为广义克莱伯定律的原因。另外，在普遍存在的幂律规律下，幂指数的不同又可以刻画不同系统的个性和差异。这种刻画甚至可以用来衡量输运网络的效率、网络的形状以及中心化或"民主化"程度，具有很大的应用价值。

更进一步，本章还试图探讨广义克莱伯定律的普适性究竟意味着什么。从广义克莱伯定律出发，我们能否推导出各类流系统普适的"生老病死"法则？我们在设计人工输运网络的过程中能否借鉴大自然的普适法则？

4.1　*d* 维空间中的广义克莱伯定律

首先，我们用真实的测量数据来说明广义克莱伯定律的普适性。事实上，一旦采用吐故纳新的视角看待流系统，会发现流入量、流出量与系统中的存量之间存在普适的幂律关系，但是这里的幂指数会因系统、情况的不同而不同，不是固定的 3/4 或 2/3。我们称这类广义流系统中的流量和存量之间的幂律关系为广义克莱伯定律（generalized Kleiber's law）。下面看几个例子。

图 4.1 展示的是亚马孙河流盆地的河流分支网络（drainage network of river basin）。在亚马孙平原上，常年的降水汇聚成树状的河流分支网络流向下游，水流从细小的分支汇聚到粗大的分支，最终形成主干——亚马孙河，流入大海。在这个网络中，每一个单位区域就相当于一个水源，它会以相同的速度"产生"水。当流平衡时，流入量应近似等于主干河流的流出量；水流沿着网络汇聚，这片区域的总水流量就构成了贮存，也就是河流网络的"体重"。

仔细观察图 4.1 中圆圈圈住的一小部分，我们会发现它和网络整体非常相似。换句话说，大大小小的河流网络相互嵌套形成了一个分形图形，其中每一部分都是一个独立的可以新陈代谢的单元，就好像是一个生物体。于是，我们可以针对每一个分支单元计算流量和存量，从而考察所有单元是否满足广义克莱伯定律。美国马里兰大学的巴拿瓦等人设计了一种算法，可以通过航拍的河流数字地图验证广义克莱伯定律。

他们对美国和欧洲的多个河流盆地的相关数据进行了计算[1]，发现分支河流新陈代谢率 F 与河水流量 M 之间满足 $F \propto M^{2/3}$，如图 4.2 所示。

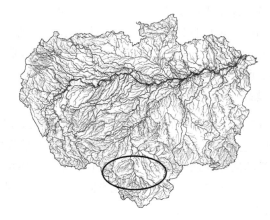

图 4.1 亚马孙河流盆地的河流分支网络（图片来自 ORNL DAAC 网站）

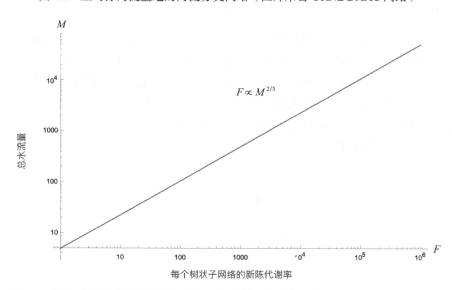

图 4.2 河流盆地的规模法则示意图。图中横坐标是每一个树状子网络的新陈代谢率，纵坐标为其"体重"。真实的数据点请参考论文中的原图[2]

---

① 包括 Dry Fork，西弗吉尼亚州，586 平方千米，数字地图尺寸 30 平方米；Island Creek，爱达荷州，260 平方千米，数字地图尺寸 30 平方米；Tirso，意大利，2024 平方千米，数字地图尺寸 237 平方米。

② Banavar J R, Maritan A, Rinaldo A. Size and form in efficient transportation networks[J]. Nature, 1999, 399(6732): 130-132.

下面详细介绍该幂律关系的计算过程。首先，我们看到，河流网络是一个自相似的树状网络，因而每一棵子树对应的河流盆地形成了一个与整体自相似的"有机体"。我们设每棵子树的新陈代谢率为该子树所在盆地的面积 A_i，每棵子树的"体重"为其所有子树面积 A_i 的总和。之所以这样计算，是因为每单位区域的注入量几乎相等，故而可以用河流盆地的总面积作为新陈代谢率 F；而由于网络是树状结构，且流动过程中要保持水流量守恒，所以只需要将每一小块面积的水流量不断往上游汇总，就可以得到总水流量，这也就是河流网络的"体重" M。

对比河流网络与生物体内的血管网络不难发现，它们形状类似。只不过，血管网络存在于三维空间中，它的新陈代谢率和"体重"之间的关系服从克莱伯定律，即 $F \propto M^{3/4}$；而对于二维的河流盆地来说，它的新陈代谢率与"体重"之间的关系服从 $F \propto M^{2/3}$。这启发我们，是否对于任意 d 维欧氏空间中的广义"河流网络"来说，都存在如式(4.1)所描述的广义的流存关系呢？

$$F \propto M^{\frac{d}{d+1}} \tag{4.1}$$

为了验证这个猜想，美国物理学家奥拉夫·德雷尔（Olaf Dreyer）在 2001 年设计了一个有趣的实验。他找来一条长长的水槽，在其底部均匀地刺出一排孔洞，使得水流可以从这些孔洞以相同的速率流出。然后，他从水槽的一端以固定的速率 F 缓慢注入水流以模拟河流。这些水沿着水槽流动并从孔洞流出。在稳态的时候，水槽中的总储水量 M 就会与 F 形成式(4.1)所描述的关系，其中幂指数为 1/2（因为 $d = 1$，如图 4.3 所示）。这验证了式(4.1)。

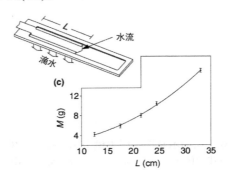

图 4.3　德雷尔等人做的一维水槽实验，验证了式(4.1)在 $d = 1$ 时的情景[①]

---

① 经论文作者同意使用该图片。图片来源：Dreyer O. Allometric scaling and central source systems[J]. Physical review letters, 2001, 87(3): 038101.

通过上面几个例子我们可以看到，无论是自然界中的河流、血管网络，还是人工设计的水槽，它们都存在类似的广义克莱伯定律，也就是广义的新陈代谢率与生物量之间存在幂律关系。但是它们的幂指数并不相同，而是依赖所在的空间维度。为什么这些表面上看起来不同的网络都有类似的规律呢？是不是任意d维空间中的流动都遵循广义克莱伯定律呢？

我们能否将上一章的 WBE 模型套用到广义克莱伯定律中？答案似乎并不乐观，因为尽管 WBE 模型大获成功，而且与真实生物体的各种数据都吻合，但它仍然存在一些不足。这主要体现在 WBE 模型过于规则化，与现实生物体中不规则的血管网络存在较大的差异。例如，WBE 模型假设任意层的分叉数近似相同，并且每一层网络的管道长度、横截面积相同等。这种规则性使得很难将该模型扩展到其他流网络，例如河流网络、一维水槽等。我们必须寻求模型上的突破。

4.1.1　最优输运网络

我们先从巴拿瓦（J. Banavar）教授的最优输运网络讲起。巴拿瓦教授任教于俄勒冈大学，曾是马里兰大学的物理学教授。在韦斯特等人发表 WBE 模型不久之后，他就在《自然》上发表了最优输运网络模型——简称巴拿瓦网络模型，从不同的视角重新解释了克莱伯定律的起源。同时，该模型还能解释为什么河流网络存在幂指数为 2/3 的广义克莱伯定律。更重要的是，该网络模型不需要具有严格而规则的网络分叉模式。因此，巴拿瓦网络模型更具普适性，它也为我们解开一般流网络系统中的广义克莱伯定律奠定了基础。下面介绍该模型。

巴拿瓦教授认为，克莱伯定律并非生命系统独享，其他流网络也存在类似的规律。对于一般的 d 维流网络，巴拿瓦认为只要满足以下几个条件，那么该网络就一定存在式(4.1)所描述的广义克莱伯定律。

- 该网络是由许多新陈代谢单元均匀填充而成的 d 维几何体，这些单元每单位时间的代谢量完全相同。
- 网络是一个中心源系统，即仅具有一个流入的源（例如动物的心脏、植物的根）。
- 流动是局部的，即连边都是局域性的，不存在长距离的连边。
- 输运网络是一个最优化网络，其中优化目标为输运成本最小化，而输运成本定义为网络中流量的总和。
- 生物体的体重 M 正比于流网络中的流量之和；而新陈代谢率 F 正比于从源流入的流量，在流平衡的时候，也等于每个单元流出的流量总和。

我们来逐一分析这几个条件。第一条与 WBE 模型中的第一条假设一致，巴拿瓦网络模型的新陈代谢单元类似于韦斯特等人提出的尺度不变单元，它们布满整个网络，主要负责能量代谢。第二条也很自然，WBE 模型中网络的根就是这里的源。第三条也很自然，由于水流、血流等都在欧氏空间中流动，这就意味着流动和连边都是局域性的。其实 WBE 模型也隐含了这一局域性，但没有明确表达。第四条对于网络最优化的要求也与 WBE 模型类似，但是优化目标不同。WBE 模型的优化目标是把输运过程中消耗的能量降到最低，而在巴拿瓦网络模型中，要最小化的是网络连边上的总输运流量。实际上，这两个优化目标的内在是一致的。这是因为，一个输运网络中的能量耗散完全基于流动过程本身。日常经验告诉我们，水在水管中流动会产生摩擦，这就是能量消耗的来源，而且流量越大，能量损耗也越大。

但与 WBE 模型不同的是，第五条认为生物体的新陈代谢率和体重对应了不同的量。首先，与体重成正比的不再是网络中总的基础单元，即细胞总数，而是每条连边上流动的物质总量，也即总流量。这相当于构成体重的是网络里流动物质的总和，而不是那些网络终端新陈代谢单元。另外，与新陈代谢率成正比的虽然也是流入网络的总流量，但它与网络中的总新陈代谢单元数成正比。

为什么满足这些条件就能够保证广义克莱伯定律存在呢？首先看第一条和第五条，我们知道流网络的新陈代谢率必然正比于该几何体的体积。假设流网络是一个 d 维空间中的球，那么其新陈代谢率（总流入量=总流出量）F 就正比于 r^d，这里 r 为球的半径。在满足第二和第三个条件的情况下，这个流网络有可能形成各种结构，如图 4.4 所示。不同的结构对应不同的输运成本，也就是网络连边上的流量总和，这样在所有可能的网络中必然有一个输运成本最小。这就是图 4.4b 所示的最优输运网络，这个网络的特征是每条连边都沿着半径的方向远离球心，这使得从源到每个节点的流动路径上的节点数近似正比于源到它的距离。经过一定的数学推演可以证明，最优输运网络中的总流量 M 必然会与半径的 $d+1$ 次方成正比，于是 F 与 M 就会满足式(4.1)[①]。

---

① 详情可参考附录 B。

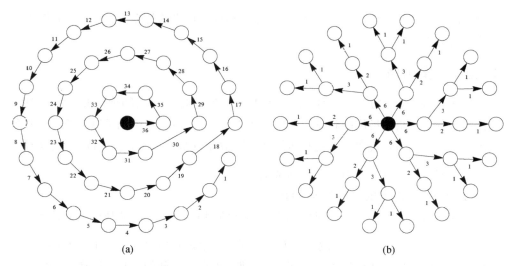

图 4.4 不同结构的输运网络。其中黑色节点为源，连边上的数值为流量。(a)一条链，其输运成本为 666；(b)巴拿瓦网络模型，即二维空间中最优的输运网络，其输运成本为 84

从这些假设来看，巴拿瓦网络模型基本上是 WBE 模型的翻版，最大的区别就是巴拿瓦网络模型并不要求严格、规则的分叉模式，取而代之的是网络连通和流动输运的局域性。由此可见，巴拿瓦网络模型用放宽条件换来更大的应用范围，例如河流网络同样适用。

另外，巴拿瓦网络模型以"体重"（即网络中的总流量）作为优化目标尽管有一些怪异，但好处是可以真正做到将网络的拓扑结构和流量分布与目标函数联系起来。但是在 WBE 模型中，最优化仅仅体现为分叉过程中的面积守恒原则，而不存在一个全局的优化目标，更与网络的拓扑结构无关。

最后，巴拿瓦将克莱伯定律的幂指数与网络的输运效率联系了起来，这是一个很大的突破。这启发我们可以用这个幂指数来衡量任意一个网络的输运效率。如何从巴拿瓦的这些假设得出克莱伯定律的详细数学推导，请参考附录 B。

尽管巴拿瓦网络模型已经对 WBE 模型做了很大的简化，但是它仍然存在局限性。首先，对于没有明显输运网络的系统（如图 4.3 所示的一维水槽模型），广义克莱伯定律依然成立，巴拿瓦网络模型却无能为力了。由此可见，广义克莱伯定律与输运网络并没有直接的关系。其次，无论是 WBE 模型还是巴拿瓦网络模型，它们都假设了输运网络的最优性，优化目标又显得过于任意，然而它们真的是必需的吗？我们能否进一步简化假设？

4.1.2 德雷尔球

答案是肯定的，2001 年 6 月，德国物理学家德雷尔在美国《物理快报》上发文称，即使没有分形网络和最优性假设，只要一个 d 维空间中的流系统满足以下条件，那么这团流动物质的新陈代谢率 F 就必然与总流量 M 呈现幂指数为 $d/(d+1)$ 的幂律关系。

- ❑ 该流系统是由一堆耗散单元构成的。
- ❑ 只有一个源提供物质和能量的输入。
- ❑ 所有流动构成了一个 d 维空间中的连续场（相当于每个流动都只能是局部的）。

为了说明这个模型，我们考虑一种特殊情况。这团耗散单元构成了一个 d 维空间中的均匀球体（如图 4.5 所示），半径为 r，唯一的源位于球的中心。这样，生物体的新陈代谢率就是球的体积，即

$$F \propto r^d \tag{4.2}$$

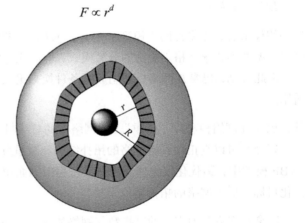

图 4.5　德雷尔球示意图[①]

我们在半径 x 处将球分成外面的一层壳和里面包含源的半径为 r 的球。由于壳部分的新陈代谢单元需要由里面半径为 r 的球供应原料，而流量分布是连续的，所以穿过半径为 x 的 $d-1$ 维球面的总流量 $j(r)$，应该刚好等于壳的体积（每一个耗散单元的耗散流量都一致），也就是 $j(x) \propto r^d - x^d$，这是流量守恒定律的要求。这样，整个球内

① 经论文作者同意使用该图片。图片来源：Dreyer O. Allometric Scaling and Central Source Systems[J], Physical Review Letters, 2001, 87(3): 038101.

的总流量就是对各个半径的流量 $j(x)$ 做积分，于是得到：

$$M \propto r^{d+1} \tag{4.3}$$

这样就轻松得到了 $F \propto M^{d/(d+1)}$。当然，现实中的生物体不可能是如此对称、均匀的球，只能看作一团连续的新陈代谢单元以及维持新陈代谢的流量场。根据流量的守恒性，我们可以用一个方程来描述这个场。当我们将整团物质扩大 s 倍的时候，流量场中每个点的流量也必须扩大 s 倍才能保证物质供应（如图 4.6 所示），同时满足同样的场方程。于是，德雷尔证明，这必然会导致整体的流量与整体的场呈现幂指数为 $(d+1)/d$ 的幂律关系[1]。

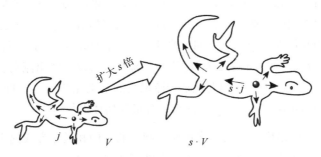

图 4.6 将一个流系统扩大 s 倍[2]

这样，无论生物体是什么形状、新陈代谢单元如何分布，只要生物体在生长过程中保持形状相似，那么广义克莱伯定律必然成立。有趣的是，巴拿瓦最优输运网络实际上是一个离散版本的德雷尔流场；或者反过来说，德雷尔流场其实是连续版本的巴拿瓦最优输运网络。更让人振奋的是，这一简洁而普适的结论不仅适用于三维的生物体，同样适用于二维的河流盆地以及一维的水槽。

通过与巴拿瓦网络模型的假设对比，我们发现德雷尔球模型进一步取消了对模型的限制：首先，流动并不一定要在网络中进行，而可以构成一个连续的流量场；其次，模型不要求任何最优性。该模型保留的限制只有：每个单元都是一个耗散单元以及流动必须是连续的局域流，并且满足流的守恒定律。

从 WBE 模型、巴拿瓦网络模型到德雷尔球模型，模型从复杂到简单。这一过程体现了理论模型从具体到抽象的不断进化。每当我们进一步抽象，就可以将已知规律

① Dreyer O. Allometric Scaling and Central Source Systems[J], Physical Review Letters, 2001, 87(3): 038101.

② 经原文作者同意使用该图片。图片来源：Dreyer O. Allometric Scaling and Central Source Systems[J], Physical Review Letters, 2001, 87(3): 038101.

泛化到更广泛的实例当中。经过韦斯特、巴拿瓦、德雷尔等人的努力，我们对空间中的连续流系统有了更多的理解。以 $d/(d+1)$ 为幂指数的广义克莱伯定律必然蕴含在 d 维的连续流系统之中。

4.1.3　模型的启发

巴拿瓦和德雷尔都简洁地推导出了一般 d 维空间中的广义克莱伯定律，这种简洁性能够让我们看清楚问题的本质。实际上，模型给出了在 d 维不受限制的空间中流动的理想分配情况。直观来说，流从"源"发出，到所有的"汇"。在不受任何约束的前提下，流会向远离源的方向散开。广义克莱伯定律的起源就在于空间中的自由流动特性，什么样的空间就会造就什么样的流网络，而幂指数会忠实反映流动所在空间的信息。例如，当我们在一个二维空间中修建一条长长的输运管道的时候（如图 4.4 所示），会得到幂指数为 2 而不是 2/3。这说明，幂指数可以反映出流动所受的空间约束情况。假如在三维空间中，我们发现某种流网络的广义克莱伯定律的幂指数为 5/7，那很可能该流网络被限定在了一个 2.5 维的分形几何体上[①]。

另外，巴拿马网络模型给我们优化输运网络的结构和运作方式提供了一个理想范本。例如，当我们考虑一个城市的电力、天然气或自来水输运网络时，其实可以学习河流、血管的网络结构、输运分配方式。城市中每家每户构成了这些资源的"汇"，输运管道的源头相当于"源"，这就形成了一个标准化的二维的巴拿瓦网络模型或德雷尔球模型。类似地，当我们考虑如何将天然气、自来水输运到一栋居民楼时，也可以按照这种最优输运网络的方式，只不过这是三维空间的情况。同理，在规划城市道路时，如果目标是尽可能地让物资高效、快速地从城市外围运输、分发到城市中的每一个小区或企业，我们也可以按照河流网络来设计。

那么，针对一个已经设计好的输运网络，应该如何评价它的整体输运效率呢？最简洁的方式就是看这个网络的广义克莱伯定律的幂指数是否为 $d/(d+1)$，越接近这个数值，则输运效率越高。当然，这样做的前提是网络能够自由地在一个 d 维空间中生长，没有受到任何约束。当存在其他约束或空间不规则因素时（例如在一个分数维空间中设计输运网络），我们只能通过最小化输运成本，也就是所有连边上的流量总和，来优化网络。

选取总流量作为优化目标，是因为流动过程会产生消耗。但是这仅仅是一种特殊

① 根据 $d/(d+1)=5/7$ 可以计算出 $d=5/2$。

情况，人们还提出了更一般的成本指标①，即认为每一段输运管道上的成本不仅和流量 *f* 有关，还与管道的实际物理长度 *l* 有关，并满足：

$$C = l \cdot f^{\gamma} \tag{4.4}$$

其中 *C* 为这段管道上的输运成本，*γ* 为刻画输运物质和管道摩擦性质的参数，它表现为流量 *f* 相对于距离对成本影响的重要性。*γ* 越小意味着流动物质越黏稠，因而距离相比流量更影响成本。因此运输同样的物质总量，应该用更加短粗的管道，以让流量更大。巴拿瓦网络模型和德雷尔球模型刚好对应 *γ* = 1 这一特殊情况。

当考虑整个输运网络的时候，则需要将所有管道上的成本进行加和得到整个网络的输运成本。于是，为了让整个网络的输运成本最小，最优输运网络应该是什么形状呢？研究表明，当 *γ* > 1 时，网络更倾向于分叉；当 *γ* < 1 时，则更倾向于集中。

进一步，无论是巴拿瓦网络模型还是德雷尔球模型，都仅仅讨论了单一源、大量均匀分布的汇的情况。但是在实际情况中，源和汇都可能是多个，而且它们会以任意的方式分布在空间之中。我们没办法直接套用模型，但可以通过最小化由式(4.4)表示的网络输运总成本的方式来实现输运网络的最优设计。图 4.7 给出了两个通过最优化式(4.4)得到的输运网络，它们的分叉层数都是 3，*γ* 分别是 0.95 和 0.5。

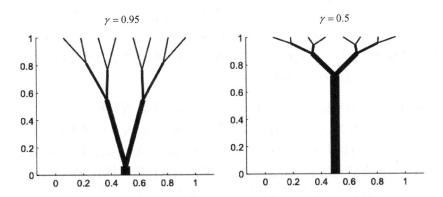

图 4.7 通过最优化式(4.4)得到的两个输运网络的示意图。图中唯一的源设在了坐标(0.5, 0)处，8 个汇都设在了纵坐标为 1 的位置②

① Xia Q. Optimal paths related to transport problems[J]. Communications in Contemporary Mathematics, 2003, 5(02): 251-279.

② 采用文献 Xia Q. Optinal paths related to transport problems[J]. Communications in Contemporary Mathematics, 2003, 5(02): 251-279. 中的算法绘制。

事实上，这是数学上一个著名而古老的问题——最优输运问题（optimal transportation problem）的特殊情况。该问题早在 1781 年就由数学家盖斯帕德·芒格（Gaspard Monge）提出。例如，城市中人们的居所分布在不同区域，出行目的地也不尽相同，这就构成了一个从多个源到多个汇的最优输运问题。只不过，这里的目标是设计一个最优的输运网络，而非一个具体的输运方案。

总之，巴拿瓦网络模型和德雷尔球模型除了给广义克莱伯定律的起源提供了一个简洁而优雅的解释以外，还揭示了单源多汇的流动在 d 维空间中自由分配的理想情况。广义克莱伯定律的幂指数可以提供有关空间约束的信息，同样可以用来衡量一个输运网络的效率。更进一步，我们可以利用理想化的模型来指导设计天然气、自来水等的输运网络，甚至城市的交通网络。

4.2 无形的流动

尽管巴拿瓦网络模型、德雷尔球模型可以提供简洁的解释，并具有一定的实践指导意义，但是它们的适用范围限定在看得见的欧氏空间。而现实世界中存在大量没有明确空间的流动和网络，流动很难说是局部的，网络中也可能存在大量的环路结构。那么，这些流网络不满足理想模型要求的条件，就不存在广义克莱伯定律了吗？事实正好相反，广义克莱伯定律的适用范围远比我们想象的更广。在适当定义流与存或新陈代谢与"体重"之后，我们可以在几乎所有满足守恒条件的真实流网络中发现广义克莱伯定律。这又意味着什么呢？

假如有一家企业年销售额约为 100 万美元，那么你能否推断出这家企业的总资产有多少？事实上，如果这家企业在美国，那么我估计它的总资产是 120 万美元；如果在中国，则估计是 114 万美元。这是根据市场平均的总资产与总销售额的关系计算出来的。我与圣塔菲研究所的哈密尔顿以及韦斯特等人合作，利用 6082 家美国上市企业和 2021 家中国上市企业的数据验证了广义克莱伯定律，其中总销售额作为"新陈代谢率"，而总资产作为"体重"。

如图 4.8 所示，无论是中国还是美国，总销售额（F）和总资产（M）之间的确存在规模法则：$F \propto M^b$。但是，这里的幂指数 b 分别是 0.9（美国）和 0.91（中国），明显大于克莱伯定律中的幂指数 3/4，但小于 1。这意味着随着企业规模变大，单位资产所带来的收益会减少，这是报酬递减的一种表现。企业就像一个生物体，需要从客户那里获得用于维持系统运作的"能量"——货币流，再把这笔钱通过内部的分配网络分发到不同部门：一部分用来发工资，一部分用来支付水电等费用，还有一部分用来投资以赚取更多的钱……每家企业都有财务账单，上面记载了货币的流向。货币的流动实际上反映的是企业的价值创造过程：不同员工的脑力和体力付出汇聚为部门的价值创造，部门之间的沟通与协作汇聚为企业的价值创造，这一价值最终体现为销售业绩。如果我们能够将价值创造过程绘制成网络，其结构也许会与河流网络非常相似。关于企业的话题，本书第 9 章和第 10 章会进一步展开论述。

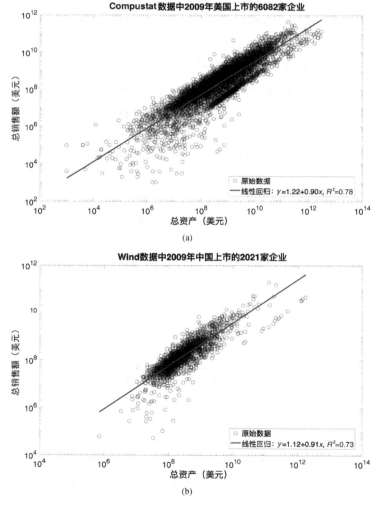

图 4.8　(a)2009 年 6082 家美国上市企业的总资产–总销售额之间的幂律关系；
(b)2009 年 2021 家中国上市企业的总资产–总销售额之间的幂律关系

再举个例子。我们知道，每天都会有大量网民进入互联网社区闲逛、看帖子、发表评论或者点赞。如果我们将帖子比喻成店铺，那么网民就相当于商场中的顾客。每一时刻，总会有一些网民进入社区，又会有一些网民离开社区，还有更多网民正在社区中不同帖子下闲逛。网民在闲逛期间付出了注意力，这些注意力正是互联网社区赖以生存的基础——没有网民光顾的社区必然会逐渐失去人气而"死掉"。所以说网民的注意力流供养了一个个互联网社区，它相当于生物体的能量流。对于这个流系统来说，我们不妨用每一段时间（例如一小时）内流入的网民流量作为该社区的"新陈代谢"，网民在不同帖子之间的跳转、停留就形成了一个流网络，其中帖子是节点，用户的跳转构成了连边。所有连边上的流量总和构成了该社区的"存量"，也就是"体重"，于是我们依然可以考察新陈代谢率与"体重"之间的幂律关系。

复杂科学研究最吸引人的地方之一是寻找完全不相关系统的共性。流与网络就是共存于生物体、河流、互联网社区、企业之中的描述框架。因此，我们可以抽象出一种开放流网络模型，如图 4.9 所示。在这样的网络中，连边的权重表示两个节点之间的流量，两类特殊的节点"源"和"汇"代表环境。流网络的每个节点（除去源和汇）都是流平衡的，即流入量等于流出量，这表示系统处于稳态（steady state）。无论是能量流、营养流、货币流、物品流还是人流，只要系统处于稳态，流动满足守恒定律（流动的主体在流动过程中不发生创生与毁灭），那么流动就可以用这个模型来表示[①]。

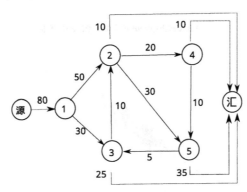

图 4.9　流网络示例。流入汇被称为耗散

WBE 模型、巴拿瓦网络模型、河流网络和一维水槽显然都可以看作这样的流网络（只不过耗散没有在示意图中明确表示出来），它们都嵌入到了一个 d 维空间中。

---

① 有关开放流网络模型，可以参考 Liangzhu Guo, Xiaodan Lou, Peiteng Shi, et al. Open Flow Distances on Open Flow Networks[J]. Physica A, 2015, 437: 235–248，以及集智百科的"流网络"词条。

对于更广义的流动来说，如货币、物品、人，并不存在这样的嵌入空间，但我们仍然可以用如图 4.9 所示的流网络模型来表示这些流系统。图 4.10 所示的是生态系统中的能量流网络，其中每个节点都是一个物种或某种在生态系统中起关键作用的物质（如可溶解有机碳），带权重的连边表示能量流大小。

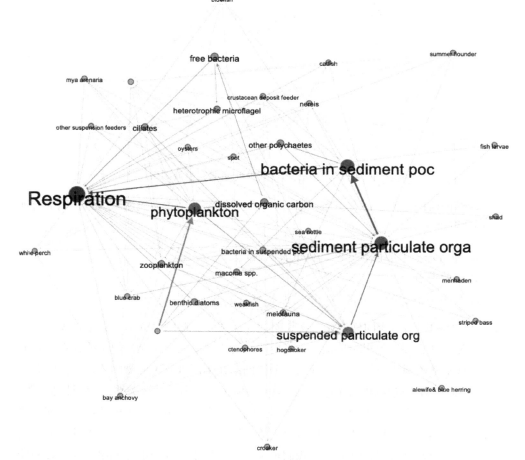

图 4.10　美国 Chespeake 海湾生态系统的能量流网络

再比如，图 4.11 展示的是美国上市公司彼此间的贸易流网络，其中节点表示公司，连边表示公司之间的购买行为或者物资流动，连边粗细表示公司之间的贸易流量大小（以美元衡量）。

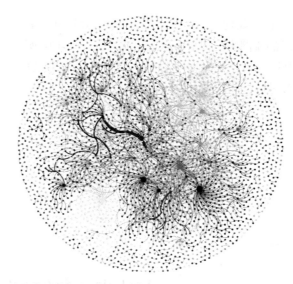

图 4.11　美国上市公司彼此间的贸易流网络

这样的流网络例子还有很多，包括国际贸易网络、注意力流网络等，它们都有如下重要特征。

- 网络是一个加权有向网，权重表示的是流量。
- 网络存在一个源和一个汇。
- 任意节点上的流量都是平衡的，即流入量等于流出量。

那么，这样的网络是否同样遵循广义克莱伯定律呢？这些网络的幂指数是多少？它们的含义又是什么呢？值得指出的是，要验证一般流网络的广义克莱伯定律存在一定的困难，这主要体现在我们很难得到同一个流网络在不同规模下的副本。在之前的研究中，我们通过对不同生物体测量新陈代谢率和体重绘制出其幂律关系，并估计幂指数。从流网络的角度来说，假设每一个生物体体内都存在一个不同规模的流网络，那么要验证这些网络的克莱伯定律，我们需要大量不同规模的网络。然而，对于其他流网络（例如生态系统中的能量流网络），我们很难获得大量不同规模的流网络，这让我们验证一组流网络的广义克莱伯定律变得困难。

不过，在研究河流网络时，巴拿瓦等人通过一个技巧绕开了这一难题——他们将整个河流网络视为多个子河流网络的复合体，从而将每棵子树看作一个生物体，这样针对网络中的所有子树都计算新陈代谢率和"体重"，就能得到这些子树的广义克莱伯定律了。接下来，我们把这种方法扩展到一般的流网络上。

4.2.1 树的形状

先来考虑最简单的情况，即流网络是树状的。树状网络天然具有一种自相似性，每一棵子树就仿佛是树整体的一个缩小版本。不同的树有不同的形状，我们该如何把握这种自相似性？又如何把握千奇百怪的树的形状呢？

我们可以把树看作一个流网络，根就是源，每一个节点都是一个耗散单元，且耗散流量的大小都是 1。流从根沿着树的分叉流遍整个网络，最后从树的每一个节点耗散到环境中。这样我们就可以用图 4.12 中展示的方法计算树的广义克莱伯定律及其幂指数。我们将任意一棵树以每一个节点为根划分为子树，然后计算这棵子树上的流入量和总流量。其中流入量刚好是这棵子树上的节点数量，总流量就是该子树上所有节点的流量总和。

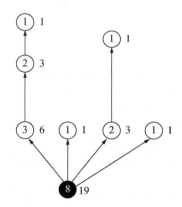

图 4.12 树状流网络的广义克莱伯定律，其中每一个节点内的数字表示以该
节点为根的子树的新陈代谢率，旁边的数字为子树的"体重"

我们发现，几乎所有的树都会展现出规模法则[①]，如图 4.13 所示，但是不同的树具有不同的幂指数。一般情况下，树越扁平，其幂指数越小；越瘦长，其幂指数越大。两种极端情况：一个如图 4.4a 所示，其幂指数对应最大值 1；以及一个从源到所有节点都是直接连接的网络，其幂指数对应最小值 1。

---

① 关于树的规模法则，可以参考集智百科的词条"树的异速标度律"。

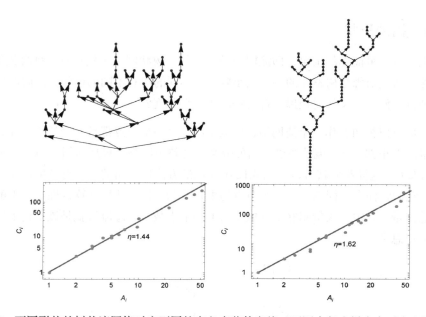

图 4.13　不同形状的树状流网络对应不同的广义克莱伯定律，下图中每个样本点对应上图中的
　　　　一个节点，横坐标 A_i 是以该节点为根的子树上的节点数量（流入该子树的流量，相当
　　　　于该子树的新陈代谢率），纵坐标是该子树上 A_i 的总和（该子树上所有节点上的流量
　　　　总和，相当于该子树的体重），直线对应的是对数据点的拟合，拟合得到的幂指数 η 反
　　　　映了树的层级结构特征。注意，这张图的横纵坐标分别对应新陈代谢率和体重，刚好
　　　　与克莱伯定律的横纵坐标相反，所以 $1/\eta$ 才是这种树状网络广义克莱伯定律的幂指数

　　因此，对于一般的树状流网络来说，广义克莱伯定律普遍成立，它反映了这些树
状网络的一种自相似性——不同的子树构成了彼此相似的单元。此外，不同的树具有
不同的广义克莱伯定律幂指数，指数大小反映了树状结构扁平化的程度。指数越小，
网络的层级越深，反之网络越扁平。我们不妨把树状网络看作一家企业的组织架构，
幂指数小的树对应等级森严的管理体系，幂指数大的树对应更加扁平化的管理体系。

　　假如某一个节点的流量发生了微小的变化，必然会导致以该节点为根的整个子树
上每一个节点的流量变动。但是当变动节点处于不同位置时，引起的子树上的流量变
动总量不同。显然，越靠近根的节点引起的流量变动越大。层级化的树状结构的顶级
节点所导致的流量变动会远远大于扁平化结构的顶级节点。我们不妨比较图 4.4 所示
的两种极端情况。在一个根节点直接连接其他所有节点的树状结构中，如果根节点的
流量变动为 1，则整个网络的流量变动为 n。但是在图 4.4a 中，同样的根节点流量变
动将会导致 $n(n-1)/2$ 的整体流量变动。所以，在深层次的网络中，靠近根的大流量

节点对网络的影响更大。因此，幂指数越大的树状结构，其靠近根的节点对整个网络的影响就越大，整个网络就越表现出中央（根节点）集权的特征。

4.2.2　能量流、商品流与注意力流

当我们搞清楚了树状流网络之后，就可以考虑如图 4.9 所示的更一般的流网络了。摆在面前的第一个难题是如何将树状流网络上的广义克莱伯定律的计算扩展到更一般的流网络上呢？要知道，后者并不存在明显的子树结构。

我对这一问题进行了深入研究，并找到了一种解决方法。我们不妨假设有一大群粒子在如图 4.9 所示的流网络中流动。考虑这样一个实验，一个粒子一旦流经某一节点 i 就会被染成红色，这样我们会看到红色粒子沿着网络四散开来。由于这一染色过程始终持续，所以每一时刻都会有新的粒子在 i 点被染红，又会有粒子从汇流出网络，因此这些在网络上流动的粒子的总数会趋于固定。如果我们将这些粒子类比成子树，那么每个时刻新染色的粒子就是这个系统的"新陈代谢率"，网络中的红色粒子总量就是该系统的"体重"。我们在每一个节点上重复这个实验，计算出每个节点对应的新陈代谢率和"体重"，就能够得到这个流网络的广义克莱伯定律。

不难验证，当我们对如前所述的树状流网络进行这个实验，就能得到一致的计算结果，于是我们可以将这套方法应用于不同的流网络，并对它们的幂指数（$1/\eta$）进行比较。我们认为，一般流网络的幂指数同样可以反映出流的形状特征，幂指数（$1/\eta$）越小，则流网络越偏向于层级化，反之越偏向于扁平化。与树类似的是，在幂指数小的层级化网络中，大流量节点对整个网络的影响力会比小流量节点更大；而在幂指数大的扁平化网络中，这两种节点的差异没有那么大。

对于树状流网络来说，幂指数介于 0.5 和 1 之间。对于一般的流网络，幂指数的数值范围会更大一些，小于 1 或大于 1 都有可能。当幂指数小于 1 时，从小流量节点到大流量节点，节点的影响力比流量增长得更快；而当幂指数大于 1 时，节点的影响力没有流量增长得快。这里，某一节点的影响力定义为经过该节点而染色的，并仍在整个网络中流动的粒子的总量。我们称第一种网络为层级化的，第二种为扁平化的。另外，当幂指数在 1 附近时，我们称这种网络为中性的。

那么，广义克莱伯定律是否适用于一般的流网络？什么样的流网络是中心化的或去中心化的呢？我们用三类网络——生态系统中的能量流网络、互联网上的注意力流网络和国际贸易流网络进行验证，发现广义克莱伯定律普遍成立。这表明这些流动分

配模式都存在一种自相似性，这导致幂律关系成立。

更进一步，我们比较了不同网络的幂指数，如表 4.1 所示。生态系统中的能量流网络是指物种之间由于捕食关系而形成的能量转移网络。通过对 21 个能量流网络的研究，我们发现绝大多数网络的幂指数接近于 1，这表明能量流的分配与影响力相匹配，没有哪个大流量节点具有过大或过小的影响力。

表 4.1　不同网络的幂指数

网　络	幂　指　数	性　质	含　义
生态系统中的能量流网络	≈ 1	中性的	上层掠食者的影响力与其流量匹配
互联网上的注意力流网络	>1	去中心化的	大网站的影响力不及其流量水平
工业产品的国际贸易流网络	<1	中心化的	大国在贸易中的地位远超其流量水平
农产品的国际贸易流网络	>1	去中心化的	大国的影响力不及其流量水平

互联网上的注意力流网络中网站构成节点，大量网民在网站之间的跳转构成注意力流连边。我们将流量排名前 1000 的网站汇总，形成一个注意力流网络。该网络的幂指数大于 1，说明了互联网世界的去中心化模式。某些小流量节点具有与它自身不相匹配的影响力。

国际贸易流网络中国家构成节点，商品在国家之间的交易构成了连边。不同商品的贸易流网络结构有很大不同（幂指数不同）。工业产品、附加值高的产品会形成更加中心化的流网络结构，附加值较低的农产品偏向于形成去中心化的流网络结构。进一步的研究还指出，幂指数的大小与商品生产的复杂度正相关。这是因为现代的国际贸易流网络已经不单单是一个贸易网络，更是很多产品的生产网络的一部分。所以越复杂的工业产品，其交易流程越复杂，这就导致附加值越大的产品，其贸易网络越呈现层级化的趋势[①]。

4.2.3　小结

在本章中，我们将克莱伯定律的适用范围拓展到了更广义的流系统，认为广义克莱伯定律是对普遍存在的流与存之间幂律关系的刻画，并且幂指数的数值范围更广。接下来，我们在各个具有流、存特征的系统中验证了广义克莱伯定律。

我们发现，无论一个流网络是否被嵌入到空间中，广义克莱伯定律都普遍成立。这表明，该定律描述了自然系统或人工系统中流动的一种普遍模式。回顾我们讨论过

---

① 有关一般流网络的规模法则，请参见集智百科中关于"流网络的异速标度律"的介绍。

的所有流网络就会发现，它们的共同特征包括：源与汇广泛存在，整个网络的所有节点上都保持流平衡。正是这种普遍性使得它们具有共同的定量规律。

更进一步，我们发现不同的流网络具有不同的幂指数。在嵌入到 d 维空间的流网络中，由于每个节点的流量耗散相同，而且流动可以在 d 维空间中自由展开，因此网络的幂指数严格依赖空间维度。但是在更一般的流网络中，由于每个节点的流量耗散都不一样，而且它们没有明显的嵌入空间，所以我们很难根据其他条件推断幂指数。

既然不同的网络有不同的幂指数，那么我们就可以用幂指数来刻画网络的特征。对于空间中的流网络来说，广义克莱伯定律的幂指数衡量了网络输运的效率，我们甚至可以根据模型来设计和优化输运网络。对于树状流网络来说，幂指数刻画了树的形状，幂指数越大，树越扁平化。更进一步，我们对树状流网络的认识扩展到了更一般的流网络，并用幂指数来刻画网络是否为中心化的。我们发现，对于生态系统中的能量流网络来说，幂指数非常接近于 1，这说明生态系统经过长时间的演化，能量流的分配更加平均；对于互联网上的注意力流网络来说，幂指数大于 1，表明这是一个去中心化的世界；对于国际贸易流网络来说，产品越复杂、交易流程越多，其幂指数越小，网络越呈现层级化。

然而，由于数据的缺失，我们很难研究多个同一类型的流网络中真正的广义克莱伯定律。另外，是什么因素致使不同的流网络具有不同的幂指数？下一章将通过研究特定的互联网社区——百度贴吧，来回答这些问题。

第 5 章

百度贴吧的克莱伯定律

百度贴吧是国内最大的中文互联网社区之一。你可以根据自己感兴趣的主题找到喜欢的贴吧，阅读别人的文章、跟帖、创建新的主题帖，还可以自己创建一个贴吧，做吧主掌管这个社区。贴吧不只是传统意义上的论坛，你可以在这里分享图片、视频，交友，参与各种群。每一个贴吧都是一个小型的生态系统，汇聚了一群兴趣相投的网友。

贴吧也是一个自组织的网络系统，也经历着"生老病死"。在这里，尽管吧主并不能自行将贴吧删除，但是如果一个贴吧长期没有新帖产生，基本也就意味着该贴吧死亡了。

那么，是什么决定贴吧的兴盛衰亡、"生老病死"？答案就在于用户的注意力，也就是我们常说的"人气"。一个贴吧"人气"旺，说明网友的关注度高，这会吸引更多用户参与其中，产生更多交互，用户的注意力就形成了一种正反馈循环。不断聚集的注意力资源进一步催生新的回复和交互、新的主题帖，甚至新的贴吧。注意力就像血液一样滋养着帖子和用户，也像能量一样不断创造出网络世界中的流行迷米（文化的基因，英文为 meme，由生物学家理查德·道金斯提出）。

我们可以把用户在每个贴吧一小时内的动作、交互抽象成一个流网络，它刻画了成千上万的用户如何涌入贴吧，在各个帖子间流转，直到最后离开的集体行为。这是一个不断演化的流网络（如图 4.9 所示），它反映了贴吧的变化与发展。更重要的是，这些网络的数据都会被忠实地记录下来。因此，我们能够从数据中见证贴吧的演化。这是一个极佳的观测对象，而且"第谷的工作"已经完成了。

于是，我萌生了通过百度贴吧研究演化的流网络中的广义克莱伯定律的想法——这是上一章遗留的问题。我与好友兼合作者吴令飞博士展开了合作，在大规模的注意力流网络数据上验证了百度贴吧的广义克莱伯定律，并找到了影响幂指数的因素。

令人意想不到的是，作为探索广义克莱伯定律的副产品，我们还得出了一些对工业实践可能有帮助的指标和结论。例如，克莱伯定律幂指数的倒数也许可以作为刻画互联网社区中用户黏性的指标。这种指标不依赖社区规模，而且表现得相当稳定，基本不随时间波动。我们指出了互联网社区中用户流失模式的重要性，即用户在互联网社区中哪些部分退出率更高或更低，这直接关系到互联网社区的用户黏性。更进一步，通过构建一个"挖雷"模型，我们模拟了大量用户在互联网社区中的交互行为，并找到了影响用户黏性的最关键因素——兴趣的集中性以及用户的活跃性。这些结论为社区管理者提供了一种全新的思路[①]。

5.1 贴吧是一个活的有机体

一个贴吧就像一个活的有机体，它依赖活跃用户注意力的"喂养"。诺贝尔奖得主赫伯特·西蒙（Herbert Simon）早在 1971 年就提到：在一个信息过剩的世界中，注意力会变成一种稀缺资源。我们每天上网浏览各种信息，其实就等价于把注意力分配到了不同的资源上面。粗略地说，大量用户的点击行为反映了这群用户注意力的分配。例如，某一件商品被点击得越多，就说明越多的用户将注意力集中在这件商品上。用户每完成一次点击，从一个页面跳转到另一个页面，就会产生一单位的注意力流。在这里，注意力流可以被用户流近似代替，也就是说，假设每个用户在同一段时间内产生的注意力流强度是相等的，于是有多少网民从帖子 A 跳转到了 B，就对应有多大的注意力流。

一个贴吧内部有很多帖子，这些帖子构成了贴吧有机体的一个个"细胞"。用户的注意力在不同帖子之间跳转，形成一条条连边上的流动，连边就仿佛人体的"血管"。注意力沿着"血管"流动，不断地为每一个帖子（细胞）输送"养料"。用户离开这个贴吧，或跳到其他贴吧，就好比生物体排出热量。当然，这个系统本身并不像血管网络那样稳定，它总是在不断变化，因为总会有新的帖子产生，旧的帖子淡出人们的视线。

注意力流与生态系统中的能量流可以相互类比主要在于两个关键因素：一个是这些流都在流动过程中满足守恒性，另一个是它们都具有高耗散性。能量在从一个生物体转移到另一个生物体时，会流失（变为热量弥散到空气中）近 90%。同样，注意力流也会在不同网页的跳转过程中流失 80% 或更大的比例。难怪广告行业会流传这样一句话：我们确切地知道我们投放的广告仅有一半的用户会看到，但尴尬的是，我们并

[①] 本章的研究成果可以参考我与吴令飞、赵岷共同发表的文章：Lingfei Wu, Jiang Zhang, Min Zhao. The Metabolism and Growth of Web Forums[J]. PloS one, 2014, 9(8): e102646.

不知道是哪一半。正是这两种特性使得这两种流动可以建立严格的类比关系。

要想验证广义克莱伯定律，我们需要找到两个关键变量，一个是新陈代谢率，另一个是"体重"。对于贴吧而言，我们可以将一个时段内所有用户的浏览行为聚合为一个注意力流网络，这个网络有源有汇，每条连边上包含了流量信息。因此，贴吧的新陈代谢率实际上可以定义为，在观测时间内从源流向每一个节点的流量总和，也就是从外界进入当前贴吧的用户量。用工业界熟悉的话来说，新陈代谢率就是该贴吧在单位时间（这里设定为 1 小时[①]）内的独立访客数（unique visitor，UV）。

似乎有很多变量可以衡量"体重"（贴吧的规模），例如一个贴吧的帖子总数或参与用户的总数。但是，这些衡量手段的问题是，大量没有被访问的"死帖子"会一直存在下去。这就相当于生物体中的死肉一样，理应剔除，但贴吧系统不会自动做这件事。参与用户的总数也是一样，有很多账号不再活跃了。最近一段时间内被激活（新发布或被回复）的帖子总数是一个很好的指标，然而，我们需要设定一个时间阈值把这些帖子筛选出来，这会带来一定的主观任意性。

所以，这里我们沿袭上一章对流网络规模的定义方法，把贴吧的"体重"定义为注意力流网络上所有连边上的流量总和（不包含到汇的连边），也就是观测时间内这群活跃用户的所有点击量之和。用工业界熟悉的用语来说，贴吧的"重量"就是 1 小时内所有用户的页面浏览量（page view，PV）。

我们将贴吧与生物体的对应关系总结成表 5.1。有了这样的类比之后，我们便可以进行流网络的构建了。下面展示如何从太字节（TB）量级的匿名用户访问数据中构建贴吧有机体的"血管网络"。

表 5.1　贴吧与生物体的类比

生　物　体	贴　　吧
细胞	帖子
能量流（凝结为血液中的营养物质）	注意力流
血管网络	注意力流网络
吸入氧气、进食	新用户进入
排出废热	用户离开贴吧
新陈代谢率	单位时间内的独立访客数 UV
体重	单位时间内的页面浏览量 PV

---

① 之所以设定为 1 小时，是因为这是大部分用户在贴吧中可能停留的最长时间。另外，一般用户会话的默认时间大概为半小时，也是小时这样的数量级。

根据访问数据构建贴吧"血管网络"

为了让贴吧与生物体之间的类比关系更加严格、清晰，下面说明如何根据匿名用户的原始访问数据构建注意力流网络。首先，我们拿到的数据是匿名用户在某一个贴吧内的点击动作（包括谁点击的、点击了哪个帖子等），以及这个动作发生的精确时间标签，如表 5.2 所示。这里"匿名"的含义是每一个用户用其 ID 代替，我们不知道这个 ID 对应的具体用户是谁。这种做法在业界被称为脱敏处理，也就是去除敏感的用户信息。表 5.2 第一列记录了用户的编号，第二列记录了用户访问的具体帖子编号，第三列为时间标签。访问数据按照时间顺序排列。

表 5.2　匿名用户的原始访问数据

用户 ID	帖子 ID	时间标签
a	0	2013-2-10 10:30:31
a	1	2013-2-10 10:31:31
a	2	2013-2-10 10:32:03
b	0	2013-2-10 10:29:36
b	2	2013-2-10 10:30:51
c	2	2013-2-10 10:29:06
c	3	2013-2-10 10:33:36
d	0	2013-2-10 10:40:12
d	4	2013-2-10 10:41:09
d	5	2013-2-10 10:42:15
e	5	2013-2-10 10:40:01
e	0	2013-2-10 10:45:12
d	5	2013-2-10 11:07:12
e	4	2013-2-10 11:45:10
…		

　　表 5.2 中的访问数据包含了两个小时，我们仅以第一个小时为例来构建注意力流网络。在这段时间内，第二列一共有 6 个帖子（0~5），因此我们可以构建一个具有 6 个节点以及源和汇的注意力流网络，如图 5.1 所示。其中，节点为帖子，节点之间的连边表示用户在不同帖子之间的跳转。比如 a 用户访问完 0 之后访问 1，则从 0 到 1 的连边的权重加 1。扫描完所有的记录后，每条连边的权重大小就表示所有用户在这 1 小时内在该节点对之间的跳转次数。

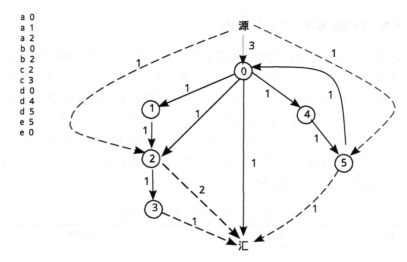

图 5.1 注意力流网络的构建

更进一步，当某用户 ID 第一次出现在某个小时的数据记录中时，我们就会增加一单位从源到 i 的流量。这里 i 表示用户第一个浏览的帖子。类似地，如果在这个小时内，用户最后浏览的帖子为 j，则我们认为用户从 j 节点退出该贴吧，因而增加一单位从 j 到汇的流量。这样，从源出去的流量必然等于进入汇的流量。除此之外，这种构建流网络的方法能保证每一个节点的总流入量等于总流出量，网络流量满足"守恒性"。

这就是整个注意力流网络的构建过程。进一步，我们再来看看业界关注的两个指标：UV 和 PV 如何与流网络的总流入量（也即总流出量）和全部节点（不包括源和汇）上的流量之和相对应。在表 5.2 所示的数据中，第一个小时内独立访客一共有 5 个，因此 UV=5；而这些访客产生的页面浏览量，也即总点击量，就是这个小时内数据记录的条数，因此 PV=12。那么，在对应的图 5.1 中，我们不难验证从源流出的流量总和=流入汇的流量总和=5；而所有流经节点（不包括源和汇）上的流量总和=12。

事实上，根据我们构建注意力流网络的方法，每个用户必然会对应为一条从源到汇的流动轨迹，因此总流入量=总流出量=UV；而每条流动轨迹在所有流动连边上的流量贡献刚好为 1 单位，这 1 单位流量会对应到一个贴吧节点上，所以流量总和即为 PV。

再结合上一章讨论的流网络，可见，业界关注的指标——1 小时内的独立访客数，刚好是整个流网络的流入量，也就是整个贴吧的新陈代谢率 F，另一个重要指标——

1 小时内的点击量，刚好是流网络上除耗散外所有节点（除源和汇外）上的流量之和，相当于整个贴吧的"体重" M。

我们希望验证，贴吧在生长过程中服从广义克莱伯定律，即

$$F = \mathrm{UV}_t \propto M^\alpha = \mathrm{PV}_t^\alpha \tag{5.1}$$

也就是贴吧在不同小时 t 的独立访客数（ UV_t ）和总点击量（ PV_t ）之间始终存在幂指数为 α 的幂律关系，而 α 可能因贴吧的不同而不同。

5.2 30 万贴吧中的统一规律

接下来，我们采用 30 万个贴吧[①]一共 1440 个小时（两个月）的数据来验证广义克莱伯定律，即式(5.1)。对于每一个贴吧，我们取每一个小时的用户访问数据，按照上一节阐释的方式构建这一小时的注意力流网络，并计算出独立访客数 UV_t 和页面浏览量 PV_t，然后将所有 1440 小时的 PV_t, UV_t 点对画在一个坐标系中，如图 5.2 所示。

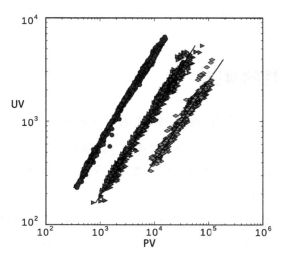

图 5.2　3 个贴吧的广义克莱伯定律。这 3 个贴吧的幂指数分别为 0.87（圆圈）、
　　　　0.83（三角）和 0.77（菱形）

图 5.2 展示了随机选取的 3 个贴吧的 PV-UV 关系图（鉴于数据敏感性，这里避免提及贴吧名字）。其中每一条曲线对应一个贴吧，一条曲线上的每一个数据点是 1 个

---

① 按照贴吧的点击量选择。

小时内它的注意力流网络的 UV_t 和 PV_t 的数据。每个贴吧在 1440 个小时内所有的 PV、UV 点对在双对数坐标系中构成了 3 条直线，说明这 3 个贴吧的数据符合式(5.1)。

图 5.2 表明，这些贴吧处于不同热度（流量大小）时，表现出了相似的注意力流模式。我们知道，用户的访问会呈现明显的周期性，一般中午 11~12 点和晚上 8~11 点会出现较明显的流量高峰，而凌晨和下午会出现低谷。另外，用户在周末访问贴吧的可能性比工作日更大。用户的访问模式必然会导致贴吧的热度时高时低。

对于一个贴吧来说，无论热度如何，用户的注意力流分配到某一个贴吧上时总会呈现相似的模式：较大的注意力流会集中在页面顶部的几个帖子；随着离顶部越来越远，注意力流也逐渐衰减。一些埋藏在深处的"僵尸帖"偶尔会被某个高度沉浸的用户或为了探索某个问题的用户扒出来。正是这种访问模式导致一个贴吧无论处于何种热度，都会呈现相似的流量分布。于是，一条近乎完美的幂律曲线就会被勾勒出来。

图 5.2 中的 3 条曲线都很好地展现出幂律关系，但是有着不同的拟合直线。这表明，不同的贴吧还是很不一样的。这体现为拟合直线的幂指数不同。那么，这些幂指数的大小又意味着什么呢？

5.3 用户黏性的度量

答案是，幂指数可以用来刻画不同贴吧的用户黏性。

长久以来，如何从用户访问数据中计算出互联网社区的用户黏性是一个让社区管理者头疼的问题。我们不能简单地用页面浏览量或独立访客数来定义用户黏性，因为总量的增多并不代表用户留存。

人们尝试了很多方法，比如一段时间内用户的平均页面浏览量（$L = \text{PV/UV}$）是一个看起来比较合理的黏性指标。在某些大商场，商家会有意将入口和出口设计得相隔很远，并且把走廊设计得弯弯曲曲，这样可以让顾客有更多机会购买他们的商品。用户浏览贴吧的过程与逛商场类似，大量用户从源进入贴吧，在不同帖子之间跳转，再从汇出去。一个好的贴吧会像大商场一样，促使每个用户平均浏览的帖子数 L 尽量大。所以，我们可以将平均浏览的帖子数 L 定义为该贴吧的用户黏性。

然而实践表明，L 依然会随着浏览量的增长而增长[①]，特别是对于贴吧这样的用户自组织社区而言。同一个贴吧在不同热度下会表现出不同的用户黏性，因此这个度量指标非常不稳定。另一个问题是我们无法比较不同规模贴吧的用户黏性。有些大的贴吧可能拥有大量用户，但这些用户之间并没有特别多的交互；而一些贴吧可能规模不大，但是里面的用户都是好朋友，交互频繁。显然，第二种贴吧会比第一种用户黏性更大，但是平均浏览帖子数这样的指标刻画不出来。那么，我们究竟应该如何更合理地度量贴吧的用户黏性呢？

答案就在于贴吧广义克莱伯定律中的幂指数。实际上，我们可以用指数 α 的倒数作为对贴吧用户黏性的衡量，即

$$\theta = \frac{1}{\alpha} \tag{5.2}$$

为什么可以这样做呢？首先，θ 反映的是浏览量相对独立访客数的增长速度。可以想象，越是用户黏性大的社区，其浏览量的增长显然要快于独立访客数的增长。

为了看清楚这一点，不妨考虑一种极端情况：假设访问某个贴吧的用户彼此都不认识，而且每个用户都对别人的发言丝毫没有兴趣，每个用户可能就是以一定概率随机发几篇水文。这个时候，即使独立访客数增加后发帖数有所增加，但由于每个人的发帖概率相似，所以平均每个人的发帖数不变，帖子数与用户规模以相同速度增长，故 $\theta = 1$。另一个贴吧的情况恰好相反，虽然用户不多，但彼此熟识，经常打交道。这样当用户数增加以后，任意两个人交互的机会也会增加，所以发帖数就有可能比用户数增长得更快，也就是平均每个用户的发帖数会随着用户数增加而增加，这种非线性特性刚好可以反映在幂指数 $\theta > 1$ 这样的数值上。并且，θ 越大，随着用户的增加，平均发帖数会更快地增加。因此，当一个贴吧的访客数增加了 1%，这些访客的总浏览量会增加 θ%，平均每个用户浏览帖子数会增加 $(\theta - 1)$%。一个贴吧的 θ 越大，用户的平均浏览帖子数就会比用户数增长得越快，这说明这群用户可以通过讨论产生更多吸引人的内容。

另外，用 θ 来衡量用户黏性还可以避免平均发帖数指标 L 的弊端。如图 5.2 所示，θ 在较长时间内非常稳定，不会随贴吧的规模、热度等而变。这使得我们比较不同规

---

① 事实上，根据式(5.1)我们能够推导出，因为 $L = PV \,/\, UV = UV^{1/\alpha} \,/\, UV = UV^{\frac{1-\alpha}{\alpha}}$，所以 L 会随着 UV 的增长而增长。

模贴吧的用户黏性成为可能。因为尽管一个贴吧的规模是另一个的 10 倍，前者也可能具有更小的黏性指数。因此，采用这种方式有可能帮助我们在一个贴吧的成长初期就预估出它的用户黏性，而如果使用 L，则因为 L 会随着发帖数增多而变化，所以它不具备类似于 θ 这样的规模不相关性。

我们计算了 30 万个贴吧的幂指数 θ，发现它们都落在[0.6, 1.6]区间，平均值在 1.06 附近，整体的统计结果如图 5.3 所示。

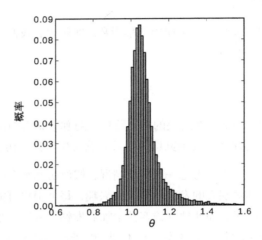

图 5.3　30 万个贴吧用户黏性指数的统计分布

该曲线呈正态分布，表示这些贴吧的幂指数大多集中在 1.06 附近。虽然有不少贴吧的黏性指数小于 1，但这些贴吧往往规模较小、用户行为随机，而且它们的规模法则也很不明显，因此它们的幂指数不具备说服力和统计显著性。通过对一些贴吧进行更具体的分析，我们发现那些幂指数比较大的贴吧一般规模也比较大，讨论也更活跃，幂指数小的贴吧则正相反。

总之，这些证据表明广义克莱伯定律幂指数的倒数可以刻画不同贴吧的用户黏性。

5.4　用户流失模式与黏性

用户黏性显然会受到贴吧的主题、吧主的勤奋程度以及用户参与程度的影响，这些因素会因具体情况的差异而不同。我们可以列出上百个理由论述为什么一个贴吧非常短命，另一个贴吧却蓬勃发展。我们甚至可以训练一个超大规模的机器学习模型来找到诸多因素与用户黏性之间的相关性。但这里我们更希望找到一系列简洁的因素和自洽的说法。我们能否仅通过一个贴吧在某一段时间内的注意力流网络就推断出它的用户黏性呢？

这个问题的难点在于，前面关于黏性指数的计算需要通过多个时间点的 PV、UV 数值才能回归实现。但是，一个贴吧的注意力流网络是某一个时间点的静态结构。因此，我们需要通过静态结构找到关于贴吧动态演化的信息。这有没有可能呢？

对这个问题的回答也有助于延续对上一章遗留问题的讨论——是什么决定了一般的流网络会展现出广义克莱伯定律所描述的幂律行为呢？是不是任何一种流网络都存在广义克莱伯定律？什么样的流网络结构会使得克莱伯定律幂指数更大或更小？

我们不得不再一次深入数据。在经历了大量尝试与失败之后，我们欣喜地发现，一个流网络的耗散模式与其幂指数密切相关。耗散模式是指这些耗散的流量在整个网络的各个节点上如何分布，是大流量节点的耗散流量比例更大还是小流量节点的耗散流量比例更大。

具体到贴吧，就是用户的流失模式与一个贴吧的用户黏性密切相关。这里的用户流失模式是指大流量节点的用户流失比例大还是小流量节点的用户流失比例大。我们的研究结果表明，如果那些大流量节点的用户流失比例大，那么该贴吧的用户黏性通常会很小。所以，大量的"标题党"帖子、只追求流量的恶俗广告对于贴吧来说有害无利；而将高质量的精华帖置顶可以让它获得更多关注，是提高用户黏性的有效策略。很多网络论坛的管理员就是这样做的，而我们的研究为这种做法提供了确凿且定量的实证。

我们可以通过计算一个被称为耗散律指数的指标 γ 来反映不同的耗散模式，这里 γ 为式(5.3)中的幂指数：

$$D_i \propto T_i^{\gamma} \tag{5.3}$$

这是在贴吧的注意力流网络中，我们发现的另一个普遍存在的规模法则。其中 T_i 为经过节点 i 的总流量，也就是帖子 i 在 1 小时中的总点击量，D_i 为节点 i 耗散的流量，也就是这个小时内从帖子 i 离开贴吧的用户数。我们把这一幂律关系称为流网络的耗散律（如图 5.4 所示）。

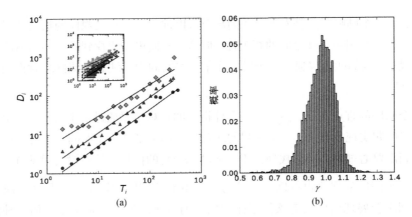

(a)

(b)

图 5.4 (a)3 个贴吧所体现的注意力流网络的耗散律，其中颜色和形状的使用与图 5.2 一致。原始 D_i，T_i 的散点图在小图中，大图展示的是对每个 T_i 的对数小区间求平均的结果（这是一种常用的去除数据中噪声的做法）。这 3 个贴吧的 γ 指数分别为 0.96（圆圈）、0.90（三角）和 0.80（菱形）；(b)所有贴吧的耗散律指数统计

　　这一幂律关系刻画的是每个节点的耗散流量如何随总流量的增大而增大，幂指数刻画了耗散流量相对于总流量的增长速度。当 $\gamma > 1$ 时，耗散率（D_i/T_i，也就是用户流失比例）会随总流量 T_i 增大而增大；当 $\gamma < 1$ 时，耗散率会随总流量增大而减小。

　　为了更清楚地理解上述耗散模式的区别，我们考虑两个极其简单的流网络，它们拥有完全相同的链状结构，但是耗散模式不同，如图 5.5 所示。a 网络的大流量节点的耗散比例更大，它的耗散律指数 γ 较大；而 b 网络的大流量节点的耗散比例则较小，它的耗散律指数 γ 较小。

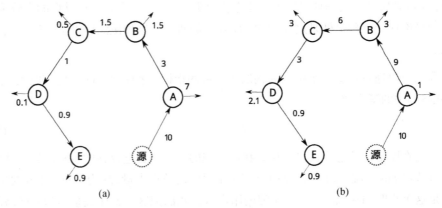

(a)　　　　　　　　　　　　　　(b)

图 5.5 两个相同结构、不同耗散模式的流网络。这里省略了汇的绘制，并将耗散表示为指向环境的流

耗散律指数反映了大流量节点浪费用户流的程度。假如一个贴吧充满了"标题党"帖子，没有实质性的内容，那么这些节点虽然可能吸引大量点击（即具有比较大的 T_i），但是用户一旦发现这是一个垃圾帖子，会毫不犹豫地离开。这就使得大流量节点的耗散比例非常高，从而导致指数 γ 增大，也必然导致该贴吧的用户黏性降低。所以 γ 大可能反而意味着 θ 小。

在贴吧的数据中，我们的确发现指数 γ 与指数 θ 是负相关的（如图 5.6 所示），也就是说一个贴吧的耗散律指数（γ）越大，那么它的用户黏性（θ）就会越低。

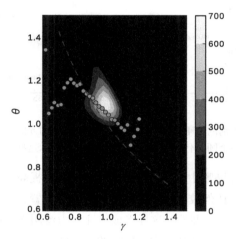

图 5.6　30万个贴吧用户黏性指数 θ 与耗散律指数 γ 的关系。由于原始的散点数据过多，所以我们进行了热图效果处理，也就是图中越亮的部分表示数据点越多。通过合并相同 γ 下的数据点，并用它们的平均 θ 值来绘制与 γ 的关系，可以获得更加清晰的趋势曲线。虚线绘制了曲线 $\theta = 1/\gamma$

为了进一步确认贴吧的耗散律指数 γ 与黏性指数 θ 的负相关性，我们就贴吧的聚合类别进行了类似的计算，并绘制了每一个类别下所有贴吧的耗散律指数 γ 的平均值与黏性指数 θ 的平均值之间的关系，如图 5.7 所示。

然而，为什么会有这样的结论呢？我们仍然可以用图 5.5 中的两个网络为例来说明。对于 a 网络来说，由于用户都在靠近源的节点流失，因此用户深入到贴吧内部的机会就少，自然点击帖子更少，从而导致 PV 下降；与此相反，b 网络更能吸引用户，由于靠近源的帖子流失的用户很少，所以大量用户会点击多个网页深入到该贴吧内部，这会导致 PV 上升。由于这两个贴吧的流入量（UV）一样，所以第一个贴吧的指数 θ 自然会比第二个贴吧小。

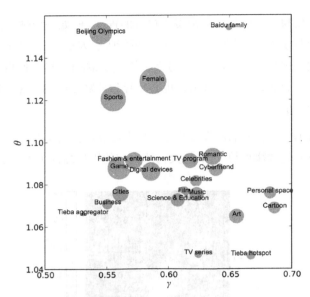

图 5.7 对多个类别的贴吧进行聚合，绘制它们的平均 θ 值与平均 γ 值的关系。
图中每一个圆圈代表一种类别，圆圈大小表示这些贴吧的平均规模

对应到实际的百度贴吧中，我们的结论意味着：要提高一个贴吧的用户黏性，应该尽量将吸引人（耗散比例较小）的帖子放到显眼的位置，让它获得更大的流量，而将那些不吸引人的帖子往后排列，这样形成的注意力流网络就可能具有较小的耗散律指数。事实上，在各大互联网社区中，顶帖的机制就是一种将吸引人的帖子置前的简单方法，它有助于提高整个社区的用户黏性。

我们的研究也有助于互联网社区的管理者更好地管理、维护社区，增强用户黏性。到底什么样的帖子用户流失比例更大呢？如果是那些大流量的帖子，那可要小心了，尽管当前访问量依旧很大。

5.5　集体随机舞蹈

我们发现贴吧注意力流网络的耗散模式与用户黏性存在较强的相关性，但相关并不一定代表因果，我们仍然没有找到影响用户黏性的本质因素。有可能某些因素共同决定了耗散模式和用户黏性。那么，这些因素究竟是什么呢？

前面的讨论已经指出，贴吧的黏性指数与用户之间的交互密切相关。当所有用户都彼此独立时，黏性指数为 1；当交互性很强时，黏性指数会大于 1。在贴吧中，用

户之间的交互主要依靠帖子这种媒介间接进行。A 用户发的一个帖子 a 有可能被 B 用户看到，于是 B 点击了这个帖子，也有可能回复这个帖子，或者受到启发发布一个新帖 b，b 又可能被 C 用户看到……

这样的间接交互过程与耗散模式、用户黏性有什么关系呢？我们知道，每一个贴吧都有一个相对集中的主题，用户因为对这个主题感兴趣而来到这个贴吧。如果 A 用户在一个贴吧中看不到任何感兴趣的帖子，是不会久留的，可能随便点击了几个帖子就直接离开该贴吧或下网。用户只有看到自己感兴趣的帖子才有可能持续地阅读，并开始回帖、发帖，等等。由此可见，是兴趣驱使了用户的注意力行为。然而，一个贴吧之中存在哪些主题的帖子是由之前的用户决定的。这就构成了一个循环：用户根据自己的兴趣发帖，这些帖子又吸引了其他兴趣类似的用户，这些新用户又开始新一轮的发帖。"为兴趣而生"——这就是贴吧建立的初衷。

不难想象，假如一个贴吧的主题相对分散、相对多样化，那么这些主题可能因为过于肤浅而很难留住用户，这有可能导致用户黏性降低；反过来，有一些贴吧的主题也许非常专业和小众，但恰恰因为其内容的专业性，使得参与进来的人能够深入、长期地交流下去。另外，水友的活跃性显然也会影响贴吧的用户黏性。有些贴吧的用户很活跃，他们经常发帖，从而引发跟帖等交互行为，这自然也会导致用户之间的交互性增强。

由此分析，我们认为影响贴吧用户黏性的因素主要有两个，一个是兴趣（主题）的集中性或者多样性，另一个是用户的活跃性。尽管在现实生活中，这两个因素很有可能会相互影响，但这里我们假设这两个因素彼此独立。那么接下来，应该如何验证我们的观察和思考呢？要知道，用户的兴趣很难量化，所以单纯从数据之中挖掘影响耗散模式和用户黏性的因素很困难。于是，我们只能用计算机模拟的方式来研究——构建一个高度抽象化的模型，并尝试用这个模型复现我们在数据中观察到的各种模式和规律——包括耗散律与广义克莱伯定律。

如图 5.8 所示，考虑一群小人儿在充满地雷的二维网格上随机跳跃，如果踩到"地雷"（白色格点）就会被炸死，否则会进行下一步跳跃。我们假设小人儿的跳跃服从莱维飞行的规律，也就是它在大部分时间里进行距离很短的随机跳跃，偶尔会有一些距离很长的"远程旅行"。我们用莱维飞行中的 α 参数来刻画用户发生短距离跳跃的倾向性，α 越大，则用户越可能局限在一个小区域中，反之则可能经常进行长距离的跳跃。

图 5.8 "挖雷"模型示意图，黑色为标记的格点，白色为未标记的。各种
形状（圆圈、三角、菱形）代表不同用户在不同时间点的访问情况。
其中，菱形表示对应的用户跳跃了一步便"死亡"，圆圈表示对应
的用户跳跃了四步后死亡，三角表示对应的用户跳跃了三步。三角
在跳跃的最后一步，在灰色方格处创建了一个新帖子

与此同时，小人儿还会以一定的概率（参数 p）铲除地雷，每铲除一个地雷，就
会为其他小人儿开辟新的可存活空间。于是，一大堆小人儿瞎走瞎撞，虽然被炸死在
所难免，但是越来越多的地雷被铲除，这样可以让其他小人儿更好地生存下去。我们
将该模型形象地称为"挖雷"模型。

这里的小人儿就是我们模拟的用户，二维网格代表某个贴吧中所有用户的兴趣空
间。其中，每一个格点对应一种可能的兴趣或者主题，相互靠近的两个格点表示相似
的兴趣或主题。黑色格点表示贴吧中的帖子，也就是某个兴趣点或主题已经有相关帖
子；白色格点表示未发表过帖子的兴趣点或主题。小人儿的随机跳跃对应用户兴趣的
转移；小人儿的挖雷行为对应用户的发帖行为；小人儿的死亡对应用户退出贴吧。这

些对应关系可以总结为表 5.3[①]。

我们假设用户在某一个时间点只关心某一个主题，因为注意力资源是有限的。于是，随着时间不断推移，用户的兴趣可能发生变化。假如我们把用户在某一个时刻的兴趣投射到兴趣空间中的一个格点，不同时刻的兴趣转移就构成了若干格点连接而成的一条轨迹。我们假设用户在兴趣空间中随机游走并遵从类似于真实空间中人类的移动规律——莱维飞行（参见第 1 章）。这种随机游走模式符合我们的日常观察。人类通常会在较长时间关注同一个主题，偶尔会转向其他主题。这里，幂指数 α 可以很好地刻画兴趣的集中性或多样性。幂指数 α 越大，越倾向于长程的跳跃，反映出来的用户行为结果就是用户在兴趣空间中越分散。

小人儿只要没踩到地雷，就可以继续按照莱维飞行规则进行随机跳跃，这对应用户在社区中的持续浏览。一般用户之所以长时间在一个社区中浏览，是因为他能在其中找到自己感兴趣的东西，也就是小人儿跳跃到的位置已经被标记，这会大大激励他在社区中的活跃性。而一旦他的兴趣转移却找不到满意的帖子（周围全是地雷），就会选择离开。

我们这样进行模拟：在每一个模拟周期，都将 N 个小人儿随机放置在二维网格中（初始位置是从原点出发进行一步莱维飞行所到达的位置），并让它们按照上述规则进行交互和标记，直到所有小人儿都被炸死为止。然后我们便可以对各种指标进行统计。比如，这里的小人儿数量 N 就是 UV，最终的跳跃总数就是 PV 等。另外，如果我们定义从格点 i 跳出后用户就离开的情况是耗散，则可以计算每一个格点耗散的用户量 D_i。在整个模拟中，格点 i 被用户访问的总次数就构成了它的总流量 T_i。图 5.9 展示了在不同 α 的情况下，兴趣空间被访问的情况，也就是注意力流的分配情况。

---

① 更多关于"挖雷"模型的讨论，请参见论文：Zeng F, Gong L, Liu J, et al. Human mobility in interest space and interactive random walk[J]. Journal of Physics: Complexity, 2020, 1(2): 025004.

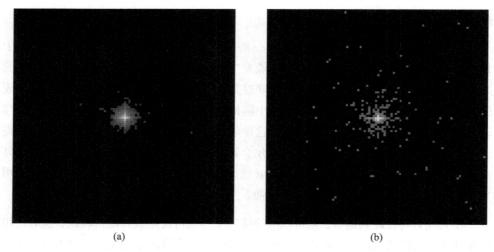

图 5.9　用 200 个随机游走的挖雷小人儿进行模拟的最终结果，其中黑色格点为未标记
　　　　（即未发帖）的兴趣空间，灰色和白色都是已标记的。格点越白表示它被访问的
　　　　次数越多。图 a 和图 b 展示的是不同 α 数值（分别为 2 和 1）下得到的模拟结果

　　我们可以通过变换 N（即用户总数）重复上述模拟过程，从而得到 PV 和 UV 的
关系是服从广义克莱伯定律的。该模型的模拟结果复现了我们感兴趣的真实贴吧数据
中的模式和规律，包括广义克莱伯定律以及耗散律等。

　　那么，该模型为什么可以复现这些呢？显然，踩到地雷的小人儿越多，后续小人
儿的存活时间就会越长。这里的存活时间当然就是 PV/UV 了，也就是平均每个粒子
的跳跃次数。于是，我们将看到 PV/UV 会随着用户数 N 的增大而增大，这将导致 PV
比 UV 更快地增大，也就是广义克莱伯定律。另外，由于初始时刻所有粒子集中在一
个小区域中，所以当踩地雷区域逐渐扩大后，被踩的区域自然会形成中心密集、边缘
稀疏的分布。所以中心区域的粒子流量大，边缘区域的粒子流量小。与此相对，中心
区域的小人儿被炸死的概率较低，而边缘区域的小人儿被炸死的概率会很高。这自
然就会形成耗散比例随流量增大而减小的耗散模式，这与我们在数据中观察到的现
象相符。

　　下面，我们看看影响耗散律、克莱伯定律幂指数的因素。模型中的自由参数只有
两个，一个是莱维飞行的指数 α，它刻画的是用户的兴趣集中性，α 越大，兴趣越集
中；另一个是用户发帖概率 p，p 越大，则用户越喜欢发帖、越活跃。这两个参数都
会影响幂指数，如图 5.10 所示。

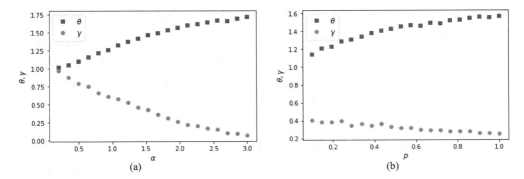

图 5.10 在"挖雷"模型中，黏性指数和耗散律指数如何随参数 α 和 p 变化（分别对应图 a 和图 b）

　　根据这个模型，要想提高互联网社区的用户黏性，有两种途径：一种是让社区中的活跃用户兴趣（主题）集中，另一种是提高用户发帖的概率。

　　为了更清楚地理解该模型与真实贴吧之间的模拟关系，我们列出了表 5.3。

表 5.3 　"挖雷"模型与真实贴吧之间的关系

挖雷模型	贴吧
二维网格	贴吧中所有用户构成的兴趣空间
一个格点	某一个兴趣点或主题
格点相互靠近	兴趣相似
黑色格点	关于某主题的一个帖子
白色格点	从未发表过帖子的兴趣点或主题
小人儿	用户
小人儿随机跳跃	用户的兴趣转移以及对应的页面跳转行为
小人儿被炸死	用户退出贴吧
小人儿挖雷	用户发帖
模拟中小人儿的总数 N	总访客数
小人儿产生的全部跳转次数	总帖子浏览量
一次模拟所经历的时间步	平均每个用户浏览的帖子数
在某个格点被炸死的小人儿数量	从某个帖子离开贴吧的耗散流量
莱维飞行的幂指数 α	贴吧中用户兴趣的集中性
挖雷概率 p	发帖概率，即用户的活跃性

当然，这个"挖雷"模型还相当粗糙，只能定性地说明大量用户在类贴吧平台上间接交互的行为。我们能否用二维平面表示用户的兴趣空间？莱维飞行能够在多大程度上模拟真实的兴趣转移？这些问题都有待进一步研究。尽管存在诸多不足，我们仍然可以用仅有两个参数的简单模型解释从真实贴吧数据中观察到的许多规律。更进一步，我们找到了影响用户黏性指数的两个重要因素，即兴趣的集中性以及用户的活跃性，黏性指数与二者都是正相关的。在实际情况中显然存在兴趣集中但用户不活跃的情况，这是因为过于狭窄的兴趣领域很难吸引更多人参与其中。这些因素都是该模型尚未考虑到的情况，我们将在后续章节中继续讨论有关兴趣集中性、多样性以及用户活跃性之间的关系。

5.6　小结与展望

本章主要探讨了百度贴吧的广义克莱伯定律。我们认为，一个互联网社区就是一个可以新陈代谢、自由生长的有机体，它们在用户注意力流的"喂养"下诞生、生长、衰落直至死亡。通过将用户访问贴吧的数据转化为注意力流网络，我们便可以套用上一章的框架，为这个流网络定义"新陈代谢率"和"体重"。有了流与存的定义，我们便可以验证广义克莱伯定律了。

通过对 30 万个贴吧进行数据分析，我们发现广义克莱伯定律适用于所有贴吧，但它们的幂指数非常不同。这个指数的倒数可以作为一种新的衡量贴吧或一般互联网社区的黏性指数。它并不依赖社区的规模，而且短期内基本不会随时间而变化，非常稳定。更进一步，我们发现帖子下的用户流失模式与用户黏性密切相关。我们甚至可以通过分析早期流网络的耗散流量预估用户黏性。最后，通过构造"挖雷"模型，我们用简单的模拟规则复现了观察到的广义克莱伯定律、耗散律等规律，并找到了影响用户黏性的主要因素，包括兴趣的集中性以及用户的活跃性。这些发现能帮助我们通过注意力流的方式了解社区的发展状况。

本章也是对上一章主题的延续。我们从贴吧数据中看到了流网络是如何演化的。由此我们猜测，对于更一般的流网络来说，广义克莱伯定律也普遍成立，而且流网络中的耗散模式对广义克莱伯定律的影响可能是一种普遍现象。耗散与生长就像一枚硬币的两面，它们被流动的守恒性联系到了一起。于是，一个流网络的耗散模式影响了它的生长方式。然而，也有可能耗散模式和生长方式受到其他因素的共同制约。例如，在百度贴吧中，我们认为兴趣集中性与用户活跃性同时决定了耗散模式和生长方式。

在更多的流网络中，兴趣集中性与用户活跃性又对应什么呢？

我们知道，流与存是一对广泛存在的概念。那么很多流系统之中存在广义克莱伯定律，这背后很有可能隐藏着更加普适的规律。比如，河水与河道构成了一对耦合演化的因素，一方面河水顺着河道而流，另一方面河水可以通过冲刷创造新的河道。同理，大量用户的注意力流被贴吧中的某些帖子吸引，这些注意力流又可以通过发帖的方式改变帖子的主题分布。所以，广义克莱伯定律可能揭示了这种普遍存在的流与网络耦合演化的规律。第 11 章将进一步探讨这一点。

然而，广义克莱伯定律太过宏观，仅仅知道这个规律还远不能理解注意力流网络如何生长，互联网社区如何增强用户黏性。因此，我们必须深入研究细节。另外，从模型的角度来说，我们找到了一套可以复现广义克莱伯定律的方法，它把用户黏性归结为兴趣的多样化以及用户之间的相互作用。下一章将继续讨论这一问题。

本章是全书中承上启下的重要一章。到目前为止，我们始终围绕克莱伯定律展开讨论。从下一章开始，我们将开启全新的规模法则主题，包括生产和交互的超线性规模法则，以及多样性的亚线性规模法则。实际上，在本章中我们已经开始了相关探讨。在"挖雷"模型中，我们已经触及了用户兴趣的多样性以及用户的活跃性等问题。这一对概念可以将我们引入更深层次的讨论，即多样性能否促进人们的活动或生产。

第 6 章
从大头针工厂之谜谈起

经济学家亚当·斯密（Adam Smith）在他的著作《国富论》中举过一个大头针工厂的例子，来阐述人类的分工合作是如何提升生产率的："一个人抽出金属丝，另一个人拉直，第三个人切断，第四个人削尖，第五个人打磨顶部做出头。要做圆头，就需要有两三种不同的操作。装圆头，涂白色，乃至包装，都是专门的工种。这样，大头针的制造分为 18 道工序。有些工厂，18 种操作分别由 18 个工人承担。固然，有时一人也能兼做两三操作。我见过一个这种小工厂，只雇用 10 个工人……这 10 个工人一日可成针 48 000 枚。每个人做了 48 000 枚大头针的 1/10，一天也就做了 4800 枚大头针。但是如果他们都单独劳动，而且没有受过专门的训练，他们一个人一天肯定做不了 20 枚大头针，也许一天连一枚都完不成。那就是说他们绝对完成不了现今由于适当的分工与合作所能完成工作的 1/240，甚至 1/48 000。"

亚当·斯密举这个例子是为了说明劳动分工的重要性。可以说，劳动分工是整个工业社会乃至人类社会存在的基础。人与人之间之所以会产生各种交互与合作，很多情况下是为了相互配合完成某件事情，社会分工由此产生。当你走进咖啡馆购买一杯咖啡，就完成了一次社会分工；你在微信群问了一个问题并得到回答也是一次社会分工。可以说，社会分工既是人类社会的立足之本，又促进了社会的高效发展。俗话说："三个臭皮匠，顶个诸葛亮。"人和人组成的社会不是一堆彼此孤立的粒子，而是相互协作的智慧群体。

然而，我将在本章中指出，亚当·斯密的这个例子不仅说明了社会分工现象，更是一种复杂系统中单元的多样性与彼此之间的链接度之间的广义关系的体现。所谓的社会分工，其实就是在社会层面形成更加多样化的工种，每一个人所做的工作自然变得高度专业化。有分必有合，分工的目的是让工人之间可以相互配合，这就产生了单元之间的链接。这种链接越紧密，他们彼此配合得就会越好。在这样的前提下，亚当·斯密发现，整个社会的生产率奇迹般地提高了。这里的奇迹主要体现为分工合作的非线性特性。正如亚当·斯密所说："这 10 个工人一日可成针 48 000 枚……一人也就做了 4800 枚大头针。但是如果他们都单独劳动，而且没有受过专门的训练，他们一个人一天肯定做不了 20 枚大头针，也许一天连一枚都完不成。"要想提高大头针工厂的生产率[①]，当然可以通过培训员工或雇用高水平的员工来实现，但这显然不是最佳手段。真正重要的是在每个人的效率都没有显著提高的情况下，工厂通过将生产过程分化成多个工序，让整体产出远超这些工人单独生产所能达到的总和。

这也就是人们常说的"整体大于部分之和"。相信读过本书前面部分的读者一定会想到规模法则。事实上，规模法则能够为亚当·斯密关注的生产率提升与分工合作问题提供定量描述。单位时间产出提升、工种分化各自对应了一套规模法则，而且分别由两个幂指数 α 和 β 来定量刻画。进一步，劳动分工多样性与单位时间产出这两种重要因素之间的关系则可以由幂指数 α 和 β 之间的定量关系来描述。

首先，我们来看产出所对应的规模法则。如果我们用 Y 来衡量大头针工厂在单位时间内的总产出，用 M 表示工厂的员工数，这种整体大于部分之和的效应就对应如下规模法则：

$$Y \propto M^{\beta} \tag{6.1}$$

其中，幂指数 β 大于 1 才能体现上面提到的非线性效应。我们将幂指数大于 1 的规模法则称为超线性规模法则（superlinear scaling law）。不难想象，β 刻画了生产中人与人合作的非线性化程度。$\beta = 1$ 对应人与人之间没有合作、孤立生产的情况，也就是亚当·斯密所说的工人都单独工作的情形。

其实，式(6.1)这种规模法则在很多场合都存在。例如，Y 可以是城市的 GDP（如图 6.1 所示）、总财富、总收入或新申请专利数量，M 则是城市总人口；在互联网社区中，Y 可以是用户在一定时间内发帖、贴标签、点击的数量（如图 6.2 所示），M 则是活跃用户数。在上一章中，我们其实将 Y 对应 PV，即用户在单位时间内对贴吧的总访问量，而 M 对应 UV，黏性指数 θ 对应这里的 β。之所以可以把 PV 看作一种产出，是因为用户访问贴吧的动作越多，发帖的概率就越大，二者基本成正比。所以，访问页面也就相当于一种生产活动。

---

① 这里，生产率是指单位时间内工厂的整体产出。在通常的定义下，生产率是在固定的投入量下，制程的实际产出与最大产出两者的比率。但是，在其他条件不变的情况下，这与单位时间内的产出本质上是等价的。

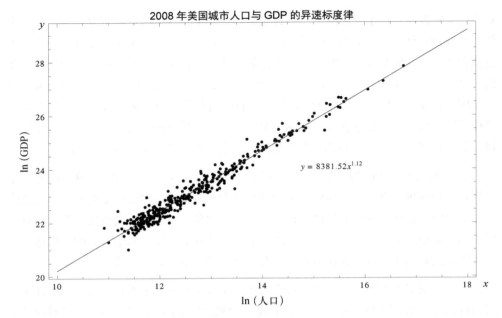

图 6.1 美国城市人口与 GDP 的关系图

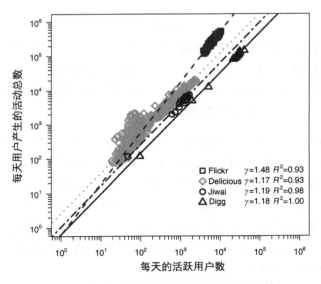

图 6.2 各个互联网社区的超线性规模法则[1]

① 图片来源：LingFei Wu, Jiang Zhang. Accelerating growth and size-dependent distribution of human online activities; Physical Review E, 2011, 84(2): 026113, 2011.

在通常情况下指数 β 大于 1，这意味着随着城市或互联网社区的发展，Y 会更快地增长。由式(6.1)不难得到 $Y/M \propto M^{\beta-1>0}$，所以，人均 GDP、财富、收入、新申请专利数量都会随着人口增加而增加。这恰恰也体现了城市中的规模经济效应：城市规模越大，给每个人带来的平均好处也会越多。

其次，大头针工厂中的劳动分工程度可以用另一种规模法则来刻画。如果我们将工种的多样性定义为 V，那么这种多样性会随着工厂规模的扩大而提高，即：

$$V \propto M^{\alpha}$$

(6.2)

其中，幂指数 α 一般小于 1。我们将幂指数小于 1 的规模法则称为亚线性规模法则（sublinear scaling law）。这意味着，随着工厂规模的扩大，专业化程度将会进一步提高，更多的工序、工种会独立出来。但是，多样性的提高显然不能快于工厂规模的增长，否则这种分工没有任何意义，无法体现"整体大于部分之和"的精神，所以指数 α 必然小于 1。事实上，类似于式(6.2)这样的亚线性生长现象比比皆是。例如，城市中职业的种类会随着城市规模变大而增加，互联网社区中人们所使用标签的种类会随着社区规模变大而增加，等等。

综上所述，我们认为亚当·斯密的大头针工厂之谜实际上是两个规模法则的体现。因此，让亚当·斯密深感困惑的为何劳动分工引起单位时间产出非线性提高这一问题，就转化为这两个规模法则是如何起源的，它们之间是什么关系，以及如何相互影响的问题。

接下来我将列举大量证据，涵盖城市的发展、互联网社区的演化、复杂网络的演化、物种多样性、语言中的西普定律等。我们会发现，产出的超线性规模法则以及多样性的亚线性规模法则比比皆是。

我们将在模型上寻求突破，并试图用一种极其简单的模型——匹配生长模型，来把握超线性规律和亚线性规律背后的本质。所谓的匹配生长是指一种受限的网络生长过程，可以描述为任何链接的产生都需要来自空间的约束效应，这种约束就导致了多样性与链接之间的必然联系。该模型将产出等价为网络的总链接度，也就是连边数。这样它不仅能够复现超线性规模法则与亚线性规模法则，还能预测普遍存在的加速生长现象，即互联网社区、城市的生长通常会越来越快。

更有意思的是，该模型预言了产出的超线性规模法则与多样性的亚线性规模法则之间存在一个有趣而深刻的联系，即它们各自的幂指数加起来恒等于 2。这一预言在城市的职业多样性数据中得到了验证。更进一步，该预言的一个直接推论是，无论是城市还是互联网社区，人均多样性和人均链接度之间是一种相互制约的关系，它们的乘积是一个不随规模而变的常数。欠发达地区的职业分工水平相对较低，每个人都必须掌握大量技能，即人均工种的多样性会更高，这就必然导致人与人之间的依赖性和合作程度不会很高；而发达地区的职业分工水平较高，每个人不必掌握大量技能，绝大部分问题可以通过链接和社会交互解决。所以，多样性与链接度之间形成了互补，它们是此消彼长的关系。由于人类建立社会关系链接时注意力或认知资源是有限的，因此个人往往不擅长处理全局化的信息。这种局域性导致了人均多样性与人均链接度的互补关系。

回到大头针工厂的问题上来。我们认为这个问题不仅是劳动分工导致生产率提高的问题，它的背后是普遍存在的多样性与链接度之间的关系，以及由此形成的超线性规模法则和亚线性规模法则。隐藏在这些现象背后的是人类认知资源的有限性。对这些问题的认知有助于我们把握城市、互联网社区发展背后的本质规律[①]。

6.1 链接的超线性规模法则

我们经常听到"整体大于部分之和"这样的说法，它们都表达了复杂系统中普遍存在的一种非线性效应。式(6.1)是对人类社会中这种非线性效应的定量表示。它通过数学清晰展示了多人组成的社会群体在达成某种效果 Y 时并非简单地将个体加和。

这种效果可以体现为一座城市的经济产出。图 6.1 所示的是美国各个城市的 GDP 与人口之间的幂律关系，其中幂指数为 1.12。这种效果也可以体现为一个互联网社区中用户的活动，如发布帖子、发表评论等。图 6.2 所示的是 4 个互联网社区的用户活动（广义的一种生产活动）与社区规模之间的幂律关系，即用户在每个小时内产生的内容总量和活跃用户数之间的超线性规模法则。这 4 个互联网社区分别为 Flickr（一个图片共享社区）、Delicious（一个新闻评论社区）、Digg（一个用户发布新闻的社区）和 Jiwai 网（一个多人交互网络平台），它们的幂指数分别为 1.48、1.17、1.18 和 1.19。

这些幂指数都大于 1，意味着它们都存在规模效应。也就是说，人均产出会随着城市、互联网社区的变大而非线性地增加。在上一章中我们讨论了黏性指数 θ，它其

---

① Jiang Zhang, Xintong Li, Xinran Wang, et al. Scaling behaviours in the growth of networked systems and their geometric origins[J]. Scientific reports, 2015, 5(1): 1-5.

实就是这里的幂指数 β。采用幂指数来衡量社区的用户黏性或活跃性具有不依赖规模、相对稳定等优点。

　　城市中的超线性规模法则还包括人们彼此之间的交互数。例如，斯拉普弗（Schlapfer）等人对欧洲不同城市中人们的手机通信活动进行了研究，发现市民在一段时间内手机通信的总次数与城市规模（人口）之间也存在超线性规模法则，并且幂指数为 1.15，与 GDP 的规模法则的幂指数非常接近。这间接表明，城市的经济产出可能与城市之中人们之间通信链接的总量成正比[①]。

　　另外，在大量的实际网络演化数据中也广泛存在超线性规模法则。这里的 Y 是总连边数，而 M 为节点数。例如，我们可以研究美国物理学会（APS）数据库中记录的论文引用关系所构成的网络。在这个网络中，节点是已发表的物理学论文，连边是这些文章的引用关系。我们研究截止到 t 年网络中的总文章数 N_t 以及这些文章彼此产生的总引用数 E_t，发现二者之间果然存在超线性规模法则，即

$$E_t \propto N_t^{\beta} \tag{6.3}$$

$\beta \approx 1.46$ 为规模法则幂指数，如图 6.3 所示。事实上，人们在很多现实的复杂网络中发现了这样的生长现象，如科学引文网络、互联网、专利引文网络、社交网络、贸易网络等。

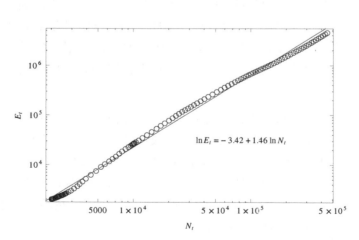

$$\ln E_t = -3.42 + 1.46 \ln N_t$$

图 6.3　APS 引文网络的超线性规模法则

①M. Schlapfer, et al. The scaling of human interactions with city size[J], Journal of the Royal Society interface, 2014, 11(98): 20130789.

6.2 多样性的亚线性规模法则

我们暂时将超线性规模法则的问题搁置一边，考虑另外一种规模法则，即多样性的亚线性规模法则。所谓多样性，通常是指系统中各个单元的类别或者种类。我们知道，一个复杂系统往往由多个单元组成，这些单元在功能上通常具备一定的异质性。根据这种异质性就能对这些单元进行分类，多样性由此产生。比如，在大头针工厂中，分工的基础是不同工种；在社交网络中，每个人可能都有一部自己最爱的电影，那么，所有人最爱的不同电影的总数就是一种多样性。系统多样性越高，通常就越复杂。

多样性在复杂系统中往往起着重要作用。一方面，多样性可以帮助系统应对不确定性环境。"不要把鸡蛋放到同一个篮子里"这句俗语把以多样性防范风险的做法表现得淋漓尽致。另一方面，多样性能促进复杂系统或组织的功能实现。当遇到新的问题时，组成单元越多样化，就越有可能产生不同的、创新性的解决方案，从而高效地实现某种功能。

一般来说，节点多样性会小于节点数量。例如，对于一组社区用户来说，它们的兴趣种类数必然小于用户数量，这是因为总会有一些人喜欢同一部电影。同时，当系统变大时，多样性 V_t 会比系统规模 M_t 增长得慢，这体现为式(6.2)中的幂指数 α 通常小于 1。随着 M 的增长，每个种类的个体数 M/V 会逐渐增多。所以，多样性与规模之间存在亚线性规模法则。下面我们来看几个实际系统中多样性呈亚线性增长的例子。

在语言学中有一个西普定律（Heap's law），它指出文章中出现的不同单词数会随着文章篇幅的增长而呈亚线性增长，其中幂指数约为 0.6；在科学引文网络中，论文的类别数作为一种多样性，会随着论文数量的增长而呈亚线性增长（如图 6.4 所示）；在互联网社区里，用户可以给图片、新闻添加标签，标签的多样性会随着系统规模（用户数量或者资源数量）的增长而呈亚线性增长；在生态学中，树的种类会随着岛屿面积（正比于树的数量）的增大而呈亚线性增长。

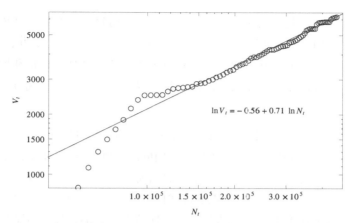

图 6.4　APS 引文网络中，某一时刻所有文章所使用的 PACS 编码种类数与
文章数量之间的亚线性规模法则

　　为什么会有这样的非线性规模法则呢？多样性与链接度之间究竟是什么关系？是否真的如亚当·斯密所阐释的那样，是劳动分工导致生产率非线性提高？还是有什么更深层、更本质的原因同时导致链接度的超线性规模法则和多样性的亚线性规模法则？

6.3　匹配生长模型

　　2009 年，我开始认真思考产出、多样性等问题，究竟是什么因素导致了它们的规模法则呢？起初，我认为是人类社会普遍存在的资源分配不均衡现象。我们知道，财富分布满足著名的帕累托定律——大量财富集中在少数人手中，而绝大多数人仅拥有少量财富。人们常说的"二八定律"就是财富分布不均衡的通俗体现。那么，能否将超线性规模法则归结为"二八定律"呢？

　　首先，我们注意到，将所有人的收入加总就会得到社会总收入。而收入服从帕累托分布，于是 M 个独立的帕累托分布的随机数加到一起，能否导致超线性规模法则呢？答案是否定的，中心极限定理表明只要帕累托分布的幂指数大于 1（事实上，基本所有国家的收入分布的幂指数都大于 1），那么 M 个独立帕累托分布的随机数的总和的期望就会与 M 成正比，这里根本不存在超线性规模法则[①]。

---

　　① 事实上，如果帕累托分布指数小于 1，有可能导致 M 个这样的随机数总和与 M 之间的超线性规模法则，但是这个前提与现实不符。

在求索未果后，我开始转换到另一种角度，即将这些复杂系统抽象为一个复杂网络来研究。正如第1章所述，复杂系统可以抽象为网络，其中节点表示构成单元，连边则表示单元之间的相互作用，它是对复杂系统的一种高度概括和抽象。我们将这种描述复杂系统内相互作用关系的网络称为复杂网络。很多问题可以对应到这个网络上来。

例如，一个大头针工厂就可以看作一个复杂网络，其中节点是工人，他们之间的合作关系构成一条条连边。工厂在单位时间内的产出可以对应为网络中的连边数量，这是因为集体生产行为需要工人之间的配合与协调，它们都建立在合作关系基础之上。而系统的多样性可以对应为节点的多样性。例如，在大头针工厂中，我们可以将不同工种的工人描述为不同颜色的节点，这样节点颜色的多样性也就代表了分工的多样性。

有了这样的复杂网络模型，我们便可以将问题转化为：考虑一个不断生长的网络，每个时刻加入一个新的节点和产生连边，那么什么样的生长机制才能导致连边比节点更快地生长，从而衍生出网络的超线性规模法则呢？这个思考方式一下子抓到了所有复杂现象背后的本质，让问题变得简单纯粹起来。

于是，我开始认真考察每一种流行的网络生长模型，看看它们能否导致超线性规模法则。这些模型包括：Barabasi-Albert 生长模型、Watts-Strogatz 小世界网络模型、Erdos Renyi 随机网络模型，结果发现它们都不满足条件。

没有办法，我只能构造自己的网络生长模型。一种直观的想法是，将节点一个个地加入网络，每一个节点都有相同的概率与网络中已有的节点建立链接。好消息是，这样的网络生长机制的确可以使连边数更快地增长。而坏消息是，这一超线性规模法则的幂指数为 2，大于我们在实证数据中观察到的结果，即幂指数介于 1 和 2 之间。

于是，我开始苦苦思考究竟什么样的机制才能让影响连边数增长的幂指数下降。连边在生长过程中必须受到某种限制，那么最自然的限制是什么呢？是节点之间的匹配！也就是节点彼此之间要有某些共性，才能建立连边，不匹配的节点彼此不能建立连边。就这样，我的"匹配生长"模型诞生了。我找到了一种简单的网络生长机制，它不仅可以复现链接度的超线性规模法则，还带来两个额外的惊喜。第一个惊喜是，该模型能够衍生出一种不断加速的生长现象，即新节点的生成会越来越快，而且该现象也可以用一种亚线性规模法则来描述。更进一步，我们在不同互联网社区或引文网络的生长中也看到了这种现象，即节点数的增长会越来越快，整个过程在缓慢加速。

第二个惊喜是，我发现了多样性的亚线性规模法则。事实上，在创造出匹配生长模型之前，我并不知道上一节列举的多样性的亚线性规模法则的实例。因为在模型中看到了这个现象，我才开始去找相关文献以及实证数据。更令人振奋的是，我们的模型可以推导出多样性的亚线性规模法则和连边数的超线性规模法则之间的互补关系，特别是二者的幂指数之和为 2 的有趣结论。根据这一结论，我们能够推导出城市中人均链接度和人均多样性的乘积为一个常数的结论。贝当古等人已经用城市中职业多样性的实证数据验证了这一点。

有意思的是，匹配生长模型的简单机制使得我们可以非常便捷地对其进行扩展。在基本模型的基础上加几条新规则就可以模拟城市的生长现象，这一点我们将在下一章中展开讨论。接下来，就让我们走入匹配生长模型的世界[①]。

6.3.1 创造与联通

一边是链接，一边是多样性；一边是超线性规模法则，一边是亚线性规模法则。那么，这二者是否存在一定的联系呢？

我们不妨将多样性的产生理解为一种扩张的过程，把链接的建立、相互作用的形成理解为一种选择的力量，它将系统拉回稳定状态。例如，在社交网络上，尽管每个人都可以彰显自己与众不同的品位，但假如系统的多样性过高，任何两个人都没有共同爱好，他们彼此之间就很难沟通，互联网社区也不会稳定存在。所以，过快的多样化创造过程虽然可以丰富我们的生活，但也会使已存在的个体难以理解新生事物，从而影响不同个体之间的交互与沟通。缓慢的多样化过程则会使得链接更容易建立，但会降低系统元素的更新速度。这两种作用必须相互匹配，才能协调发展。

6.3.2 一个音乐贴吧的隐喻

我们先以一个音乐在线社区的生长为例来思考链接、多样性与生长之间的关系。

假设你和朋友开设了一个新的贴吧，用于讨论你们喜欢的流行音乐。你们无话不谈，贴吧非常热闹。这时一个摇滚青年路过，他想加入这个音乐社区，并希望传播他

---

① 有关匹配生长模型的进一步讨论参见：Jiang Z, Xintong L, Xinran W, et al. Scaling behaviours in the growth of networked systems and their geometric origins[J]. Scientific Reports, 2015, 5(1): 1-5.

的音乐理念。但你们这群人无法欣赏摇滚乐，于是这位摇滚青年落寞地离开了。但是，当一位喜欢爵士乐的青年来到你们的贴吧之后，他却成功融入这个群体。这是因为贴吧里的一个朋友也喜欢爵士乐。就这样，越来越多的网友加入这个贴吧，这个音乐社区的多样性逐渐提高：有的人喜欢听流行音乐，有的人喜欢听说唱，有的人喜欢听轻摇滚。这个时候，当之前那位摇滚青年再次加入的时候，他就可以找到兴趣相投的伙伴了。换句话说，这个贴吧具有了更多包容性。

这段描述的核心在于社区的生长并非一蹴而就，而是随着多样性的增长一点点发展起来的。并且，随着社区的壮大，必然会有更多不同的人融入。

6.3.3 模型的构建

为了将上述过程精确化，我们构造了一个随机生长的网络模型。该模型用极其简单的规则同时复现了超线性规模法则和亚线性规模法则，还预言了另外一个与时间有关的新规模法则。

以音乐社区为例，网络中的节点代表用户，连边则代表他们之间的好友关系。所有用户的兴趣可以用一个 d 维的边长足够大的立方体表示，我们称该空间为兴趣空间，也就是说，每个节点都会有一个兴趣空间中的坐标。两个节点的空间临近性则代表了对应用户的兴趣匹配程度。

在初始时，我们设空间的中心即坐标$(0, 0, \cdots, 0)$处已经存在一个固定的节点作为种子——这就相当于构建音乐社区的初始种子用户。

接下来，在每一个时间步都会遵循如下几个步骤。

(1) 生成一个新节点 X，它的坐标在超立方体中随机取值——这是对新用户加入的过程建模。

(2) 如果节点 X 与已存在的任意一个节点 A 匹配（它们之间的距离小于 r_0，这里的 r_0 是一个给定的常数），

    a) 则节点 X 成功加入，同时增加 X 和 A 以及所有已存在的邻近节点（以 X 为中心、r_0 为半径的 d 维球内所有已存在的节点）之间的连边；

    b) 否则，新节点添加不成功，X 将消失。

重复上面的几个步骤，就可以让网络持续不断地生长，这就是完整的匹配生长模型（如图 6.5 所示）。

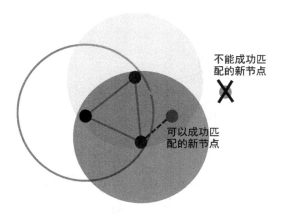

图 6.5 二维空间中的匹配生长规则示意图，有 3 个已经存在的节点，每个节点的覆盖区域的半径都为 r_0，这就形成了若干半径为 r_0 的圆。假设随机生成一个新节点，只有当它与某一个已知节点足够靠近的时候（落入某一个圆内）才能存活，并与周围半径 r_0 内的所有节点（所有覆盖浅色节点的圆）建立连边，否则这个节点将不能存活（如灰色节点）

由于两个节点之间的距离小于 r_0 的时候，它们才能匹配，因此在 $d = 2$ 时，上述过程也可以理解为一个硬币堆叠过程：在一个足够大的平面上，随机抛掷半径为 r_0 的硬币——开始的时候，平面的中心位置已经存在一枚硬币（种子），只要有硬币能和这个种子粘上，就会有两枚硬币"存活"，否则抛掷的这枚硬币就会消失，如果再有一枚硬币和这两枚硬币中的任何一枚粘上，这枚硬币也会存活……这个过程重复下去，我们可以想象硬币粘连而成的区域会越来越大，而且这片区域的扩张速度也会不断加快。如果我们将任意两枚粘在一起的硬币的中心连线，那么这片区域就形成了一个生长的网络。

6.3.4 模型的性质

如果我们在计算机上反复模拟上述过程，就能观察到匹配生长模型的一些性质。

首先，模型的生长是逐渐加速的。新节点所带来的新连边数是不确定的，取决于新节点的位置，如果新节点刚好落入一块已有节点密集的区域，那么新建立的连边就会很多。但无论如何，每多一个新节点存活，必然会伴随至少一条连边建立。不断重复这个过程，就会形成越来越大的网络，如图 6.6 和图 6.7 所示。

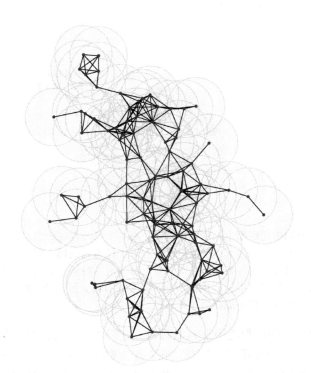

图 6.6 按照匹配生长规则生长出 100 个节点时的网络形状，其中圆圈为每个节点的覆盖区域，半径为 r_0。覆盖的总面积就是整个网络的面积（多样性）V_t

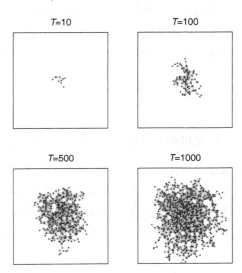

图 6.7 二维空间中的匹配生长模型所产生的网络在不同时间步的生长情况

在初始的时候，只有当新节点刚好位于种子节点的 r_0 邻域内时，新节点才能存活。而随着网络逐渐扩大，存活的节点越来越多，新节点会越来越容易找到跟它匹配的节点。这其实可以解释为什么大的城市或者互联网社区更吸引人：假如你是一位独立摇滚乐唱作者，那么你在大城市（大型互联网社区）获得认同的可能性会远大于小城市（小型互联网社区），因为大城市（大型互联网社区）创造了更多机会，也会容纳丰富多彩、五花八门的新事物。并且，因为两个节点相继成功加入网络的间隔会越来越短，所以存活节点的数目会增长得越来越快。

其次，模型具备密集化的特征，即空间的中心区域会变得越来越密集，这意味着种子用户的兴趣会对整个社区的兴趣导向起到关键性作用。这是因为在每一时刻，新节点在中心点附近产生的概率都相同，并且这个概率始终不变。只要一个新节点诞生在中心区域，它就一定能存活（因为靠近种子及其周围节点）。但如果新节点落在其他区域，则只有当其附近已有节点存活的时候，它才能存活。所以，长期的积累使得中心区域比其他区域聚集更多的节点，这就是所谓的密集化（densification）现象。

最后，该模型具备超线性规模法则。由于系统中存活的节点越来越多，所以新节点所带来的期望连边数也会越来越多，这就是我们希望得到的链接的超线性规模法则。

6.3.5　模型的规模法则

虽然该模型是一个典型的随机生长模型（如图 6.6 所示），形成的网络非常不规则，然而当 t 很大的时候，生长过程中的随机性会逐渐被抹掉，网络会逐渐变成一个规则而对称的球体（如图 6.7 所示），使得我们可以利用平均场近似的方法严格地推导出模型中的各类规模法则。比如，我们可以得到连边数对节点数的超线性规模法则：

$$E_t \propto N_t^{\frac{d+2}{d+1}} \tag{6.4}$$

也就是说，利用该模型可以得到连边的超线性规模法则，且幂指数为 $\beta = \dfrac{d+2}{d+1}$，它只依赖空间维度 d，而与 r_0 无关。同样，利用该模型也能推导出多样性的亚线性规模法则。只要将所有节点覆盖的球体区域总和理解为这些节点拥有的所有可能的多样性空间，那么半径为 r_0 的球所覆盖的区域体积 V_t 便可理解为一种多样性，可以得到：

$$V_t \propto N_t^{\frac{d}{d+1}} \tag{6.5}$$

因此，多样性的亚线性规模法则的幂指数是 $\alpha = \dfrac{d}{d+1} < 1$，并且也仅依赖空间维度 d。

除此之外，还能得出一个有趣的结论：

$$t \propto N_t^{\frac{1}{d+1}} \tag{6.6}$$

即系统演化的时间与系统中的节点数呈现幂律关系，且幂指数很小，为 $\eta = 1/(d+1)$。这说明，加入网络并存活的节点的增长速度会越来越快。这三个指标（E_t、V_t、t）都展示了依赖节点数 N_t 的规模法则，并且它们三个的幂指数的大小排序是 $\beta > 1 > \alpha > \eta$。

在很多实际的系统中，我们不仅可以观察到类似的规模法则，还可以发现它们的幂指数的大小也服从这个排序。

总的来看，这个模型的要点是节点彼此之间满足相似性的匹配才能生长。这种匹配是对人们在建立链接时受到的多样性空间约束的建模。人与人之间建立联系不会是无缘无故的，要么是兴趣相投，要么是距离相近，这就是匹配规则的体现。为了对匹配过程建模，我们自然地引入了每个节点的特征空间，也自然地引出了多样性的概念。在多样性的特征空间中按照近邻规则建立链接，这就是该模型最主要的特征。

6.3.6 与实证对比

那么，这个模型建模的生长过程能否得到实证数据的验证呢？下面展示不同的真实系统在生长过程中的规模法则。第一个系统是 Flickr，这是一个分享图片的互联网社区，用户可以给图像打上标签。第二个系统为互联网社区 Delicious，它与第一个社区类似，用户可以为不同的网页打上标签。第三个系统是 APS 引文网络，每篇文章都有若干个 PACS 编码（按照美国物理学会的编码方式为文章划分的类别）。在这三个系统中，用户数量、文章数量看作节点数，用户产生的活动总数、文章的相互引用关系看作链接，用户使用的不同标签的种类数以及文章的 PACS 编码种类数可以看作多样性，这些量都与节点数构成了规模法则，并且幂指数的大小顺序与模型预测的完全一致，如图 6.8、图 6.9 和图 6.10 所示。这说明，我们的模型能够利用简单的规则生成与现实足够接近的结果。

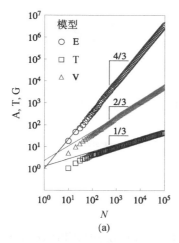
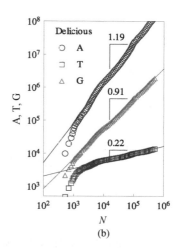

(a)   (b)

图 6.8   二维空间中模型展现的规模法则（a）和 Delicious 社区中相应的规模法则（b）。a 中的三条曲线分别为链接度（E，即网络连边数总和）、体积（V）和时间（T）。b 中的三条曲线分别为用户产生的活动总数（A）、标签种类数（G）、社区经历的时间（T）

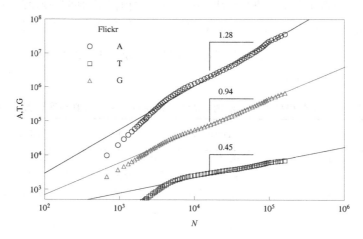

图 6.9   Flickr 社区的规模法则，三条曲线分别为用户产生的活动总数（A）、标签种类数（G）、社区经历的时间（T）

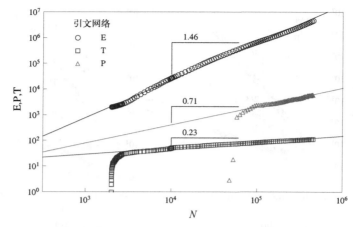

图 6.10　APS 引文网络的规模法则，三条曲线分别为总的引用次数（E）、
所有的文章类别（PACS 编码）（P）、网络存活的时间（T）

由此可见，运用简单的匹配生长机制，我们定性地复现了存在于各类系统中链接的超线性规模法则和多样性的亚线性规模法则，并预言了时间与规模的亚线性规律。所有指数都仅仅依赖空间维度 d，而且与实际系统中观测到的指数非常相近。

最后，为了让读者更清晰地看到各个变量的规模法则，以及模型与实证数据之间的联系和对比，我们列出了表 6.1。

表 6.1　匹配生长模型的规模法则（$d=4$ 时的特殊情境）及其与实证数据的对比

项　　目	匹配生长模型（$d=4$）	Delicious	Flickr	APS 引文网络
规模	节点数	用户数	用户数	文章数
产出	连边数	新闻数量	用户分享照片数	总引用次数
多样性	覆盖区域的体积	标签种类数	标签种类数	使用的 PACS 编码种类数
产出指数	1.20	1.19	1.28	1.46
多样性指数	0.80	0.91	0.94	0.71
加速生长指数	0.20	0.22	0.45	0.23

6.4　模型扩展

虽然与实证数据对比仍然存在一定的差距，但是匹配生长模型的简洁性使得它具备很强的扩展性。这就使得我们很容易通过引入新的规则来改进该模型，让它更贴近实际。接下来我们讨论几种扩展。

6.4.1　异质化模型

在基本模型中，r_0 是一个有趣的参数，它对一个存活节点与其他节点的最小范围建模，这同时也是两个节点能够建立链接的最小范围。尽管它如此重要，但我们发现无论是超线性规模法则还是亚线性规模法则，它们的幂指数都与 r_0 无关。究其原因在于，r_0 相当于模型的特征尺度，如果对参数 r_0 进行缩放，则整个模型会跟着缩放，但是模型的一切性质都不会发生相应的变化，它必须是与尺度无关的。基本模型中另一个基本假设是 r_0 对于所有节点来说始终是常数，这是过于简化的。在现实生活中，不同的人有不同的交友范围，反映在模型上就是不同节点的基本半径 r_0 是多样且随机的，即每个新节点具有自己的邻域半径 r_i，其中 r_i 是一个满足某种分布（例如指数分布或均匀分布等）的随机数。于是，新节点只要位于某个已存在节点的 r_i 半径以内就可以存活，与此同时它们会建立链接。我们不妨设想一下，这样的小小改动会造成什么后果呢？首先，模型网络的生长应该不会受到太大的影响。因为平均来看，新节点仍然要与老节点处于 r_i 的均值距离以内，网络才可以进一步生长。所以，这个改进模型的平均性质与基本模型没有太大区别。但是新模型又有很不同的特性。不难想象，一个 r_i 较大的节点可以吸引很多小节点，而且这些小节点都会与这个中心节点建立链接，这就导致了不同节点的链接度非常不一样，半径大的节点会产生大量链接，而半径小的节点产生的链接较少，它们通常依附于一个 r_0 较大的节点。于是，这些大节点内部就是一个特殊的"小生境"，它庇护着这些小节点。这可能更接近真实情况。

这样一点小小的变化就能让生成的网络变为无标度网络。我们知道，真实世界中的复杂网络大多是无标度网络，例如万维网、互联网、社交网络、蛋白质相互作用网络等，这意味着这些网络每个节点的连边数（简称度，degree）服从幂律分布，也意味着少数节点会拥有大量链接，而大多数节点的链接很少。这也符合我们常说的"二八定律"。这种无标度网络还具有另外一些特性。比如，相较于随机网络（以概率 p 随机链接任意的两个节点）来说，无标度网络对随机攻击具有更强的抗打击能力，但是对蓄意攻击（专门针对链接度高的节点）的抵御能力则更弱。再比如，无标度网络的特殊结构使得病毒等在网络中更容易长时间传播和停留等。

如果对基本模型生成网络中的节点统计连边数，就会发现它的度分布曲线更加均质化（如图 6.11a 所示）。但如果允许每个节点的半径随机取值，则得到的网络是无标度的，即度的分布曲线呈现幂律特征，如图 6.11b 所示。

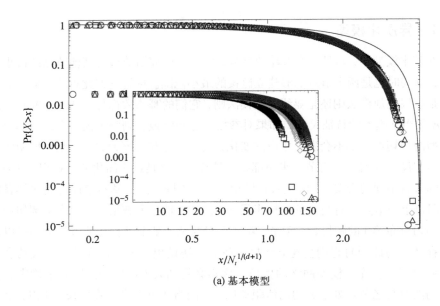

(a) 基本模型

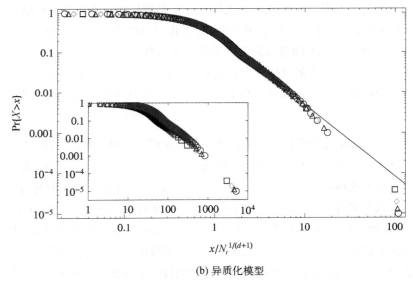

(b) 异质化模型

图 6.11　在不同尺度（节点数 N_t）下，网络的归一化度分布（除以系统规模的 $1/(d+1)$ 次幂）。a 为基本模型，b 为异质化模型。小图所示为不同尺度 N_t 下的原始度分布

　　我们将这一扩展模型称为异质化模型。该模型不仅保留了基本模型的各种生长特性，还复现了真实网络中的无标度网络特性。另外值得指出的是，由于我们的网络生

长建立在一个欧氏空间的基础之上，因此同时与某一个节点相邻的两个节点会以较大的概率也彼此相邻，这会导致网络中存在大量的三角形结构，从而使得网络的簇系数（clustering coefficient）很大，这也与真实网络相吻合。

6.4.2 拥挤与排斥

基本模型的另一个不足是，如果模型不停地运行下去，空间中的任意一处就有可能挤下无穷多个点，它们不会相互影响。但这与现实世界不相符。通常，处于同一个"生态位"的两个节点或多或少会相互竞争和排斥。比如，假设多样性空间表达的是所有可能的技能和工作，一个城市中具有相似技能的人不会无限地多。比如某个领域的专家可能会排斥其他人来抢饭碗；又比如很多年轻人追求独特的个性，因而会有意避免在兴趣空间中与其他人重合；再比如在城市中，同一片空间区域显然不能容纳无限多的人。

因此，我们将引入一种拥挤与排斥的机制：假设 x 处已有节点的密度是 $\rho(x)$，那么新节点在 x 处成功存活的概率是 $\rho(x)^{-\mu}$。其中，μ 是一个大于 0 的自由参数，我们称之为拥挤指数。这样，当给定 μ 以后，如果 x 处的节点密度过大，那么新节点就不容易存活。μ 越大，密度对存活概率的影响就会越大，排斥效果越明显。当 $\mu = 0$ 时，就退回到了原来的基本模型。当 μ 趋近于无穷大时，我们得到了一个均匀生长模型，即节点永远不会重叠，只会平铺地往外生长，最后呈现为一个均匀的 d 维球。

加入这个规则之后，我们可以计算出规模法则的指数同时依赖 μ 和空间维度 d。其中，连边数的超线性规模法则的幂指数变为 $\beta = 1 + \dfrac{1}{1+(\mu+1)d}$，所以当 $\mu > 0$ 时，β 会在 $1/(d+1)$ 与 2 之间取值；多样性的亚线性规模法则的幂指数变为 $\alpha = 1 - \dfrac{1}{1+(\mu+1)d}$，它会在 $d/(d+1)$ 与 1 之间取值。因此，当我们引入拥挤与排斥机制以后，就可以让幂指数在一个更大的范围内取值，而不仅仅局限于空间维度了。

6.4.3 多种子生长

另外一种有趣的扩展是引入"多种子"机制。在现有的基本模型中，我们将一个节点放置在空间的中心作为初始种子，然后不断地利用匹配生长机制扩大网络。然而，为什么要将种子限定为一个？又为什么要把种子放置在中心位置呢？放宽这些约束，便有了"多种子"生长规则。

假设每个周期有一个新节点加入，则它会以小概率（设为 ϵ）成为一个随机"种子"，或者以较大的概率（设为 $1-\epsilon$）按照原有的匹配生长规则生长。

我们知道，每个新节点的坐标都是随机的，这样它就有可能落到一个"荒岛"之上——周围没有任何节点，如果按照匹配生长的规则，这个新节点将不能存活。但是，当我们引入"多种子"生长规则之后，这个约束就会以 ϵ 的概率被打破：即使新节点周围没有任何节点存在，该节点仍然能够存活。于是，这个新节点就有可能成为一粒新的"种子"，进而成长为一个团簇。

接下来，当有新节点加入时，要么加入原先种子节点的团簇，要么加入新种子节点的团簇。随着种子节点越来越多，我们会得到越来越多的团簇。有趣的是，这些团簇的节点数目完全不同。不难想象，越早形成的团簇面积越大，因而会以更大的概率吸引新节点加入；而那些较晚形成的团簇面积更小，新节点加入它的概率也会更小。这是因为新节点的坐标会在整个空间内取值，也就是它落入一片区域的概率正比于该区域的面积。这就自然地造成了一种"马太效应"：越大的团簇越容易吸引新节点加入，越小的团簇越不容易。久而久之，这些团簇的大小（节点数的多少）会形成非常异质化的分布——幂律分布[①]。

有趣的是，当我们把模型的空间设定为二维时，这个"多种子"模型的生长过程可以模拟城市系统（由多个城市构成）的生长，并能得到各个城市的规模分布。如图 6.12 所示，我们定性比较了美国中部城市夜光形成的多个团簇和"多种子"模型形成多个团簇，同时定量比较了它们的规模分布，以及每个团簇内的夜光总亮度（它往往可以作为地区经济发展程度的度量）和规模之间的超线性规模法则及其与模型生成的连边数之间的超线性规模法则。我们看到，通过调节拥挤与排斥系数 μ 和"多种子"规则中的概率 ϵ，模型可以很好地复现城市夜光展现的规律。

[①] 事实上，我们可以从数学上证明，引入"多种子"机制的生长模型的动力学过程，事实上是一种亚线性的偏好依附随机过程，我们可以精确地求解出这个模型的稳态分布服从幂律分布。

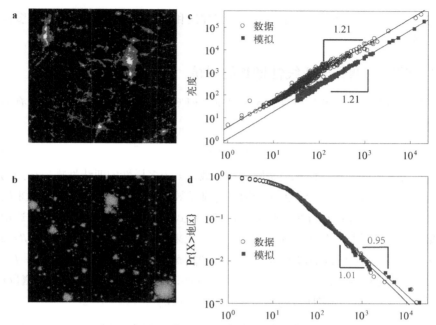

图 6.12 城市夜光形成的团簇与多种子模型生成的团簇对比，其中 $\epsilon = 0.03$, $\mu = 1.5$。a 为城市夜光形成的团簇（如果相邻两个像素的夜光亮度超过一定阈值，就认为它们属于同一个团簇），b 为多种子模型生成的团簇，c 为团簇代表的社会经济发展程度与团簇规模之间的规模法则。对于夜光，社会经济发展程度由团簇内夜光总亮度来衡量；对于多种子模型，社会经济发展程度由团簇内的总连边数来衡量。d 为夜光团簇和多种子模型团簇的规模分布

6.5 多样性与产出

我们再次回归到本章最开始的"大头针工厂之谜"。亚当·斯密关心的是劳动分工与产出之间究竟如何相互联系、相互促进。我们已经将这个问题进行了一定的分解。首先，由于劳动分工程度很难量化，所以我们将其简化为对多样性的度量。劳动分工必然体现为工种的多样化，而工种数很容易度量。这种简化使得我们可以更多地关注系统的多样性现象，包括语言的多样性、标签的多样性等。其次，我们将生产归结为人与人之间的交互作用，也就是网络中的连边。同样，在很多系统中我们无法量化产出，但可以量化网络中的连边数。很多证据表明，网络的连边数与该系统的产出密切相关。于是，让亚当·斯密困惑的生产率在劳动分工的条件下会显著而神奇地提高的问题，就可以量化为链接度的超线性规模法则以及相伴而生的多样性的亚线性规模法则问题。

然而，我们的推理还缺失最后一环，多样性和链接度究竟是什么关系？多样性能否促进链接度增加？

6.5.1 超线性增长与亚线性增长的对抗

再次回到模型中。我们发现，无论是基本模型还是扩展后的模型，都具有一个有趣的特性：

$$\beta + \alpha = 2 \tag{6.7}$$

其中，β 为链接度的超线性规模法则的幂指数，α 为多样性的亚线性规模法则的幂指数。无论空间维度 d 为多少，也无论拥挤与排斥效应 μ 有多么强，二者加起来始终等于 2。式(6.7)将多样性与链接度联系了起来。该式不仅适用于模型，也近似适用于我们收集到的一些数据。例如，对于 Delicous 系统来说（如图 6.8 所示），$\alpha + \beta = 2.11$；对于 Flickr 社区来说（如图 6.9 所示），$\alpha + \beta = 2.22$；对于 APS 引文网络来说，$\alpha + \beta = 2.17$。$\alpha + \beta$ 都在 2 附近，尽管仍然存在一些误差。这些误差可能是由于多样性的测量精度、测量误差以及链接度与多样性的不匹配等因素造成的。

这是一个非常有趣的结论：多样性的亚线性规模法则和链接度的超线性规模法则始终相伴而生、彼此关联。当我们观察到多样性的亚线性效应时，理论会指导我们寻找与此相对应的链接度的超线性效应。而且这两种法则的幂指数相互纠缠：当一个变大的时候，另一个必然变小。这意味着，如果系统中的多样性增长得过快，那么链接度就会增长得较慢。因此，若要保持系统繁荣，相互作用能够快速增强，就要求系统元素的多样性慢一些增长，反之亦然。总而言之，现实系统总是要在多样性和链接度之间寻找平衡点：既要保持适当的更新，也要保持联系的紧密。

根据我们的模型，若想让产出（连边数）更快地增长，无法通过调节多样性来实现，只能调节影响规模法则幂指数的因素，包括空间维度 d 以及拥挤与排斥指数 μ。空间维度 d 越小，拥挤与排斥效应 μ 越弱，则超线性规模法则幂指数 β 就会越大。换句话说，结构越扁平、越透明化（空间维度越低）、竞争越不激烈、包容性越强的组织（拥挤与排斥效应越弱），越有可能促进节点之间链接的建立，从而使得产出更快地增长。但是，代价是多样性会以更慢的速度增长。但要注意，这并不意味着多样性会降低，只不过新增加的系统元素会以更大的比例进入已有的多样性空间，而不是开拓新的空间。

6.5.2 多样性与连边数的此消彼长

然而，如式(6.7)这样用幂指数相互关系表达的含义不那么直观易懂。我们可以换一种方式来表达多样性与链接度之间的关系。下面做一些简单的数学推导。

我们知道，链接度的超线性规模法则成立，即 $E \propto N^{\beta}$，意味着 $e = E/N \propto N^{\beta-1}$，这里的 e 就是人均链接度。另外，我们知道多样性服从亚线性规模法则，即 $V \propto N^{\alpha}$，这意味着，$v = V/N \propto N^{\alpha-1}$，这里的 v 就是人均多样性。根据 $\alpha + \beta = 2$ 便能推导出

$$e \cdot v \propto N^{\beta+\alpha-2} = N^0 \tag{6.8}$$

换句话说，一个城市或一个互联网社区中的人均链接度与人均多样性的乘积是一个常数，不随城市或互联网社区的规模而变。类似于韦斯特等人在哺乳动物身上发现的 15 亿次心跳这一常数，我们在社会经济系统中也发现了一种不随规模而变的常数。根据匹配生长模型的推导，这个常数为 d 维空间中半径为 r_0 的球体体积[①]。

通俗地说，在我们的模型中，只有距离小于 r_0 的节点才能彼此建立链接。因此，每个节点能够链接的节点必然都落在半径为 r_0 的球内，它的数目平均来看就正比于每单位体积内节点的个数，也就是 N_t/V_t。另外，模型中的多样性是用模型的覆盖体积 V_t 来衡量的，因此每个节点的平均多样性自然就是 V_t/N_t。这样平均链接度和平均多样性的乘积就必然是常数——半径为 r_0 的球体体积。

换句话说，我们发现：对于整个社会来讲，人均链接度与人均多样性之间存在一种互补的关系。提升一个社会的人均链接度，就必然会导致人均多样性下降。要提升互联网社区的活跃性，就必须降低人均多样性。如果希望城市的人均产出增加，就需要降低每个人的平均职业多样性。这些结论反过来也成立。但值得注意的是，这并不意味着社会发展水平越高（人均产出提高），职业多样性越低。事实上，随着城市、互联网社区的规模逐渐增大，系统中的多样性还是会按照式(6.5)的方式增加，但前提是每一类工作、每一种兴趣都集中了足够多的个体。所以，真正的趋势是，在多样性提升的同时，原有的每一种职业、技能、兴趣、主题等的相关人群扩大，这样才能使得人均多样性在多样性总体提升的同时降低。

以上讨论完全基于匹配生长模型，我们想知道：是否实证数据也支撑这些结论呢？答案是肯定的。事实上，路易斯·贝当古等人早在 2014 年就用美国 403 个城市总共 840 种专业类别的工作岗位数据，对上述结论（式(6.3)、式(6.2)和式(6.8)）进行了验证[②]。他们用不同城市的人均工资作为人均链接度的度量（如前所述，网络的链

---

① 事实上，这个常数为 $V_d r^d (d+1)/(d+2)$，其中 V_d 为 d 维单位半径的球的体积。

② 有关详情请参见：Bettencourt L M A, Samaniego H, Youn H. Professional diversity and the productivity of cities. Scientific reports, 2014, 4(1): 1-6.

接度正比于社会总产出，而社会总产出和社会总收入是平衡的），用城市中专业类别数作为多样性的度量。他们从数据中发现人均工资与人均专业类别数的乘积不随城市规模而变。

与此同时，城市中人们的总工资会随着城市规模扩大呈现超线性规模法则，而多样性则呈现亚线性规模法则。所以，随着城市规模的增大，总产出和专业类别数都会增加。这就是为什么大城市会出现一些小众的、五花八门的职业。但是，这并不意味着城市中的每个人都会有更多的职业选择。这是因为随着城市的变大，人均工作种类数不增反降，否则大城市无法维持随人口增长的人均工资水平。

换句话说，随着城市变大，个体掌握的工作技能种类减少，以此换取社会关系链接数量增长——这也是整个人类社会的发展趋势。当人类从农业时代步入工业时代，随着更深入的专业化分工的进行，人们学会了以越来越大规模、越来越广泛的社会合作来完成越来越复杂的生产任务。与此同时，生产力也在不断提高。也就是说，原本由一个人完成的工作可能被分化出来形成新的职业，这就是城市中的工作创造。

我们再来探讨"大头针工厂之谜"。如何提高人均产出？这里给出一个回答：降低人均工作多样性，也就是让每个人的工作越来越单一。但请注意，这二者并不是因果关系，并不是人均多样性降低必然导致人均产出提高。根据匹配生长模型，因为人和人的相互作用、相互链接是随多样性空间中有限的差异性（即半径为 r_0 的球）形成的，所以才导致了多样性和链接度（生产力）此消彼长的现象。因此，匹配生长才是真正的原因，而社会分工细化及生产率提高都是结果。

从另一个角度来说，当系统的生长没有按照匹配生长的方式进行时，无论多样性如何，系统的生产力都不会超线性增长。因此，这个时候生产与规模将会是线性关系，组织没有存在的意义。

那么，是什么因素影响匹配呢？这可能跟社会或组织的包容度有关，也可能与人们的兴趣或技能空间有关，这一空间其实是对人们认识能力的一种表达。

6.5.3 受限的认知能力

从更深层次上说，为什么人均链接度与人均多样性之间会存在互补关系呢？我认为这是由人类认知能力的局限性导致的。我们知道，处理社交关系与专注地完成某种复杂度很高的任务需要完全不同的技能。当我们将注意力放在维护各种社交关系上时，就不得不减少自己在专业技能领域的探索，反之亦然。从另一个角度说，当我们面对不确定环境的时候，要么自己掌握足够多的技能，要么与不同专业背景的人结交为朋友，而两者往往难以兼得。

为了定量地表达这一点，我们对式(6.8)两边求以 2 为底的对数，可以得到：

$$\log_2 e + \log_2 v = C \tag{6.9}$$

以 2 为底的对数可以看作一种信息量或复杂度。换句话说，式(6.9)表达了人们处理社交关系的复杂性和处理多样性的复杂性之和是恒定的，它们受限于我们的认知能力 C。

从匹配生长模型的角度来说，这个 C 就是多样性空间中以 r_0 为半径的球体体积的对数[①]，它衡量了一个互联网社区或一个城市中人群认知、处理能力的复杂度。

直观地说，这个体积衡量了平均每个人能够覆盖的多样性空间的大小。这个范围越大，每个人就可以处理越多样化的信息，从而可以更加自由地在多样性和链接度之间调整。

有趣的是，根据匹配生长模型，这个体积恰好是每个人能够与之建立社会关系链接的那些人覆盖的多样性范围（每个节点和与其距离小于 r_0 的所有节点建立链接）。所以，我们能够与多少不同类型的人建立链接决定了我们的认知能力。

从实证的角度来说，我们可以通过如下方式来验证这些推论。我们可以通过规模法则的拟合估计出认知能力 C 的大小，也可以通过某种方式衡量每个人建立的社会关系链接的多样性空间范围来估计 C，这两种手段得到的 C 应该是正相关的。

6.5.4　小结

多样性与链接度是本章重点讨论的话题。首先，这一话题实际上是对上一章的问题——多样性、用户交互与用户黏性——的扩充与深化。其次，我们指出这一问题实际上也是对著名经济学家亚当·斯密提出的"大头针工厂之谜"的延伸与扩展，因为社会分工就意味着多样性，产出则意味着链接度。

更全面、定量地解释"大头针工厂之谜"的方式是通过两种规模法则：链接度的超线性规模法则以及多样性的亚线性规模法则。

---

① 事实上，根据模型，这个常数为 $C = \log_2\left(\dfrac{d+1}{d+2} V_d r_0^d\right)$，其中 d 为空间维度，V_d 为 d 维空间中单位半径的球的体积，r_0^d 为节点匹配关系的半径。

首先，我们在大量实证数据中发现这两种规模法则总是相伴而生，生态系统、互联网社区、城市等都存在链接度的超线性增长和多样性的亚线性增长现象。

其次，我们提出了一个非常简洁的匹配生长模型来复现这两种规律。模型不仅预言网络会以一种缓慢加速的方式生长，还定性地刻画了若干互联网社区的生长。而且该模型的扩展和改进还能够得到更接近现实的结果。

更有意思的是，我们的模型给出了一个重要的推论，即网络平均链接度与平均多样性之间是一种此消彼长的关系。

我们指出单纯地提升多样性并不一定会促进产出增加，这二者之间没有因果关系。关键在于匹配生长，即按照一种渐进的、相互匹配的方式来建立链接。当我们能够更加透明、扁平、温和、包容地建立链接的时候，才有可能促进产出更快速地增长；与此相伴，多样性会以更缓慢的速度增长。

人均链接度与人均多样性的总和满足恒定关系，这个总和受限于人类的认知能力，这种能力可以用每个人能够覆盖的多样性范围来衡量。如果我们能够提升每个人覆盖的多样性范围，就有可能提升人均生产力，同时提高人均多样性。

本章讨论的匹配生长模型仅仅是一个开端，它虽然把握住了多样性与生产、人类组织如何形成与生长的大体轮廓，但缺少细节，例如链接究竟如何建立、它的动态如何等。因此，该模型仅仅属于唯象模型。如果想用该模型研究具体的系统，还需要对多样性空间进行具体讨论以及适当修改规则。例如，下一章中我们将该模型应用到城市建模，并展开详细讨论。但是，针对互联网社区来说，如何度量其多样性空间呢？我认为，近年来发展起来的词向量等技术也许可以将空间具体化。词向量技术可以将文本向量化，这样我们便可以将一个人发布的各种文本嵌入一个高维的特征空间中，利用这个空间也许可以对本章中的多样性空间进行建模。另一个重要因素是链接半径。在基本模型中，只要距离小于给定常数 r_0，两个节点就会建立链接，但是现实情况肯定不会如此简单。在扩展模型中，我们引入了异质化的半径机制，让不同的节点拥有不同的连边能力。这种能力上的区别可以导致网络无标度特性产生。该异质化模型也许可以更好地对真实的互联网社区建模。

当然，我们的模型还有很多不符合现实的机制，例如没有考虑到节点和连边的消失，也没有考虑除欧氏空间之外的更广义的空间和网络。这些问题都留给未来的研究去解决。

第 7 章
城市的规模法则及其起源

据考古发现，智人出现在距今 20 万年前；而人类城市的历史却仅有几千年。如果将智人的历史缩短为一年，那么城市的历史就是这一年的最后十天。而就是在这十天里，城市汇集了全世界超过一半的人口，创造了超过 80% 的人类财富和几乎全部的科技创新。同时，城市也为人类带来了新的问题与挑战：犯罪、疾病传播、交通拥堵、环境污染……

汉语的"城市"二字凸显了城市最重要的两个功能：城表示物理位置上的一片土地，市即人类交易商品的地方。在今天看来，城市的功能仍然没有脱离这两个主要方面。

为什么会有城市？因为人类需要交互。可以说，是人类的交互催生了城市。无论是古罗马的城邦，还是我国汉朝的小集市，人们因为交流、合作、贸易聚集到了一起。这些交互不仅创造了社会财富，而且带来了新的机会。

新的机会吸引了更多人加入，城市开始逐渐扩张。为了满足庞大人口的日常生活需要，能量、物质的输运网络必然会形成——电力、自来水、天然气等输运网络，每一个居民区就是网络上的一个节点。

于是，人与人之间的交互开始成为城市发展的主旋律，这种交互创造了城市的财富与科技创新（如图 7.1 所示）。与上一章讨论的互联网社区相似，城市也可以看作一个大型社区，然而最大的不同之处就在于，城市这个大型社区受限于地理空间——人们只能与地理上临近的其他人发生交互。要打破这种限制，就不得不长距离移动。而随着城市规模的增大，这种移动成本会显著提高。于是，人们修建了道路网络。道路就仿佛是城市中的一条条超时空隧道，它让出行变得更加高效，从而促进了人们的交互。

图 7.1　城市景观（网片来自 pixabay）

城市道路网络为人们的交互提供了空间。整座城市就像一个"社会化学反应大熔炉"，每个人都是一个化学反应单元，人与人的交互就是化学反应。就这样，一件件新发明、一笔笔新交易在城市这个大熔炉中被快速创造。

很多刚毕业的大学生喜欢奔向大城市，因为越大的城市往往有更多的机会。在这里，你可以结识各种朋友，享受新型娱乐，甚至进入一家独角兽公司，收获一份体面并且待遇优厚的工作。然而机会有好有坏。来到大城市，也意味着你要为局促的住房、更高的犯罪率、污浊的空气、拥堵的交通以及无穷无尽的麻烦事儿做好准备。

能否用精确的数字与方程刻画城市生活呢？面对城市这样一个多层级、多个子系统并存的超大规模复杂系统，我们如何通过定量化的手段进行刻画？精确、定量地刻画城市各大要素在空间中的分布特征是否可能？我们能否预测城市未来的发展情况？城市科学能否为城市规划提供参考？

面对这些问题，我们仍然采用"第谷→开普勒→牛顿"的范式进行研究。我们将从一个宏观视角考察城市在规模放大的过程中展现出来的规模法则，并探寻这些法则背后的重要含义。我们将看到，这些规模法则可以将人们对城市生活的各种体验定量化地表达出来。大量实证数据表明，随着城市规模变大，城市的面积、道路长度、加油站数量等基础设施将会以相对于人口更慢的速度增长；而科技创新、财富创造、犯罪和环境污染等与人类社会经济活动密切相关的因素会以更快的速度增长。

一种是亚线性规模法则，一种是超线性规模法则，这两种规律相伴而生，并存在紧密的联系。

更进一步，我们以这些规模法则作为出发点，进一步挖掘城市演化的深层机制。我们将回答，是什么样的简单机制导致了这些规模法则？根据这些理解，我们将构建定量化的模型，这些模型不仅可以进一步刻画城市中各大要素的空间分布特征，还能够帮助我们更好地理解城市的生长机制与功能。

第一个模型是前圣塔菲研究所研究员路易斯·贝当古提出的城市模型。该模型能通过几条简单的假设规则解释宏观规模法则的起源。贝当古模型强调城市中供给、需求的平衡，并指出各种宏观规模法则正是这些供给、需求相平衡的产物。也就是说，人们通过社会交互所创造的财富必须与人们在基础设施网络上花费的成本相匹配。这种匹配导致了最优城市的可能性，它为城市规划提供了参考建议。

第二个模型是我与李睿琪、董磊等人合作提出的模型，我们将上一章介绍的匹配生长模型应用到了城市建模工作之中，该模型不仅能够很好地解释各种宏观规模法则的起源，还可以进一步刻画城市各大要素的空间分布特征。我们发现，地理、人口、基础设施、社会经济等要素的空间分布并非相互独立，而是通过几个简单的局域规模法则相连。其中，活跃人口起到决定性作用，它可以用来预测道路网络和社会交互等要素的空间分布特征。这里的活跃人口是我们提出的一个新概念，它被定义为城市中某一片区域处于交互状态的人口总和，并可以用真实数据中的工作人口与居住人口按比例混合来等价计算。同时，我们的模型通过空间吸引和匹配生长机制给出了一种活跃人口分布的生成方法，这种分布还可以用来预测其他要素的空间分布和宏观特性，这就为更加微观的定量化、可预测的城市科学奠定了基础[①]。

7.1 城市的各大要素与规模法则

城市是由多种要素混合形成的多层级复杂系统。这些要素包括地理、人口、基础设施和社会经济等，每一个要素都足以构成复杂的大型网络，而城市恰恰是它们的复合体。

---

① 本章绝大部分内容可以参考如下三篇文献：Bettencourt L M A, Lobo J, Helbing D, et al. Growth, innovation, scaling, and the pace of life in cities. Proceedings of the national academy of sciences, 2007, 104(17): 7301-7306. Bettencourt L M A. The origins of scaling in cities. science, 2013, 340(6139): 1438-1441. 以及 Li R, Dong L, Zhang J, et al. Simple spatial scaling rules behind complex cities[J]. Nature communications, 2017, 8(1): 1-7.

7.1.1 城市的形态

城市首先是一片地理空间区域，那么这片区域到底是什么样子的呢？早在 20 世纪初，德国的一批地理学家如杜能（Thunen）、韦伯（Weber）、克里斯塔勒（Christaller）等人就开始关注城市以及城市系统在空间中的分布情况，并提出了著名的中心地理论[①]。该理论认为，当地形完全平坦、土质相同、人口分布均匀、交通方便程度相同时，城镇的分布是均匀而规则的等边六角形排列。其中每个节点都是一个服务中心，为周边的居民提供了基本的生活、经济活动服务。六边形的中心点是一个大的城市服务中心，每个顶点都是一些低级城镇服务中心，如图 7.2 所示逐渐扩大，便形成了城市系统。

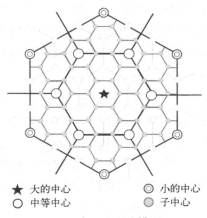

★ 大的中心　　　　◎ 小的中心
〇 中等中心　　　　● 子中心

图 7.2　中心地理论模型

虽然该理论在城市规划领域名噪一时，然而，在现实世界中，很少有城市或城市系统完全符合该理论的理想要求。究其原因就在于，自然生长的城市很难具备类似于中心地理论所设想的这种严格的六角格对称性。那么，真实的城市是什么样子的呢？

夜晚，当我们从飞机上俯瞰城市时（如图 7.3 所示)，会被眼前的景象所震撼，城市就像一个活生生的有机体：一条条盘根错节的金黄色街道仿佛是血管网络；一辆辆汽车汇聚而成的车流仿佛是流淌的血液。这是城市规划使然，也离不开大自然的造化。就在这样的人为规划与自然作用之下，城市逐渐朝复杂化演变。从形态来看，城市夜光呈现明显的放射对称性，一条条街道有如长长的手臂从城市中心向四面八方伸展，

---

① 严格来讲，克里斯塔勒最初提出中心地理论模型是为了解释城市的分布形态，也就是说他研究的并非单一城市形态，而是多个城市所构成的城市系统。但是，笔者假设中心地理论模型同样可以解释现代多中心城市的形成，因此也可以解释城市形态。

每一个方向似乎都是相似的。但是，这种对称性和相似性又与人为设计的严格对称性不相符，它带有随机性和混乱性。也许，用混沌与秩序并存来描述城市更为合适。

图 7.3 伦敦的城市夜光（图片来自 visible earth 网站）

这种随机性与混乱性使得人们很难用传统的欧几里得几何对城市形态进行描述。英国著名的城市科学家迈克尔·巴堤（Michael Batty）认为，城市是一个分形几何体，分形几何是刻画这种几何形态的数学工具，城市的局部与整体存在自相似性，如图 7.4 所示。我们有多种方法可以计算一座城市的分形维数，如盒计数法或者球覆盖法。巴堤计算伦敦的分形维数为 1.7 左右，这意味着如果我们从伦敦市中心向外以 r 为半径绘制一个大圆，那么大圆所包含的区域（包括建筑、街道等）的总面积就是 $r^{1.7}$。更多的研究指出，城市的分形维数一般介于 1 和 2 之间。街道以及周边建筑构成了一个网络，填充了整个城市的平面空间，并接近填满（如果刚好填满，例如皮亚诺曲线，则分形维数刚好是 2）。

图 7.4 分形城市景观示意图（图片来自 visible earth 网站）

　　巴堤提出了一个有趣的模型来解释分形城市的形成：假设人口从城市外往城市中迁移，每一个迁移人口都是一个随机游走的粒子，他们一旦撞上一个居住区格点就会停下来，形成一个新的居住区。最终居住区就会形成城市，如图 7.5 所示，这个模型生成的分形维数刚好是 1.7。

图 7.5　DLA 模型生成的图形，枝状的部分点为居住区，外围零散的
白色的点为随机游走的 "人们"

　　事实上，巴堤的这个模型就是统计物理学中著名的受限扩散凝聚（diffusion limited aggregation，DLA）模型，由物理学家维腾（Witten）和桑德（Sander）在 1981 年提出，该模型早已成功用于模拟晶体的生长、细菌菌落的生长等问题。但将 DLA 模型用于解释城市的生长则略显牵强：很难想象人们就是这样的随机游走粒子，更何况最终形成的形态过于松散，与真实城市不符。1995 年马克塞（H. A. Makse）等人在《自然》上发表文章，用关联渗流的方法对城市形态建模，取得了更为逼真的效果[1]。更多的城市模型被陆续提出，它们不仅能够模拟城市的地理形态，还能够给出城市道路网络、社会经济等要素的空间分布（具体见后续章节）。

---

① Makse H A, Havlin S, Stanley H E. Modelling urban growth patterns. Nature, 1995, 377(6550): 608-612.

7.1.2 基础设施网络

城市之所以会形成类似于分形几何体的空间形态，正是由分割城市空间的道路网络所决定的。随着城市规模变大，地理空间把人口分隔开来，阻碍了人与人之间的交互。若想实现更大范围的交互，人们不得不在整个城市空间中穿行。但是这样移动的阻力显然会很大，效率也会很低。不妨设想一下，在一大片充满荆棘、沟壑的土地上，人们希望到达其他地方，就不得不披荆斩棘、填坑铺路，相当于每个人都要独立开辟道路，这就导致了资源浪费和效率低下。

聪明的方法是将人们常走的一些区域（例如这片土地的中心）修建为道路。这样，一次铺设就可以让很多人共享便利，从而大大提升了效率。如此这般，整个城市空间就会被大大小小的道路所分割，形成一个庞大的网络——道路网络。一般城市道路会划分等级，包括高速公路、快速路、主干道、次干道等。等级越高的道路通常路面越宽，通行越快，流量也越大。

所以，道路网络的精髓就在于出行流量共享，也就是更多的人以及更多的出行需求并不相应需要更多的道路。这种共享的特性能够很好地被道路网络的亚线性规模法则刻画，也就是一个城市的道路网络总容量（volume）与城市规模（人口）呈亚线性规模法则：

$$V \propto N^{\alpha} \tag{7.1}$$

其中，V 为城市道路网络总容量（通常可以看作道路总面积或道路总长度），N 是城市人口，α 是一个小于 1 的幂指数，不同国家的数值不同，但大多在 0.85 附近。因此，随着城市规模 N 的变大，虽然道路网络的总容量也在变大，但人均道路容量（V/N）在减小，这既是规模经济效应的一种体现，也是道路网络的一种功能——出行流量共享的体现。

道路网络是城市基础设施网络中的一个。就交通网络而言，城市中还可能会有地铁网络、城市轨道网络、水运网络等。就物质输运网络而言，在城市地面下方实际上存在多种网络，例如天然气管道网络、水管网络等。

这些网络都服从亚线性规模法则，也就是说都符合式(7.1)。不同网络的幂指数 α 不同。例如，实证研究发现，城市的加油站数量的规模法则幂指数为 0.77，输油管道长度的规模法则幂指数为 0.67……事实上，这些输运网络可以用第 4 章描述的最优输运网络来建模。它们仿佛是城市的血管网络，为城市这个超大规模的有机体提供养分。

7.1.3 人口

城市的主体无疑是人，而人口在城市空间以及时间上的分布是不均匀的。人很有意思，有时希望相互靠拢、聚集；有时又希望各自独立、享受孤独。人们之所以聚集在一起无外乎有两种原因，一是寻求安全感，二是寻求与他人的交互。首先，人类很早就开始了群居生活：一起捕猎、耕种，共同抵御敌人，完成艰巨的任务……另外，人们只有通过与他人交互才能完成交易和信息共享，以及促使新信息的传播。这些交互作用反过来会带给每个人一定的收获。但与此同时，人类又渴望拥有自己独立的空间，以便尽享收获，包括财富、安静的环境或空间本身。

人类这一看似矛盾的特性导致人口在城市中呈现异质性的分布，也就是通常城市中心人口密集、城市边缘人口稀疏。密集是因为人类的聚集效应，但是聚集不会无休止地进行，人类的排他特性会导致人口向城市边缘扩散。因此，如果将人口密度与到市中心的距离绘制出来，我们期望得到一条递减的分布曲线。这条曲线究竟呈指数递减还是呈幂律递减，长期存在争论，这主要取决于讨论范围：远离市中心超过 5 千米，人口密度趋向于幂律下降，也就是下降相对缓慢；而在 5 千米以内则呈现指数下降，也就是下降相对迅速。

然而，事情没有这么简单。事实上，城市中心的判断并没有统一标准。更麻烦的是，很多城市不止一个中心。拿北京市来说，除了故宫以外，中关村、国贸、望京等区域都可以看作中心，甚至一些大城市周围会形成卫星城。

无论是哪一种情况，人口分布都是不均匀的，一些区域人口密集，另一些区域人烟稀少。但不可否认的是，几乎每一个城市空间都不会空无一人。这种分布特性必然会导致城市面积的亚线性规模法则。也就是说，人口必然会比城市面积增长得更快。这是因为人们对拥挤的忍耐程度基本不会因城市的变大而降低，所以在城市扩张的过程中，人口不会变得更加稀疏，而会越来越密集。这一点可以用如下规模法则来表示：

$$A \propto N^{\eta} \tag{7.2}$$

其中幂指数 η 一般小于 1，在 2/3 左右。该指数定量地刻画了城市中人口的密度随城市规模增大的增长速度。

人口在时间上的分布也是不均匀的。在朝九晚五的上班–下班规律下，人口分布会呈现明显的日夜周期变化。白天，人们集聚在工作地点；晚上，人们回到居住区。当研究城市人口分布时，我们需要区分居住人口与工作人口，这两者的分布完全不一样，如图 7.6 所示。这无疑增加了人口空间分布研究的复杂性。另一种复杂性则来源于人口的移动。无论是日常通勤，还是由于其他因素导致的人口移动，都为人口的空间分布研究增加了难度。

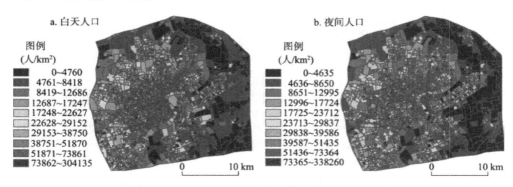

图 7.6 中心城区昼夜人口密度的空间分布[①]

然而，当我们讨论特定地点的人口分布时，讨论的是该处的长期特性。也就是说，这一人口分布不应随日夜周期变化以及平时的人口移动而不同。因此，我们提出了活跃人口的概念，其定义为：特定地点的常年平均人口。这样来看，天安门广场上的居住人口可能是 0，工作人口也不一定很多，但是活跃人口非常多。在实证工作中，我们可以按照一定比例将一个地区的工作人口和居住人口进行混合，近似计算出该地区的活跃人口。我们可以按照人们每周的工作时间（5 天×8 小时）和休息时间（2 天×24 小时+5 天×16 小时）的比例来选取。

城市中某一区域为什么会有活跃人口呢？答案就在于人与人之间的交互。正如前文所说，城市中人与人之间的交互是促进经济增长、财富创造的主要因素。因此，可以说活跃人口构成了城市中人们交互的基本单元。

活跃人口概念的提出使得我们可以过滤掉时间这一波动因素，通过一个静态的变量来描述人口分布。我们发现，无论居住人口和工作人口如何分布（如图 7.7 所示），是否规则、均匀，活跃人口的分布都近似满足幂律函数。另外，从一个城市的人口总量来看，无论是用活跃人口，还是用工作人口、居住人口，它们都是一样的。因此，采用活跃人口的概念对宏观城市人口规模的测量没有任何影响。

---

① 经文章作者同意使用该图片（彩图见图灵社区本书主页）。图片来源：钟炜菁，王德，谢栋灿，等. 上海市人口分布与空间活动的动态特征研究——基于手机信令数据的探索. 地理研究，2017，35(5): 972-984.

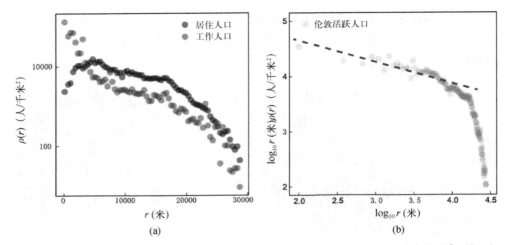

图 7.7　(a)伦敦的工作人口与居住人口以及(b)混合人口（活跃人口）的空间分布情况[①]，横坐标
为与伦敦市中心的距离，纵坐标为人口密度。图 a 中两条分布曲线都未呈现明显的分
布规律，但是对二者进行加权平均计算出活跃人口的分布之后（见图 b），其分布形态
严格贴合匹配生长模型模拟出来的近似幂律分布曲线

7.1.4　城市大熔炉

　　北京是个大熔炉，来自全国各地的人们在北京工作生活，共同塑造了文化多样性。
仅我居住的广安门内这片方圆不足 10 千米的区域，就坐落着中国佛学院、道教白云观
以及牛街礼拜寺等不同场所。不同宗教文化在这里和谐共处，前卫的后工业时代文明
与古老深邃的东方文明在这座城市中不断碰撞、融合。

1. 经济产出与科技创新

　　不仅仅是文化多样性，越大的城市会汇聚越多的人才。小小的北京中关村就聚集
了大量硕士、博士、教授、院士等知识分子；上海的外滩汇聚了众多身价数亿的商业
巨鳄和业界精英。人们到大城市看病就医，就是因为能够医治疑难杂症的专家多存在
于大城市。这些行业精英在大城市的聚集又会导致更多新想法的诞生。例如，2000 年
纽约新申请专利数量高达 13 000 多个（纽约市人口约为 840 万[②]），而同年瓦卡维尔
（Vacaville，美国加州的一座小城市，人口仅有 10 万）的新申请专利数量仅为 10 个。
显然，城市越大，其新申请专利数量往往越多。大城市的这种创新中心的作用可以用

[①] Li R, Dong L, Zhang J, et al. Simple spatial scaling rules behind complex cities[J]. Nature communications,
2017, 8(1): 1-7.

[②] 数据来源：Invention in the City：Increasing Returns to Scale in Metropolitan Patenting。

超线性规模法则来刻画：

$$Y \propto N^{\beta} \tag{7.3}$$

其中，Y 是城市的科技创新总量，可以用新申请专利数量衡量，也可以用从事创新活动的高水平人才的总量来衡量。无论哪一种变量，都与城市规模呈现超线性规模法则，即幂指数 $\beta > 1$，并集中在 1.2 左右。这意味着，大城市的创新人才和人均创新数量都更多。

　　与其形成鲜明对比的是，同样是人类群落，乡村、省、州甚至国家却展现出了不同的规模法则。如图 7.8 所示，无论是美国的各个州，还是全世界的所有国家和地区，它们的 GDP 都可以用相应的人口进行相对准确的预测，然而幂指数小于 1，不存在超线性规模法则。这说明，城市具有明显的非线性特性。

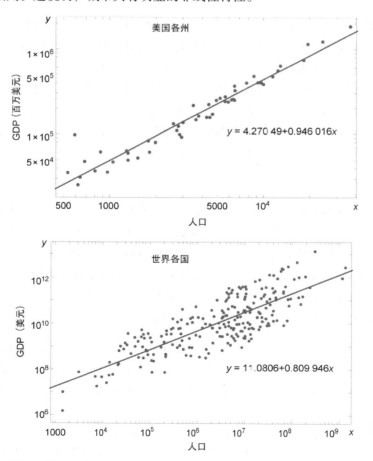

图 7.8　美国各州以及世界各国的人口与 GDP 之间的规模法则，其幂指数都小于 1

正如上一章所说，城市的多样性生活必然伴随着新思想的产生与社会财富的创造。当你走进城市的咖啡馆，会发现人们三五成群慷慨激昂地谈论创业的新理念。一个个咖啡馆变成了创业孵化器，为人们的交互提供场所，为新思想的形成提供空间。城市是一个"社会化学反应大熔炉"，每个人都是一个化学反应单元，人与人的交互就是化学反应，而新鲜的想法就是化学反应产物。这些想法正以前所未有的速度走出书本与实验室，来到鳞次栉比的写字楼和宽敞明亮的厂房、车间，指导着人们完成大规模的生产与创造。大型基础设施网络保证了各种物资、设备、材料的快速运输，想法正在以惊人的速度转变为新产品。这些产品又在大型物流网络的帮助下运输到各地。数据显示，2017 年北京市的经济产值达 28 000 亿元，与奥地利的 GDP 大致相当（4166 亿美元）[①]。

越大的城市，人口越多，自然会创造越多的财富，然而它们不成比例。大量数据表明，越大的城市会创造与其人口不成比例的更多社会财富，这导致了人均 GDP 会随着城市规模的增大而增加。例如，北京市的人口是三亚市人口的约 30 倍，而 GDP 是三亚的约 53 倍[②]。究其原因可能是大城市比小城市能够吸引更多才华横溢、产出丰富的人，以及人们在大城市中有更大的空间施展才华。城市的经济产出、财富创造等宏观变量也与城市规模之间呈现超线性规模法则，即式(8.3)，其中变量 Y 可以表示 GDP、总收入等，幂指数 β 基本在 1.15 左右。

2. 社会熵

然而，城市不止繁荣这一面。事实上，城市这个大熔炉会产生大量的犯罪、传染病、交通拥堵、环境污染等严重问题。数据表明，这些负面因素也与城市规模呈现超线性关系。人们发现城市的犯罪数量、艾滋病病例数、二氧化碳排放量等指标也符合式(8.3)，而且幂指数非常接近 1.15。这意味着，当我们欣然接受大城市的规模效应带来的科技创新和财富创造的时候，也要忍受同样快速增长的犯罪、疾病传播、环境污染等负面因素。似乎风险与机遇总是相伴而生的。

每当我们走进富丽堂皇的酒店，吃着色香味俱全的美食，住进装潢奢华的房间，请不要忘记堆积如山的垃圾、贫民窟（如图 7.9 和图 7.10 所示）和辛勤工作的人们。正如热力学第二定律所描述的，所有的井然有序、光鲜亮丽都与无序和衰败的产生密

[①] 具体数据参见中华人民共和国中央人民政府网站以及维基百科。

[②] 北京市人口总量 2170 万人，GDP 总量 28 000 亿元；三亚市人口总量 76 万人，GDP 总量 529 亿元。数据来源：中商情报网。

不可分，正如空调以排放更多废热为代价来使房间温度下降。

图 7.9　城市边沿的垃圾场（图片来自 pixabay）

图 7.10　贫民窟（图片来自 pixabay）

同理，技术的创新也离不开能量消耗和熵的产生。当你坐在暖烘烘的咖啡馆中，与投资人谈论着你的创业理想时，请不要忘记这个房间正在排放热量；当你去外地参加会议交流学术思想的时候，也不要忘记你所乘坐的飞机消耗了大量燃油。由于人类的每一项活动都伴随着能量消耗，而被消耗的能量最终会以废热的形式排放到环境之中，所以熵的产生不可避免。熵就是城市中一切无序、衰败的罪魁祸首。然而，对于城市这样的超大规模复杂系统，熵的精确定量计算是不可能的，我们只能以犯罪率、感染数等指标来近似。我们将这些负面因素统称为"社会熵"。

7.1.5 规模法则

我们已经看到，这些城市因素的总量都与城市规模呈现规模法则。为清晰起见，我们重新梳理所有规模法则并将它们分类，如表 7.1[①]所示。我们发现，城市的规模法则具有相当的普适性。无论是发展中国家（如中国、巴西），还是发达国家（如美国、日本、德国），无论是什么时间，规模法则都存在。根据幂指数的不同，我们可以将变量 Y 分成三大组。第一组中的变量包括城市用地面积、道路面积、加油站数量、汽油销量、电线总长度等，它们与城市规模呈现幂指数小于 1 的亚线性关系；第二组变量包括总住宅数、总就业数、家庭电力和水的消耗，这些变量与人们的生活起居密切相关，它们与城市规模呈现近似线性关系；第三组变量包括 GDP、科技创新相关项、总工资、总收入，以及犯罪、新增艾滋病病例等"社会熵"变量，它们都与城市规模呈现幂指数大于 1 的超线性关系。

表 7.1 各个变量规模法则的幂指数

变量 Y	指数 γ	γ 的波动范围	拟合优度 R^2	城市数目	国家/年份
城市用地面积	0.63	[0.62,0.64]		329	美国 1980~2000
道路长度	0.67	[0.55,0.78]		12	日本 2005
道路面积	0.85	[0.81,0.89]		451	美国 2006
道路面积	0.83	[0.74,0.92]	0.87	29	德国 2002
加油站数量	0.77	[0.74,0.81]	0.93	318	美国 2001
汽油销量	0.79	[0.73,0.80]	0.94	318	美国 2001
电线总长度	0.87	[0.82,0.92]	0.75	380	德国 2002
总住宅数	1.00	[0.99,1.01]	0.99	316	美国 1990
总就业数	1.01	[0.99,1.02]	0.98	331	美国 2001

① 该表的主要数据来源于：Bettencourt L M A, Lobo J, Helbing D, et al. Growth, innovation, scaling, and the pace of life in cities. Proceedings of the national academy of sciences, 2007, 104(17): 7301-7306.

（续）

变量 Y	指数 γ	γ 的波动范围	拟合优度 R^2	城市数目	国家/年份
家庭电力消耗	1.00	[0.94,1.06]	0.88	377	德国 2002
家庭电力消耗	1.05	[0.89,1.22]	0.91	295	中国 2002
家庭水消耗	1.01	[0.89,1.11]	0.96	295	中国 2002
新申请专利数	1.27	[1.25,1.29]	0.72	331	美国 2001
发明家数量	1.25	[1.22,1.27]	0.76	331	美国 2001
企业研发就业人口	1.34	[1.29,1.39]	0.92	266	美国 2002
"高创新性"就业人口	1.15	[1.11,1.18]	0.89	287	美国 2003
研发机构数量	1.19	[1.14,1.22]	0.77	287	美国 1997
研发就业人口	1.26	[1.18,1.43]	0.93	295	中国 2002
总工资	1.12	[1.09,1.13]	0.96	361	美国 2002
总收入	1.12	[1.07,1.17]		12	日本 2005
总银行存款	1.08	[1.03,1.11]	0.91	267	美国 1996
GDP	1.15	[1.06,1.23]	0.96	295	中国 2002
GDP	1.26	[1.09,1.46]	0.64	196	欧盟 1999~2003
GDP	1.13	[1.03,1.23]	0.94	37	德国 2003
总电力消耗	1.07	[1.03,1.11]	0.88	392	德国 2002
新增艾滋病病例	1.23	[1.18,1.29]	0.76	93	美国 2002~2003
严重犯罪	1.16	[1.11, 1.18]	0.89	287	美国 2003
暴力犯罪	1.20	[1.15,1.25]		27; 5570	巴西 2003~2007
暴力犯罪	1.20	[1.07,1.33]		12	日本 2008

根据这些规模法则，可以得到这样的结论：随着城市规模扩大，聚集其中的人们不仅能够创造更多的财富和发明（体现为人均产出、科技创新以及收入、工资的增加），同时还可以享受更低的资源消耗（体现为人均加油站数量、电线长度、道路面积等的减少——规模经济的特性）。但不好的一面是遇到犯罪、传染病的可能性都会随之增加。

然而，城市并不是基础设施、生活起居、社会交互的简单线性拼合，而是集地理、人口、基础设施网络、社会经济活动等因素于一体的复杂系统。那么，这些不同要素是通过何种方式联系到一起的呢？它们有没有什么固定的规律？我们需要一套定量的、符合实际数据、可以综合考虑不同元素的理论。

7.2　城市模型

一系列规模法则向我们定量地揭示了城市在规模扩大过程中的整体表现，然而我们需要更多细节。例如，我们能否从城市的微观结构入手，考察基础设施网络、社会交互等要素在空间中如何分布？更进一步，我们能否预测城市未来的发展？我们需要知道这一切实证规律背后的原因，我们要理解城市空间集聚、时空演化的基本机制，从而更透彻地理解城市的功能。这一切都是希望让我们的城市科学研究更进一步。为什么规模法则适用于各种城市？为什么不同的变量体现了不同幂指数的规模法则？这些规模法则是否存在内在规律？由规模法则出发，我们能否进一步了解城市生长与各种要素空间分布的规律？

7.2.1　贝当古模型

从 2005 年左右开始，圣塔菲研究所的韦斯特就琢磨将自己在生物学领域的研究成果——普适的规模法则，拓展到城市系统中。于是，韦斯特开始与当时还在洛斯阿拉莫斯国家实验室（Los Alamos National Laboratory）工作的年轻物理学家贝当古展开合作。路易斯·贝当古在葡萄牙出生并接受教育，但是说着一口非常流利的英式英语。他在英国伦敦帝国理工大学攻读博士学位期间，主要研究宇宙早期的演化，后又在海德堡大学、洛斯阿拉莫斯国家实验室和麻省理工学院从事博士后工作，但基本上属于理论物理学的范畴。他的座右铭是"为什么我们不用数据来验证？"贝当古的研究方向转变发生在 2003 年，当时他参加在圣塔菲研究所举办的一个关于"模型"方法的讲习班。这次会议的领头人就是杰弗里·韦斯特，他演讲的主题正是生物学中的克莱伯定律。在这次会议中，韦斯特提出同样的原则可能在城市研究中起作用。这引起了贝当古极大的兴趣，于是他加入了韦斯特的城市研究项目。

他们采用了"第谷-开普勒"的研究范式：从实证数据出发，尝试总结出一定规律，然后再建立模型和理论。2007 年，贝当古率先在《美国科学院院刊》上发表论文，系统总结了各种变量的规模法则。紧接着，贝当古深入挖掘城市规模法则背后的机制，希望成为城市科学中牛顿式的人物，并开始埋头思考如何对城市建模。终于，2013 年，他的一篇题为《论城市规模法则的起源》（The Origins of Scaling in Cities）的论文发表在著名科技期刊《科学》上，为规模法则的起源提供了系统化的解释框架，并构建了模型。下面我们将介绍贝当古的模型。

1. 贝当古模型框架

贝当古模型的整体思路是，城市基础设施的建设都应该以满足人们交互的需求为主要目的。因此，城市的各种规模法则的本质是，城市中人们由于社会交互而创造的产出应该与人们花费在交通运输上的成本相平衡。

更具体地说，首先，贝当古提出了一个宏观的城市模型框架，在这一框架下，我们只根据产出与成本之间平衡的基本要求就能够推导出各种宏观的规模法则。然后，贝当古又给出了一个层级化的道路网络模型，将宏观框架实例化。最后，贝当古根据收益与成本的平衡，讨论了城市运行效率最大化的问题，并对美国各大城市的运行效率进行了评估，为城市规划提供了有价值的参考信息。接下来，我们将分别论述这三部分。首先，贝当古指出，在各种变量中只有 4 个是最重要的，分别是面积、人口、道路和总产出（即 GDP），因为面积是城市的存在基础，人口是城市的基本构成单元，道路构成了城市的骨架，而总产出是对各种社会经济活动价值的度量。很多重要的基础设施变量与城市道路密切相关。很多重要的宏观变量，包括新申请专利数、总工资、疾病感染人数、犯罪活动数等与总产出高度相关。所以，我们仅需要考虑这 4 个变量就可以了。

其次，贝当古将不同的约束条件以及相应的规模法则总结为如下几条基本假设。

假设 1：人口混合（mixing population）假说。该假说认为：城市中的每个人都可以到达城市的任意角落，人和人之间能够充分交互。

我们考虑这样一个场景：城市仿佛是一片操场，人们随机在操场上行走，偶尔相遇从而完成交互。事实上，因为人与人的交互都是局域性的，而根据人口混合假说，每一个人都要尽可能地跟城市中的其余所有人完成交互，所以唯一的办法就是走来走云。于是，这群人就仿佛是一团气体分子，如图 7.11 所示。

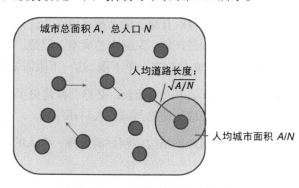

图 7.11 贝当古模型示意图

那么，对于个人来说，单位时间内能接触多少人呢？这显然与操场上的人群密度有关。人群密度越大，单位时间内发生的接触，也就是人与人之间的交互就越多。设操场的面积为 A，总人口为 N，则每个人在单位时间内完成的交互次数正比于 N/A。

进一步，这些交互可以转化为经济的或社会的产出，包括财富创造和科技创新。假设每一次交互创造的产出是 $G_0$①，那么单位时间内每个人通过与他人交互创造的产出就等于 G_0N/A。

另外，人们的移动需要成本，移动的距离越长，成本越高。在大城市中，若想完成交互，人们不得不移动更长的距离。一般来说，人们平均移动的距离与城市的线性尺度成正比。所以，单位时间内每个人花费在移动上的成本正比于城市面积的开方，也就是成本等于 $\epsilon A^{1/2}$，其中 ϵ 是人们移动单位距离的成本。

一方面是产出，一方面是成本，产出至少要大于等于成本。于是，我们得到收支平衡条件 $G_0N/A = \epsilon A^{1/2}$，由此可以推导出第一个规模法则：

$$A \propto N^{\eta} = N^{2/3} \tag{7.4}$$

其中，指数 η 为 2/3。我们可以根据这个平衡条件得到总产出与城市规模之间的关系，即 $Y \propto N^{4/3}$。但需要注意的是，上述平衡条件只是维持城市存在的基本条件，实际的总产出要大于这个数值。因此与 $N^{4/3}$ 成正比的仅仅是维持城市存在的最小总产出。

根据上述讨论，我们发现若想提高城市运行的效率，要么增加人均产出（GN/A），要么减少人均交通成本（$\epsilon A^{1/2}$）。这两个因素都与城市面积 A 有关。所以，只要让城市面积 A 减小，就可以同时增加总产出和减少总成本。

如何减小城市面积 A 呢？当然，可以直接缩小城市的空间范围，但这样做会导致人与人的间隔变小，违背了每个人都向往的独立性。另一种途径是开展城市建设，形成新的人际交互界面——道路，使得所有交互活动都在道路上进行。道路总面积显然比城市面积小，这样便可以既增加总产出，又减少总成本。但是，道路网络相对城市面积的缩小并不能无限进行下去，必然存在一个下限。这一下限需要新的假说来给定。

假设 2：网络增长假说。随着城市人口增长，必然会修建更多道路以使每个人都方便出行，因此城市中的道路网络应该始终与城市人口相匹配。

网络增长假说认为，最小的道路网络应该刚好满足每一个人的需要，不多不少。

---

① 其中 G_0 为比例系数，根据量纲，它应该等于人均产出与人均城市面积的乘积 $G_0 = \dfrac{Y}{N} \cdot \dfrac{A}{N}$。

我们知道，城市中的人必须通过道路出行。因此，城市道路需要触达每一个人。

根据这一假说，我们便可以对道路面积进行计算。首先，在人口随机分布的城市中，每个人所占据的城市面积是 A/N（如图 7.11 所示）。面积等于距离的平方，那么，每个人到与之最近邻居的平均距离就是 $(A/N)^{1/2}$，这个距离就是人均道路长度。进一步，因为城市中道路的宽度基本可以看作一个常数，所以人均道路面积（或容量）也正是道路宽度乘以 $(A/N)^{1/2}$。于是，城市道路总面积记为 A_n，与 $N^{1/2}A^{1/2}$ 成正比。

根据这个假设，整个道路网络构成了城市中人与人交互的新界面，人们只能通过这个界面才能完成交互。于是，假设 1 关于人口和城市面积的推理也适用于道路网络这个新界面，只不过，城市面积替换成了道路总面积 A_n，于是我们得到人均产出为：GN/A_n，这里 G 就是平均每一次在道路网络上发生的社会交互所能创造的产出[①]。人均交通成本就是 $\epsilon A_n^{1/2}$。二者应该相互匹配，因此能推导出：

$$A_n \propto N^{\alpha} = N^{5/6} \tag{7.5}$$

也就是说，道路总面积（容量）与城市总人口呈现幂指数 $\alpha = 5/6$ 的规模法则。与表 7.1 对照不难发现，这个幂指数与实证数据相符。

假设 3：受限的人类社会能力。每个人在每一次社会交互中所能贡献的产出，我们称其为社会能力（effort），这种能力不随城市规模增大而变化。

这里的社会能力上限特指每一次交互所创造的产出 G，即人均产出与人均道路面积的乘积，它不随城市规模而变，也就是说：

$$g \cdot a = G \propto N^0 \tag{7.6}$$

其中，$g = Y/N$ 为人均产出，$a = A_n/N$ 为人均道路面积，二者的乘积为常数 G，我们将其称为人类的社会能力上限，它取决于当时人类社会的科技水平和生产力水平。也就是说，一个城市若想提高人均产出，那么人均道路面积就必须减小；如果要想让每个人拥有更大的土地，那么人均产出就会相应减少，二者不可兼得。当然，如果科技水平提高了，每个人的平均能力会提高，这一限制也会放松。

与上一章中关于多样性的讨论进行对比，不难发现，式(7.6)与式(6.8)类似，只不过我们将人均多样性换成了人均道路面积。上一章指出，由于人类的认知能力有限，因此不得不在更多的社会关系链接和更高的多样性之间权衡取舍。同理，在这个假设

---

① 这里的 $G = \dfrac{Y}{N} \cdot \dfrac{A_n}{N}$。

中，我们认为人类的社会能力有限，因此不得不在更多的社会产出和更广阔的城市空间之间权衡取舍。

从匹配生长模型的角度来说，这条假设非常容易理解。在上一章中，我们将人均多样性定义为匹配生长空间中平均每个节点所占据的体积，即 V/N，我们只需要将网络生长的空间与城市之中的道路网络进行替换，这条假设就与上一章的结论没有区别了。

假设 4：城市总产出正比于局部社会交互的加总。

这一点不难理解，我们只需要将每个人的社会交互转化为产出，并将所有人的产出加总，就可以得到整个城市的总产出，即 GDP，记为 Y。由于人均产出为 GN/A_n，因此 $Y = NGN/A_n = GN^2/A_n$。根据假设 2，我们知道 $A_n \propto N^{5/6}$；根据假设 3，G 是一个不随规模而变的常量，于是我们得到：

$$Y = Y_0 N^\beta = Y_0 N^{7/6} \tag{7.7}$$

这里，Y_0 是规模法则的常数，可以理解为最小城市，即只有一个人的城市所能创造的产出，它与人均社会能力上限 G 和人均交通成本 ε 有关。至此，我们得到了最重要的三个变量——城市面积、道路面积、GDP 与城市总人口 N 之间的规模法则，即式(7.4)、式(7.5)和式(7.7)。

有趣的是，我们发现式(7.5)和式(7.7)的幂指数分别为 $\alpha = 5/6$ 和 $\beta = 7/6$，加起来刚好为 2。这与上一章中多样性与链接度之间的关系一致。这再一次表明，道路总面积相当于匹配生长模型中的多样性空间。后文将进一步讨论匹配生长模型在城市建模中的应用。

总的来看，该模型最核心的思想就是总产出要与交通成本相平衡。另外，在计算产出和成本的时候，我们需要采用道路面积，而非普通的空间面积。这就相当于，道路构成了城市的界面，人们只能在道路上完成交互。而道路面积又依赖人口，城市要用尽可能短的道路总长度将所有人联通。于是，这些变量就都相互关联起来了，从而得到了各种规模法则。

2. 层级化道路网络模型

在上面的讨论中，贝当古仅仅给出了一种解释城市规模法则起源的基本要求和大致推导过程，并没有讨论任何具体机制，包括城市发展成什么样子，道路网络如何生长等。因此，在《论城市规模法则的起源》这篇文章中，贝当古补充了一个具体的城市模型。该模型的核心是一个层级化的道路网络，如图 7.12 所示。

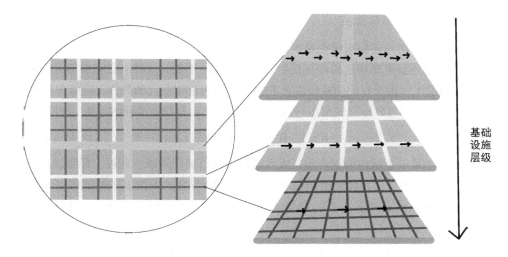

图 7.12　路易斯·贝当古的层级化道路网络模型

与第 3 章介绍的 WBE 模型类似，路易斯·贝当古假设城市的道路网络也是一个层级化的分形网络，越低层的分支路面越窄。根据这个网络，贝当古再次推导出道路总面积（容量）与城市 GDP 的规模法则，即式(7.4)和式(7.5)。除此之外，他还推导出了另外两个规模法则。

一个是城市平均房价的规模法则，即：

$$P \propto Y/A = N^{\beta-\alpha} = N^{1/2} \tag{7.8}$$

也就是说，随着城市规模变大，平均房价也会缓慢升高，这个规模法则的幂指数为 0.5。这一点也得到了美国各大城市实证数据的支持。

另一个规模法则是关于城市中由于交通输运而产生的能量消耗的，即：

$$W = W_0 N^{\beta} = W_0 N^{7/6} \tag{7.9}$$

也就是说，城市总的交通输运所产生的单位时间内的能量消耗与城市规模相关，并且其幂指数与产出的幂指数相等，都是 7/6。这里，W_0 为能量消耗规模法则的系数，可以理解为最小城市，即只有一个人的城市所消耗的能量。这一能量消耗规模法则至关重要，因为它大体上可以解释城市中的各类负面因素，包括环境污染、犯罪、疾病传播等的规模法则。不难理解，能量的耗散对应熵的产生，而熵的产生会导致事物的衰败、老化，累积到一定程度就会导致城市中的环境污染、犯罪发生和疾病传播。

关于这个层级化道路网络模型的更多推导细节，请参考附录 C。

3. 城市运行效率与诊断

进一步，贝当古还根据这些基本的推论讨论了城市的运行效率问题。注意，城市总产出与总的能量消耗满足相同幂指数的规模法则。然而，这并不意味着两者一定严格相等，事实上，由于它们的规模法则系数 Y_0、W_0 可能取不同的数值，所以 Y 与 W 也可能不相等。我们可以定义城市运行效率 E 等于总产出与能量消耗的差额，即净产出：

$$E = Y - W = (Y_0 - W_0)N^{\beta} \tag{7.10}$$

显然，如果一个城市增加产出，或者通过优化道路网络减少能耗，都能提高城市运行的效率。由于产出和能耗遵循相同幂指数的规模法则，因此 E 主要依赖 Y_0 和 W_0。根据网络模型，我们知道 Y_0、W_0 都是 G 的函数。因此，可以考虑调整 G 来优化城市的净产出。

贝当古计算出能够让城市净产出达到最大的最优 G 值，记为 G^*，并对美国各大城市的 G 与 G^* 进行了对比。他发现加州的河滨市、德州的布朗斯维尔市效率相对低下，它们的 G 值远低于 G^*。对此，贝当古建议，城市规划者可以考虑提高人口的流动性或者人口密度。另一个极端是康涅狄格州的布里奇波特市，它的 G 远高于 G^*。这样的城市的经济功能和基础设施充分发展，然而由于交通成本过高，经济产出方面的优势没有充分发挥出来。

总的来看，贝当古基于城市产出与交通成本的相互平衡给出了一个对城市建模的基本框架，在这一框架下我们可以推导出各种变量的规模法则。层级化道路网络模型是在这一框架下构建的一个具体模型，我们可以精确计算出它在各个等级的道路长度、道路面积、车流量、能耗等指标。更多详情可参考原论文[①]。

然而，贝当古的模型也存在不少问题。首先，该模型的假设过多，同时推理过程中存在一定的重叠性。例如最后一条假设认为总产出正比于总交互，然而在给出该假设之前就已经使用了该假设。另外，层级化道路网络模型是一个均匀分叉的树状网络，它过于理想化、规则化。有些假设也过于生硬，例如各个层级的路面宽度与人口呈现规模法则等。更重要的是，贝当古的模型只能得出城市的各个宏观总量，无法对各个要素的空间分布建模。因此，我们还需要寻找更好的模型。

7.2.2 城市的匹配生长模型

2008 年，我读到了路易斯·贝当古等人发表在《美国科学院院刊》上的文章，萌

---

① Bettencourt L M A. The origins of scaling in cities. Science, 2013, 340(6139): 1438-1441.

生了构造城市模型，解释规模法则起源的想法。大概在 2012 年，我提出了最初的匹配生长模型，研究工作才算有了突破，感觉匹配生长模型可以解释城市规模法则现象。于是，我远赴美国圣塔菲研究所，和韦斯特与贝当古等人当面交流。

他们当时给我的反馈是，这个模型对于分析互联网社区尚有一定的说服力，但是对于城市建模则显得非常薄弱。与此同时，贝当古告诉我他的城市模型已经完成了，并准备投稿《科学》期刊。几个月后，我看到了那篇文章并深受启发。于是，我开始着手改造匹配生长模型。由于其简洁性，新模型很快适用于城市建模工作。我发现，新的匹配生长模型不仅可以复现所有规模法则，而且还能给出各个要素的空间分布情况。从一定程度上说，它可以超越贝当古的模型。

我很快完成了一篇手稿，但没有急于发表。我希望这些关于城市要素空间分布的规模法则能够得到更多实证数据的支持。然而，我不知道哪里可以获得这些数据。说来也巧，正在此时，清华大学建筑学院的博士生董磊找到我，说希望合作开展一些有关城市方面的研究，他擅长城市数据的获取和分析。为了匹配数据，模型还要做一定扩展。于是，我们招纳了新的成员，即北师大系统学院的博士生李睿琪，他不仅对城市建模非常感兴趣，而且擅长计算机模拟。于是我们三个人一拍即合，李睿琪负责改进模型，董磊负责数据分析。终于，2015 年中，我们完成了初稿，并投稿给包括《自然·通讯》（*Nature Communications*）在内的一系列刊物，然而却一再惨遭拒稿。原因一方面是我们在语言上的障碍——毕竟是在英文顶刊上发表论文，另一方面则是这些刊物对中国学者一定程度上的轻视和不友好。因此，李睿琪借着访学机会，专门找到了当时著名的经济物理学创立者、美国科学院院士——吉恩·史丹利（Gene Stanley）以及以色列物理学家哈尔文·什洛姆（Halvin Shlomo）寻求合作，帮助修改、润色文章。两年后，我们第二次投稿《自然·通讯》。有了两位国外学者及几位北师大教授和同学的支持，文章很快就通过评审并发表了。这就是城市的匹配生长模型所经历的幕后故事。

1. 基本模型

接下来详述如何扩展上一章介绍的匹配生长模型来对城市中的规模法则建模。建模的基本思路是在一个二维平面运行匹配生长模型，生成一个个节点，并且新节点只有与已有节点足够靠近才能存活。我们将匹配生长模型中的节点看作城市中活跃人口组成的社区，这样相邻匹配的规则就显得非常自然：一个新的社区不可能完全孤立地发展起来，而需要与已存在的社区相邻。于是，我们得到了活跃人口的空间分布。根据这一分布，我们又提出了两个新假设，分别给出了局部的道路密度、社会交互密度与活跃人口密度之间的关系，于是便可以得到道路网络、社会交互的空间分布。将这些变量累加起来就可以计算出整个城市的道路面积（容量）、GDP 等相应总量。我们的模型不仅可以复现所有规模法则，还能给出相应要素的空间分布。

模型基于如下三条假设。

假设 1：匹配生长。我们假设活跃人口社区（以匹配生长模型中的节点表示）一个一个地加入一个无穷大的二维平面中，并且只有当新节点落入一个老节点的半径为 r_0 的区域内时，新节点才能存活（参见上一章）。于是，我们能够得到和上一章完全一致的节点分布。

注意，这里的"活跃人口"（active population）是我们新提出来的一个概念，它是指固定地点流动的平均人口。也就是说，我们的模型中的人口与通常的人口并不相同，他们不会主动移动，而是通过统计某一个固定地点的人口得到的。对于某一城市地点来说，有的人可能刚刚到达，有的人又离开了，那么此地的平均人口就是其活跃人口。在实际数据中，我们用工作人口和居住人口按照工作和休息时长的比例进行混合得到的人口数值来替代活跃人口。事实证明，活跃人口的引入不仅使我们的模型具有了更清晰的含义，而且提升了预测精度。

假设 2：道路生长。我们假设道路的生长完全取决于活跃人口，它们围绕人口节点形成了维洛诺伊多边形（Voronoi polygon，如图 7.13 所示）[1]。

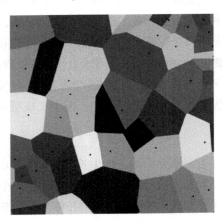

图 7.13　维洛诺伊多边形，黑色的点为居住点，连边为街道，多边形为一个个街区

---

① 维洛诺伊多边形的一条边刚好构成了某两个点的中垂线，这是一种广泛应用于现实生活中的重要概念。如果将收发手机信号的基站看作节点，则每个基站的信号覆盖区域就刚好是一个维洛诺伊多边形。

在维洛诺伊多边形的镶嵌铺垫中，设一小块包含多个多边形的平面区域内的道路总长度（容量）为 l，总活跃人口为 ρ，那么，l 与 ρ 之间必然满足如下关系：

$$l \propto \rho^{1/2} \tag{7.11}$$

这里的 l 就是局部道路密度（定义为多边形内的平均道路容量），ρ 就是局部活跃人口密度（定义为多边形内的平均活跃人口），这二者之间也满足一个局部的规模法则，幂指数为 1/2。

事实上，式(7.11)并不局限于维洛诺伊多边形的形成。即使没有这种多边形，而仅有一些依赖人口密度的道路，我们仍然可以通过基本的量纲分析得到该式：由于人口均匀分布在这一小块平面上，因此人口必然正比于面积，而道路长度是面积的 1/2 次幂，于是道路长度是人口的 1/2 次幂。这一关系非常普遍，它不仅适用于维洛诺伊多边形，而且适用于其他道路网络模型以及实际的路网系统。这一结论也与贝当古模型中的假设 2，即网络增长假说一致。

假设 3：所有的社会交互都发生在道路上，因此局部社会交互密度正比于局部道路密度乘以局部活跃人口密度。

受到贝当古模型的启发，我们假设人与人之间的交互是在道路上进行的。这就相当于，城市道路是人们之间交互的界面，所以道路越长、人越多，交互就会越多。我们设某一小块平面区域内的社会交互为 g，该假设认为：

$$g \propto \rho l \propto \rho^{3/2} \tag{7.12}$$

就这样，我们将复杂的城市建模问题简化成了三条基本假设。假设 1 规定了模型中的人口是如何增长的，并决定了活跃人口分布。假设 2 和假设 3 规定了局部的道路密度与社会交互密度如何依赖局部活跃人口密度。这种依赖也是以规模法则的方式呈现的，只不过是微观局域空间中的规模法则，即局部道路密度正比于局部活跃人口密度的 1/2 次幂；局部社会交互密度正比于局部活跃人口密度的 3/2 次幂。事实上，这两条基本假设得到了多组实证数据的验证，例如道路、企业和夜光分布数据。

值得指出的是，在上一章的模型中，我们假设同在一个半径为 r_0 的圆内的节点彼此相连，但是在本模型中，我们认为局部社会交互密度与局部道路密度和局部活跃人口密度的乘积相关。也就是说，交互只能发生在道路上足够接近的两个节点之间。

按照这三条假设，我们便可以模拟城市生长。如果模型运行时间足够长，最终模拟的城市将是一个各向同性的大圆。在大圆中有三种要素分布：活跃人口、道路网络，

以及社会交互（如图 7.14 所示）。将大圆中的这些要素进行积分，就得到了总人口、
道路网络总容量[①]、GDP 等城市级别的宏观量，从而得到一系列规模法则，幂指数如
表 7.2 所示。理论得到的幂指数与实际的幂指数范围非常相近。更有意思的是，我们
的模型没有自由参数。其中最后一项平均土地价格可以通过城市 GDP 总量除以城市
总面积进行计算，因而能够得到一个幂指数为 1/2 的规模法则，这也与我们观察到的
实际数据相符。

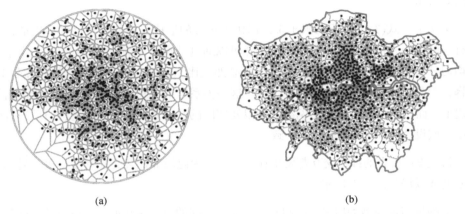

(a)   (b)

图 7.14   (a)模拟生成的活跃人口分布以及维洛诺伊多边形；(b)伦敦实际的人口分布图[②]

表 7.2   城市规模法则幂指数

变 量	理 论 值	实际值范围
道路总长度	5/6	[0.74,0.92]
GDP	7/6	[1.01,1.33]
城市面积	2/3	[0.56,1.04]
平均土地价格	1/2	[0.46,0.52]

---

① 值得指出的是，在模型中我们用道路网络的总长度来代替前文的道路的总面积（总容量）。这种替换
具有一定的合理性，究其原因是多条细小道路长度的加总可以替代一条宽阔道路的面积。当我们的
模型在人口密集的区域生成道路网络的时候，细小道路的汇总会远远大于实际计算的道路长度而趋
近道路面积。

② 图片来源：Li R, Dong L, Zhang J, et al. Simple spatial scaling rules behind complex cities[J]. Nature
communications, 2017, 8(1): 1-7.

除此之外，我们的模型还可以给出活跃人口的空间分布特征，即活跃人口密度会随着到城市中心的距离增加而线性衰减[①]。据此我们还可以推断出，道路密度和社会交互密度也会随着到城市中心的距离增加而衰减。

回顾整个模型，我们发现能够得到规模法则的最重要因素就是式(7.11)和式(7.12)，它们给出了局部空间中道路密度、社会交互密度与活跃人口密度之间的规模法则。这两个微观规模法则才是导致宏观规模法则的本质原因。其中，道路密度与活跃人口密度之间的 1/2 次幂关系实际上来源于道路为一维的线，而活跃人口分布在二维平面上，所以为了达到维度匹配，也就有了 1/2 次幂。社会交互密度与活跃人口密度之间的 3/2 次幂来源于社会交互密度是道路密度和活跃人口密度的乘积这一假设。该假设背后的基本思想是道路构成了人们交互的界面。

2. 空间吸引模型

到目前为止，我们接触到的城市模型都仅仅关心宏观变量，并不能反映各种要素在空间中的分布情况。再次观察图 7.3，不难发现，城市的道路分布是中心密集、外围稀疏的。所以，城市并不是均匀、扁平的，而是包含了一定的内部结构。了解这种更为细节的空间分布信息有助于解决诸如交通拥堵、突发性事件、疾病传播等城市问题。

值得庆幸的是，匹配生长模型可以预测不同要素的空间分布情况。我们能够直接解出各要素局部密度关于位置坐标的表达式。然而，我们发现模型生成的分布与实际分布相差较远。一个更重要的问题是，在实际情况中，同一个要素在不同城市中的分布模式不同。比如，研究发现，北京市的道路分布比伦敦更加扁平化：城市中心的道路密度与城市外围的道路密度之间的差异相比伦敦小很多。而我们的模型只能生成相同的分布模式。所以，我们必须改进匹配生长模型，让它更符合实际情况。

我们发现，只要在原始的匹配生长模型中附加一条非常简单的新规则——空间吸引规则，就能够得到很好的结果。

在原始的匹配生长模型中，我们假设每个新节点产生的时候，它的坐标在整个平面区域内完全随机取值。也就是说，任何一个空间点都有可能随机产生一个新节点。但是，现实情况是新来的人口并不是完全随机、无目的地选择居住地点的，他们可能会优先选择人口密度较大的区域居住或工作，因为那里机会更多。但人口密集区域往

[①] 表达式为 $\rho(r) \propto R_t - r$，其中，R_t 为 t 时刻城市的半径，即最远的存活节点离种子节点的距离，r 为任意节点到城市中心的距离，$\rho(r)$ 为距离城市中心 r 处的活跃人口密度。

往更拥挤、租金更高，这可能导致新来者选择远离这些区域，转而探索新的生存空间。

于是，在改进的模型中，我们假设新来的人口选择某一区域的概率正比于该处的局部活跃人口密度加上一个系数 C[①]。这里，C 不妨理解为新来者是否更愿意"离群索居"的倾向，我们称其为孤立系数。因此，C 越大，新来者就会越倾向于远离人群，于是城市中的人口分布会更加扁平化；C 越小，人口会越倾向于扎堆。

根据模型，人口分布向城市中心集中还是分散也可以被一个幂律所刻画[②]：

$$\rho(r) \propto r^{-\gamma} \tag{7.13}$$

$\rho(r)$ 表示距离城市中心 r 处的活跃人口密度，它随距离 r 的增大而衰减，衰减的速度由 γ 决定。γ 显然依赖孤立系数 C 的值，C 越大则 γ 越小（如图 7.15 所示），活跃人口越集中在城市中心。

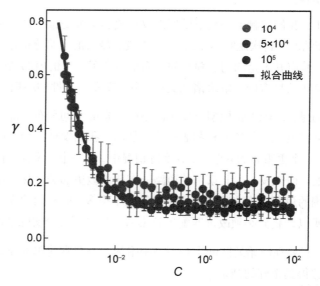

图 7.15　孤立系数 C 与描述活跃人口密度从城市中心向外围不断衰减的
　　　　幂指数 γ 之间的关系[③]（另见彩插）

---

① 数学表达式为：$\Pi(x, y) \propto \rho(x, y) + C$。

② 严格的数学表达式为：$\rho(r) \propto r^{-\gamma}(R_t^{1+\gamma} - r^{1+\gamma})$，其中 R_t 表示城市在 t 时刻的半径。

③ 图片来源：Li R, Dong L, Zhang J, et al. Simple spatial scaling rules behind complex cities[J]. Nature communications, 2017, 8(1): 1-7.

考虑两种极端情况：当孤立系数为 0，即 $C = 0$ 时，新来者选择的位置仅仅依赖人口密度，那么最后所有新节点会集中于种子节点所在位置，其他区域是空白的，此时的 γ 会趋于无穷大；当 C 非常大时，此时对应的 γ 就会趋近于 0，人口密度不会对新来者的位置选择造成影响，所有位置被选中的可能性都是相等的，于是退回到了基本的匹配生长模型。

我们发现，式(7.13)可以与实际城市的活跃人口分布很好地吻合。我们用伦敦和北京的人口分布数据进行了验证（如图 7.16 所示），虽然分布模式相同，但得到了不同的 γ 拟合数值，其中伦敦的数值是 0.3，北京的是 0.09。γ 相当于一座城市的"指纹"，它刻画了对数坐标系中人口密度下降曲线的倾斜程度，γ 越大，曲线越倾斜，也就是说城市中心的人口密度要高于非中心区域；反之则意味着城市中心与非中心区域的人口密度相差不大。一般情况下，如果一座城市有多个中心，那么它的 γ 就会偏小，因为其他中心可以帮助最大的中心分担人口。对比北京和伦敦不难发现，北京更为多中心化，活跃人口较均匀地分布在城市的各个区域。

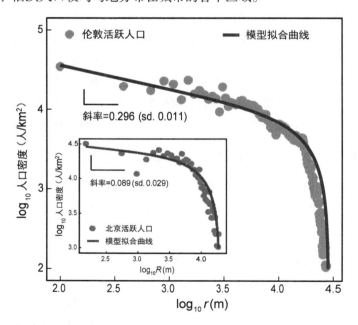

图 7.16 伦敦市和北京市（小图）的活跃人口分布情况[1]。分布曲线可以用式(7.13)拟合

---

[1] 图片来源：Li R, Dong L, Zhang J, et al. Simple spatial scaling rules behind complex cities[J]. Nature communications, 2017, 8(1): 1-7.

根据之前的讨论，我们知道，活跃人口的分布实际上也决定了其他要素的空间分布。因此，根据道路密度、社会交互密度与活跃人口密度之间的关系（式(7.11)、式(7.12)），我们可以推导出两个类似的幂律函数：

$$l(r) \propto r^{-\gamma/2} \tag{7.14}$$

$$g(r) \propto r^{-3\gamma/2} \tag{7.15}$$

这里，$l(r)$ 和 $g(r)$ 分别表示离城市中心 r 处的道路密度和社会交互密度，它们都随 r 的增大而衰减，衰减速度分别由 1/2 倍和 3/2 倍的 γ 决定。也就是说，总体来看，无论是道路密度还是社会交互密度，都会随着 r 的增大而衰减，呈现中心密集、外围稀疏的形式。这里的幂指数 $-\gamma/2$ 和 $-3\gamma/2$，同 γ 一样分别刻画了道路密度和社会交互密度随到城市中心距离增加的衰减程度。但是，这三种要素密度沿着城市半径的衰减速度完全不同，这体现为它们的幂指数不同，道路密度衰减得最慢，而社会交互密度衰减得最快。那么，真实的城市是这样的吗？

我们将理论推演的结果与伦敦和北京两个城市的实证数据进行了对比[①]。对于某个位置的社会交互密度，我们是用卫星测得的城市该点的夜光亮度来近似替代的。目前，这种夜光数据的精度已经达到了千米级别，并且有文献已经证明，城市的夜光总亮度与城市 GDP 正相关。计算结果表明，无论是道路还是夜光，其分布都随着到城市中心距离的增加呈现幂律衰减。而且，幂指数也基本与理论预测值相符。例如，伦敦的活跃人口分布指数为 0.3，可以反推出 $\gamma = 0.3$，于是可以推导出道路长度的分布指数为 $\frac{\gamma}{2} = 0.15$，社会交互分布指数为 $\frac{3\gamma}{2} = 0.45$，这与实际得到的结果 0.15 和 0.34 几乎一致。同样，对于北京，我们可以反推出 $\gamma = 0.09$，于是得到道路长度的分布指数为 0.045，社会交互分布指数为 0.135，这与实际结果也比较一致（实际的指数分别为 0.09 和 0.26）。

看来，在其他规则（道路、社会交互）保持不变的情况下，引入新的假设使模型得到改进，能够解释人口、道路、社会交互等要素在空间中的分布情况。而且令人吃惊的是，新模型仍然可以推导出各种规模法则，并且这些标度律指数完全不依赖参数 γ（或 C），而与基本模型的指数一致。我们只需要对式(7.13)、式(7.14)、式(7.15)进行积分，就会得到新的宏观量。结果发现，在计算过程中，γ 会被抵消。这意味着，

①　我们利用沿城市半径对各个要素积分的技巧来获得某个 r 半径内活跃人口、道路和社会交互的总量随 r 的幂次增加的情况，这可以帮助我们消除实际数据中的噪声。

宏观的规模法则幂指数并不依赖要素的分布情况,而取决于微观上各个密度量之间的依存关系。所以,新模型仍然可以推导出各种要素的规模法则,预测结果也列在了表 7.2 中。

我们的模型还能刻画出不同城市的差异,这就在于 γ 这个指数,它相当于城市的"指纹",能够反映出城市中各个要素的集中化程度。

3. 预测

好的模型不仅能够解释已有的现象,还应能进行实际的预测。预测分为不同的层次,从宏观到微观,预测难度随之增大。前面展示了我们的模型在宏观规模法则上的预测能力。通过几个简单的公式,我们便能推导出所有变量的规模法则,而且预言了这些幂指数与具体城市中各要素在空间中的分布情况无关。接下来我们将进行更加微观的预测。从各要素在空间中的分布情况来看,它们都近似服从幂律的形式,这就使得我们能够使用幂指数这一参数来刻画整个空间分布。那么,假如我们知道了某一个要素的空间分布,能否推导出其他要素的分布形态呢?

观察式(7.14)和式(7.15),我们发现道路和社会交互的指数都是 γ 的函数。所以活跃人口、道路、社会交互这三个变量并不是彼此孤立的,只要知道某一个变量的指数,就可以直接计算出其他两个变量的指数。利用 Open Street Map 数据库,我们很容易获得大量城市的高精度道路网络的数据。

于是,我们便可以通过道路的分布情况来推测活跃人口以及社会交互的分布情况。我们选择了 10 个代表性城市,并尝试从它们的道路分布推测这个城市的 γ 值,然后再根据 γ 计算出另外两个变量的指数,结果如表 7.3 所示[①]。

表 7.3　10 个代表性城市的空间分布指数

城　　市	拟合的道路指数	预测的 γ 数值	预测的社会交互指数	实证的夜光分布指数	预测的活跃人口指数
阿姆斯特丹	0.21±0.02	0.42±0.04	0.63±0.06	0.39±0.04	0.42
北京	0.05±0.03	0.10±0.06	0.15±0.09	0.26±0.02	0.10
柏林	0.19±0.01	0.38±0.02	0.57±0.03	0.32±0.05	0.38
布达佩斯	0.14±0.02	0.28±0.04	0.42±0.06	0.3±0.08	0.28
里尔	0.15±0.04	0.30±0.08	1.55±0.22	0.44±0.04	0.30

---

① 数据来源: Li R, Dong L, Zhang J, et al. Simple spatial scaling rules behind complex cities[J]. Nature communications, 2017, 8(1): 1-7.

（续）

城　　市	拟合的道路指数	预测的 γ 数值	预测的社会交互指数	实证的夜光分布指数	预测的活跃人口指数
伦敦	0.15±0.02	0.30±0.04	1.55±0.06	0.44±0.04	0.30
洛杉矶	0.15±0.01	0.30±0.02	0.45±0.03	0.45±0.04	0.30
米兰	0.13±0.02	0.26±0.04	0.39±0.06	0.26±0.05	0.36
布拉格	0.14±0.01	0.28±0.02	0.42±0.03	0.30±0.08	0.28
东京	0.19±0.01	0.38±0.02	0.57±0.03	0.32±0.05	0.38

　　由于大部分城市缺乏实际的活跃人口分布数据，所以我们无法比较模型预测结果与实际的差异。但从社会交互的指标来看，模型预测结果还是与实际的夜光数据非常吻合的。

　　在表 7.3 中，大部分城市的 γ 数值在 0.3 左右，北京的数值偏小，大概是 0.1，而阿姆斯特丹、柏林和东京的数值偏大。这意味着，北京的各个要素呈现扁平化的分布，阿姆斯特丹、柏林和东京的各个要素则在城市中心聚集。因此我们能够推断出，北京的人口和社会交互的分布也呈多中心化。

　　接下来，我们尝试对房价沿城市半径的分布情况进行预测。首先，我们需要假定：单位面积的房价正比于这片区域的社会交互密度乘以活跃人口密度。其中局部的社会交互密度可以反映这个区域的经济活跃程度，局部活跃人口密度可以反映这个区域的拥挤程度或住房需求，房价显然跟这两个因素密切相关。同等人口密度条件下，富裕地区显然会比贫穷地区房价更高；同理，同等经济条件下人口越多的地区房价也会越高。根据计算，房价 $p(r) \sim r^{-5\gamma/2}$，因此，房价会随着到城市中心的距离增加呈现幂律衰减，且指数为 $-5\gamma/2$。然后，我们以北京的实际房价数据为例来验证猜测是否正确，结果如图 7.17 所示。至少以本例来说，模型预测结果与实际数据相差并不是很大，特别是在距离城市中心 8 千米以内的区域，模型预测更准确。除此之外，我们的模型还预测房价的分布与道路和社会交互的分布一样，依赖活跃人口的分布。因此，北京的人口分布比伦敦更加扁平化，那么北京的房价分布也会比伦敦更加扁平化，也就是北京市中心的房价与郊区的房价差距应该没有伦敦那么大。

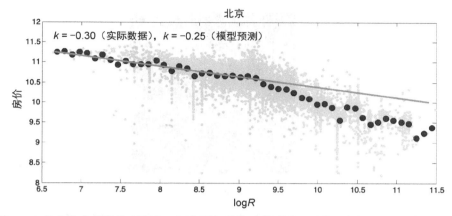

图 7.17　北京市房价随着到市中心距离增加的衰减曲线（双对数坐标）。图中灰色的点为原始房价数据，黑色的圆为一定城市半径下对所有地区的房价取平均值后的结果，灰色的直线为拟合的结果，斜率为 0.3，而模型预测的直线斜率为 0.25

最后，我们尝试更精确的预测。事实上，根据式(7.15)，如果我们知道了某地的活跃人口密度，便可以预测此地的社会交互密度，而且预测精度取决于活跃人口数据的精度。在我们掌握的数据中，伦敦的混合人口数据精度最高，达到了平方千米的级别。我们便可以将 1 平方千米作为一个像素格点，用伦敦的活跃人口分布预测每一个格点的社会交互密度，并与实际的夜光分布图进行对比，结果如图 7.18 所示。

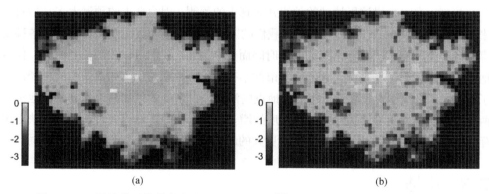

图 7.18　(a)栅格化后的伦敦夜光图；(b)根据 $\rho^{3/2}$（式(7.12)）得到的社会经济活动预测值[①]（另见彩插）

为了更好地对比，我们将实际值和预测值画在同一个坐标系中，如图 7.19 所示。

---

① 图片来源：Li R, Dong L, Zhang J, et al. Simple spatial scaling rules behind complex cities[J]. Nature communications, 2017, 8(1): 1-7.

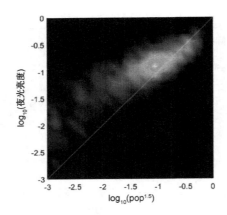

图 7.19 $\rho^{3/2}$ 与城市夜光的对比结果[①]，所有数值都做了归一化处理，即除以了最大值。图中每一个数据点是一个栅格的实际值和理论预测值。由于数据点太多，因此我们用热图来处理，也就是越亮的区域包含的数据散点越多。如果预测与实际完全相符，则所有数据散点就会落在对角线上，形成一条白色的带子（另见彩插）

从对比图可以看到，预测基本符合夜光分布情况，只是对于社会交互密度比较低的地区预测误差比较大，夜光的实际测量结果比理论预测的数值偏高。这是因为在城市郊区，夜光主要反映的是高速公路的通行情况。但是，总体来说，基于活跃人口还是可以做出很好的预测的。

当然，严格来讲这里谈到的预测并非真正的预测，因为真正的预测大多是指对未来的城市发展状况给出一定的结论。我们的匹配生长和空间吸引模型可以预测各种要素在各个空间点上的分布情况如何随时间而变。例如，我们可以预测任意时间、任意地点的活跃人口分布情况，它依赖城市的半径大小。也就是说，如果城市的半径扩大了两倍，那么模型对于靠近市中心的地点的活跃人口密度的预测结果也会相应地扩大两倍，而且越靠近城市边缘，人口密度的增长就越不明显。然而，目前我们尚缺乏实际数据来验证这些结论。有关城市在更大的时间尺度的演化，我们将在下一章讨论。

7.3 小结

本章关注的焦点是与我们日常生活息息相关的复杂系统：城市。已有的研究结果表明，城市也服从多种规模法则。很多宏观变量可以用城市的人口分布情况来进行预

---

① 图片来源：Li R, Dong L, Zhang J, et al. Simple spatial scaling rules behind complex cities[J]. Nature communications, 2017, 8(1): 1-7.

测。这些变量可以分为 3 组：与人类活动、社会交互相关的变量，如 GDP、总收入、科技创新等会与人口呈现幂指数大于 1 的超线性规模法则；与基础设施相关的变量，如加油站数量、城市面积、道路总长度等与人口呈现幂指数小于 1 的亚线性规模法则；与人口相关的变量，如家用耗电总量等与人口呈现近线性规模法则。

更进一步，我们介绍了解释这些规模法则的两个模型。贝当古的模型从人类社会交互所产生的经济价值与城市交通成本之间的平衡角度给出了城市模型的一般框架。更进一步，他构建了层级化道路网络模型，并由此推导出了各种规模法则。在这样的框架下，贝当古定义了城市的运行效率，对美国不同的城市进行了比较，并给出了改进建议。然而，该模型过于规则，而且无法给出各个要素的空间分布。

我们的匹配生长模型更加简洁，不仅能够得到所有重要的规模法则，而且进一步给出了各种要素变量（主要包括人口、道路和社会交互）在空间中的分布。该模型将一种新的机制，即密度依赖和未知空间探索的相互竞争，引入了标准的匹配生长模型中，得到了大量符合实际观测的结果。我们创新性地提出了活跃人口的概念。某一个地区的活跃人口不是指该地区的居住人口或工作人口，而是这两种人口的按比例混合。

整个模型仅有一个自由参数 C，它可以很好地刻画城市的要素分布情况，甚至能刻画城市的发展动态。例如，通过对比我们发现北京比伦敦的 C 值更大（根据上一节估算出来的 γ 数值），于是根据匹配生长的原则，我们可以推测出：相比北京，伦敦的城市扩张要缓和、保守得多。我们的模型不仅能够在宏观上解释各类规模法则的起源，还能根据活跃人口的分布情况预测其他要素的空间分布情况，甚至包括房价的分布情况。

模型的简洁性使得我们可以对其进行拓展。比如，我们可以考虑多个中心的情况，以模拟超级大都市以及城市系统的形成。再比如，我们可以将实际的地形考虑进来，以使得模型可以更好地模拟真实城市的生长过程。

然而，这些理论模型仍然存在很多不足，包括一些预测偏离实际数据。例如，实际城市会因地理、气候甚至社会经济环境等而不同，这些尚无法反映到模型中。因此，我们除了构建统一的理论模型之外，还需要进一步改进模型、添加更多的机制以及参数，让模型能够尽可能反映各种实际情况。总之，沿着"第谷→伽利略→牛顿"的路线，我们将逐渐趋近真实城市生长的最终答案。

第 8 章

奇点临近

　　奇点（singularity）是数学上的一个概念，它是指让某个函数趋近于无穷大或没有定义的一个点。20 世纪初，物理学家们认识到，奇点这个原本只存在于数学中的抽象概念，也存在于一类特殊的天体中，这种天体叫作黑洞。在奇点附近存在大量超乎寻常的现象，包括时间高度膨胀、空间高度压缩、一切物质与信息都无法逃离等。

　　更令人意想不到的是，进入 20 世纪之后，随着科技的高速发展，越来越多的人认为科技发展之中也可能存在一个特殊的时间点，在这个时间点上所谓的通用人工智能，即能够完成任何任务的人工智能将会出现，而且极有可能引发"智能爆炸"（intelligence explosion）。所谓的智能爆炸是指，人工智能一旦具备了自行改造和进化的能力，它就可以不断进化升级、提升能力而无须人类的干预，而且进化速度会越来越快，复杂度会越来越高，远超人们的想象。这样的时间点就是所谓的"技术奇点"。在"技术奇点"将会发生什么？有人说机器将取代人类成为世界的主宰，也有人说人类将有可能通过机器改造自身，借助超级人工智能实现永生。总之众说纷纭。

　　如果作为一个事件的"技术奇点"真的有可能来临，那么必然存在一个特定的发生地点，这个地点非常可能会是城市。毕竟，据预测到 2050 年，城市将会容纳全球一半以上的人口，诞生几乎全部的科技创新，它有极大可能成为第一个技术奇点的诞生地。那么，在城市一步步"临近奇点"的过程中将会发生什么呢？

　　有趣的是，早在 2009 年，贝当古和韦斯特就在他们发表在《美国科学院院刊》上的经典文章《城市的生长、创新、规模法则以及生命的步伐》中详细推演出了城市如何一步步走向奇点的过程。他们从规模法则这样一个全新的角度出发，再次验证了奇点临近的结论。事实上，奇点就蕴含在城市的超线性规模法则之中。随着城市规模的扩大，人与人之间的交互与链接将会以更快的速度增长，这将会导致整个社会的新陈代谢和发展步伐加快，进而导致城市规模的超指数暴涨，也就是在有限的时间内规模会趋近于无穷大，这就是城市的奇点。

贝当古和韦斯特认为，当奇点来临的时候，城市将崩溃，这是因为呈超线性生长的不仅包括财富创造和科技创新，还包括环境污染与犯罪等。因此，当规模趋近于无穷大的时候，城市将会需要越来越多的能量和物资供给，与其相伴的是更多的熵产生。这种负面因素有可能导致城市崩溃。当这些压力不断施加到城市上时，人们不得不寻求解决途径——科技革命。于是，在趋近奇点的过程中，每当城市面临崩溃的时候，就会催生一场重大的科技革命，将整个城市的生长动力学过程重置，这就是著名经济学家约瑟夫·熊彼特（Joseph Schumpeter）所说的"创造性破坏"过程。于是，城市的发展轨迹被科技革命重置，暂缓迈向"奇点"的步伐。但是，城市仍处于超指数增长的轨道，所以奇点临近仍然不可避免，新一场科技革命将再次爆发。就这样，超指数增长、走向崩溃、重大科技革命爆发交替进行，导致了城市的周期性发展。

然而，这个交替循环的过程并不是等时间间隔的，两次重大的科技革命的时间间隔会以一种幂律的方式不断衰减。以三次工业革命为例，它们彼此的时间间隔越来越短。每一次重大科技革命不仅导致人们的生活节奏加快，而且重大科技革命的发生过程本身也在不断加速。如果我们将城市生活比喻成一台跑步机，那么用韦斯特本人的话说："人类不仅仅要在跑步机上奔跑，还要不断地从一台跑步机跳到另一台速度更快的跑步机上。"

这一过程的终点在哪里？按照韦斯特的观点，奇点的来临不可避免，城市最终会走向崩溃。结合前面提到的技术奇点的概念，真实的情况很有可能是：一方面，超级人工智能最终诞生，它以一种史无前例的速度不断迭代、改造自身，变得越来越强大；另一方面，超级人工智能为了实现自身的改造升级，不得不消耗越来越多的能量，从而产生越来越多的熵，这些熵最终将毁掉城市——环境破坏、垃圾堆积如山、疾病肆虐……

当然，这一推理过程并非无懈可击，不同的人从不同的角度对奇点临近的说法提出了质疑。无论如何，奇点临近时人类的确会面对巨大的灾难，我们要在此之前做好充足的准备以让损失达到最小。

本章我们以奇点概念作为引入，主要介绍贝当古和韦斯特的理论，看看他们如何从超线性规模法则出发推导出城市的超指数增长趋势，以及科技创新所发挥的作用。

最后，我们罗列了很多反对奇点临近的观点，力图做到客观公正[1]。

8.1 数学与物理中的奇点

首先介绍一下数学和物理学中奇点的概念。

8.1.1 数学中的奇点

奇点也叫奇异点，这一概念来源于数学，它是指某种数学对象在某个点没有定义或表现得非常异常。例如，对于函数 $f(x) = 1/x$，$x = 0$ 就是它的一个奇点。

如图 8.1a 所示，我们能明显看到函数在 $x = 0$ 处表现异常。首先，当函数的横坐标从不同方向趋近于 0 的时候，$f(x)$ 会表现出截然不同的行为：从左边趋近于 0 会得到负无穷大，从右边趋近于 0 会得到正无穷大。因此，函数 $f(x)$ 在 $x = 0$ 处没有一个明确的数值，这个点就是典型的奇点。数学中类似的例子还有很多，例如函数 $\tan x$ 在所有的 $\pi/2$ 的整数倍处都是奇点（如图 8.1b 所示）。

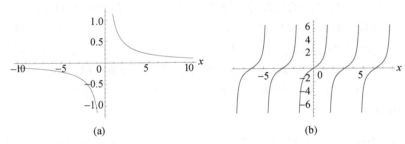

图 8.1 函数中的奇点，(a) 函数 $f(x) = 1/x$ 的图象；(b) 函数 $f(x) = \tan x$ 的图象

8.1.2 引力奇点

数学上的奇点有明确的定义，但它仅存在于理想化的数学世界中，与我们的现实世界没什么关系。然而，随着物理学和天文学的发展，人们发现真实的物理世界中也存在奇点，这就是引力奇点，它往往位于一类特殊的天体——黑洞的中心处。

当一颗恒星燃烧殆尽，就有可能在自身引力的作用下不断塌缩，一旦其半径小于某个阈值——史瓦西半径（Schwarzschild radius），这个天体就变成了一个黑洞。在黑

---

[1] 可以参考论文：Bettencourt L M A, Lobo J, Helbing D, et al. Growth, innovation, scaling, and the pace of life in cities. Proceedings of the national academy of sciences, 2007, 104(17): 7301-7306. 以及，韦斯特. 规模. 北京：中信出版社，2018.

洞的中心，由于所有质量都被迫集中于一点，所以这里的密度变得无穷大，这就是物理学中的引力奇点。在该奇点处，所有已知的物理学定律都会失效。除了黑洞以外，还有科学家怀疑宇宙大爆炸的起始点也是一个奇点，而大爆炸产生的空间膨胀使得宇宙并没有塌缩成一个黑洞。无论是广义相对论还是量子力学，现今的理论都无法解释宇宙大爆炸的起始。

但是，关于奇点之外的黑洞，我们能够运用物理学推导出很多有趣的结论。例如，根据广义相对论，引力可以使得空间和时间发生弯曲，而且物体的密度越大，造成的时空弯曲程度也会越高。因此，奇点附近的时空将会被极度扭曲，甚至造成曲率趋于无穷大，连光这种全宇宙运动速度最快的粒子都无法逃脱。所以，从外界看黑洞就是一片漆黑，这也是其名称的由来。然而，这并不是说我们无法观测到关于黑洞的任何痕迹。事实上，根据霍金的理论，黑洞会不停地向外辐射粒子，这些粒子可以将黑洞存在的信息传播到宇宙的各个角落，这一过程被称为霍金辐射。

引力导致的空间弯曲会产生一种奇妙的现象，被称为引力潮汐效应。一个有体积的物体的不同部分会受到不同大小的引力，这会导致该物体被引力扭曲变形。如果一个人头朝向黑洞落入其中，由于黑洞超强的引力场作用和潮汐效应，这个人的头部会比脚部受到更大的引力，而且这种力量的差异会非常大，以至于可以将这个人的身体撕碎。

另外，黑洞附近的时间也是极度扭曲的。我们知道，随着引力的增强，时间将会变得越来越慢。因此，如果一个人不小心掉入黑洞，那么在外界观察者看来，这个人所戴的手表走得越来越慢，最后将永远停留在掉入黑洞的那一刻。

黑洞也会死亡。在不断吞没粒子的过程中，黑洞会不断收缩，而且收缩的速度会越来越快，同时温度不断升高，最终黑洞有可能在一次爆炸中死亡。

总之，引力奇点就是这样一个奇特的点。它可以将黑洞内部及其附近的时空高度扭曲。奇点附近的空间无穷小，时间流逝得无穷慢。黑洞可以吞噬一切物质，同时又会以霍金辐射描述的方式向外界辐射能量与物质。虽然人们对黑洞的认识在不断加深，但是对奇点附近的物理学的了解与认识仍然很少。

8.2 技术奇点

黑洞虽然神秘莫测，但它毕竟离我们的日常生活很遥远。现在，另一种被称为奇点的东西在一点点地逼近我们，并有可能在不远的将来降临，这就是技术奇点①。

究竟什么是技术奇点呢？一般来讲，技术奇点是指我们通过以往的科技发展历史推测，科技的快速发展将会导致在未来某一个时刻，其发展速度在有限时间内达到无限大。

我们都能感受到科技发展日新月异、突飞猛进，但不知道你有没有注意到，科技发展速度本身也在日益加快。最早意识到科技加速发展的现象，并预测技术最终有可能走向奇点的人是大名鼎鼎的数学家约翰·冯诺伊曼（John von Neumann）。1958 年，在美国数学学会公告上发表的对冯诺伊曼的悼词中，斯坦·乌拉姆（Stan Ulam，冯诺伊曼的挚友）指出，在一次谈话中，冯诺伊曼曾提到"不断加速的技术变革进程，必将导致我们逐渐趋向一个重要的人类历史进程——奇点，在此之后，我们所知的人类社会将不会继续。"②这基本上是见于文献的最早关于奇点的描述。

古尔德（I. J. Good）于 1965 年提出了超智能机器（ultra intelligent machine）和"超级人工智能"（super artificial intelligence）的概念，他写道："我们将超智能机器定义为一种可以在所有智力活动中表现都远超任何人类的机器。这些智力活动显然包括设计出这样的机器本身，甚至超智能机器可以设计出比它自己更好的机器，这将会导致所谓的'智能爆炸'（intelligence explosion），人类的智力将会被远远地甩在后面。因此，第一台超智能机器将是人类的最后一个发明。"

1993 年，圣地亚哥州立大学计算机科学教授兼科幻小说家弗诺·文奇（Vernor Vinge）在一篇题为《技术奇点的临近》的短文中首次使用了"技术奇点"一词来描述这种超智能机器的诞生，以及人类活动的消亡。

技术奇点这个概念被更广泛的大众知晓还要归功于雷·库兹韦尔（Ray Kurzweil），他于 2006 年出版了《奇点临近》，该书系统阐释了技术奇点的相关概念，包括加速回报定律、超级人工智能、智能爆炸等。那么，技术奇点究竟是否存在呢？有没有相关的证据？

---

① 有关技术奇点，可以参考维基百科词条 "technological singularity"。

② 此段文字的原文是 One conversation centered on the ever accelerating progress of technology and changes in the mode of human life, which gives the appearance of approaching some essential singularity in the history of the race beyond which human affairs, as we know them, could not continue. 援引自 Ulam S. Tribute to John von Neumann. Bulletin of the American Mathematical Society, 1958, 64(3): 1-49.

8.2.1　摩尔定律

奇点理论的支持者们给出的证据主要涉及如下两个方面：一个是技术的指数增长，另一个是加速变迁（accelerating change）现象。

提到技术的指数增长现象，就不得不提到著名的摩尔定律（Moore's law）。1965 年，仙童半导体公司（Fairchild Semiconductor）与英特尔（Intel）公司的联合创始人高登·摩尔（Gordon Moore）发表了一篇文章，指出每块集成电路上的元器件数量每隔一年就会翻一番，并认为这一规律至少可以持续 10 年。到了 1975 年，他将自己的预测改为每隔两年就会翻一番。后来，英特尔公司的首席执行官大卫·豪斯（David House）考虑到晶体管的数量和运算速度会同时增加，把这个周期改为了 18 个月。

无论周期是多么长，摩尔定律指出单位面积上晶体管数量的增长服从指数定律。图 8.2 展示了 1970 年到 2016 年各种型号的芯片中晶体管数量随时间的演变情况。需要注意的是，图 8.2 中纵坐标取了对数，而数据点近似为一条直线，这意味着晶体管数量呈现出一种指数增长的模式。其中，直线的斜率与元器件数量翻倍所用的时间长短有关，一般情况下，斜率越大，翻倍周期越短。

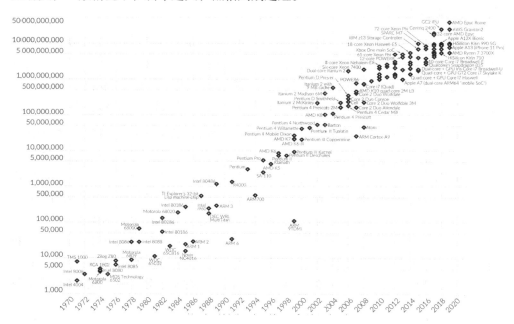

图 8.2　1970 年到 2016 年摩尔定律的体现——各种芯片的晶体管数量随时间变化的情况
（数据来源：Wikimedia Commons）

近 50 年来,科技突飞猛进,芯片产业也是"江山代有才人出",但摩尔定律始终精确描述了芯片的研发速度。摩尔定律在如此长的时间里以惊人的准确性成立有多种原因。其中之一是,整个半导体行业都会根据摩尔定律来制定长期的产业发展规划以及研发目标。因此,摩尔定律与其说是一个自然的定律,不如说是芯片产业的游戏规则,一个自我实现的预言。

呈指数变化的不仅是晶体管的数量,还有更多的方面。在芯片性能不断呈指数提升的同时,它的成本也在呈指数降低。1986 年到 2007 年,个人计算机的人均处理能力每隔 14 个月翻倍一次;通用计算机的人均容量每隔 18 个月翻倍一次;通信系统的人均通信容量每隔 34 个月翻倍一次;人均存储容量每隔 40 个月翻倍一次。由于芯片在整个电子产品行业的基础性地位,其他电子产品的发展也会受到摩尔定律的影响,整体呈现出指数增长的趋势[①]。

可以预见,如果计算机的性能严格按照摩尔定律的预言发展下去,必然会存在某个特殊的时间点,届时机器在各种任务上的表现都将超过人类,这一时间点极有可能是技术奇点来临的时刻。

8.2.2 加速变迁

摩尔定律会加速整个科技行业的发展,也会导致重大的科技变革以更快的速度出现,这一现象被称为"加速变迁"(accelerating change)。1993 年,数学家弗诺·文奇在他的科幻小说《实时放逐》中设定了这样一种世界:发展加速使得新技术不断涌现,并且新技术诞生的时间间隔越来越短,直到某一天技术达到了人类无法理解的程度。

这种加速变迁现象不只是设想。比如,从人类社会的变迁来看,以蒸汽机为代表的第一次工业革命于 18 世纪 60 年代兴起;以电力应用为代表的第二次工业革命于 19 世纪 60 年代兴起;以新能源、信息技术为代表的第三次工业革命于 20 世纪 40 年代兴起;而以人工智能、智能制造等技术为代表的第四次工业革命于 21 世纪初兴起。能够明显地看到,相邻变革的时间间隔越来越小,这正是加速变迁的体现。事实上,加速变迁这一现象不仅仅限于科技界,它同样发生在生命演化的历史进程中。如果我们把生命演化史上的重大事件发生的大致时间绘制成如图 8.3 所示的倒金字塔形状,就能感受到这种逐级加速的现象。尽管所列的时间点并不十分准确,但这可以帮助我们更直观地感受加速变迁现象。

---

① 数字来源:M. Hilbert, P. Lopez. The World's Technological Capacity to Store, Communicate, and Compute Information[J]. Science, 2011, 332(6025): 60-65.

```
5,000,000,000    地球诞生
5,000,000,00     脊椎动物
5,000,000,0      哺乳动物
5,000,000        灵长类动物
5,000,00         现代人
5,000,0          大冰期
5,000            人类文明
5,00             科学萌芽
5,0              人工智能
5                智能革命
```

图 8.3　生命演化历史上的重大事件发生的大致时间排列成的倒金字塔结构

库兹韦尔在他的《奇点临近》一书中系统地探讨了历史上"重大事件"的发生时间以及它们的时间间隔。为避免对重大事件进行评估的主观性，他邀请了不同的人罗列出自己认为的重大事件，并针对每一个人分别进行统计。结果指出：无论什么人、无论选择的重大事件差异有多大，这些事件的时间间隔都随着时间的推移以幂律的方式缩短，如图 8.4 所示。

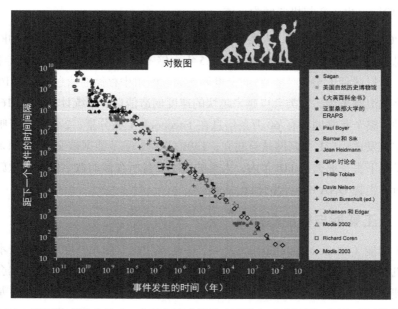

图 8.4　不同作者给出的 15 个重大范式转移事件的加速变迁图。图中不同的曲线
　　　　对应不同的作者，横坐标为该范式转移事件发生的时间（距今），纵坐标
　　　　为距离下一个事件的时间间隔[1]

---

① 图片来源：Wikimedia Commons。

可以想象，按照这种指数加速的趋势发展下去的话，重大事件的发生将会越来越频繁，最后趋近于一个时间点，即奇点。

8.2.3　信息浓缩

所谓的重大事件，就是让我们感到吃惊的事件。以信息论的视角看，就是给我们带来巨大信息量的事件。实际上我们正经历奇点到来的过程，因为地球上累积的信息量正在急速增加。

如果我们考察生命演化的历史，就会发现每一次生命形态的跃迁，都伴随着存储和复制信息的载体或形式创新。从 RNA 到 DNA，从语言到技术，它们都是不同阶段占主要地位的信息载体。《生命 3.0》一书的作者迈克斯·泰格马克（Max Tegmark）指出，生命进化可以分成三个阶段：生命 1.0 阶段，主要靠遗传基因作为信息的存储单元完成生物进化；生命 2.0 阶段，人类主要依靠大脑来存储知识完成认知进化；到了生命 3.0 阶段，人类通过外部存储设备实现人机混合进化。事实上，我们正在走向生命 3.0 阶段，也正在与机器融为一体。

从 20 世纪 80 年代开始，人类所创造的数字信息总量就在逼近整个生物圈存储的生物信息总量，而且数字信息总量每隔 2.5 年翻倍一次。有报道统计，2014 年全球的数字信息总量达到了 5×10^{21} 字节，而全世界人类基因组中存储的信息量仅为 10^{19} 字节。随着数字化浪潮来袭，人类会以越来越快的速度创造信息。据统计，在 2016 年初，每一秒钟，整个互联网就有 60 万条信息在 Facebook 上被分享；2 亿封电子邮件、10 万条推文被发送；571 个新网站被建立；1.9E（10^{18}）字节数据被交换[①]。如果按照这个速度发展下去，那么在 110 年内，人类的数字设备所存储的数字信息总量就将超过地球上所有生物 DNA 中包含的信息总量。

8.2.4　人工智能与智能爆炸

人工智能（artificial intelligence，AI）即能够让机器像人一样思考的技术，是人类有关机器的终极梦想。随着电子设备的计算能力不断增强，人工智能必然会在摩尔定律的催动下快速发展。1956 年，人工智能诞生并迎来了第一个发展高峰，基于符号与推理的人工智能创造了奇迹，这导致不少科学家提出各种不切实际的设想。到了 20世纪 70 年代，人工智能经历了第一个低谷，许多项目取消。随后，人工智能的研究进入了漫漫长夜。

---

① 数据来源：Internet Live Stats 网站。

正是在这一时期，人们开始尝试以完全不同的方式理解智能。比如，人工神经网络（artificial neural network）并不试图模拟人类的高端思维，而是尝试模仿大脑的神经网络，让机器自己学习。然而好景不长，被誉为人工智能之父的马文·明斯基（Marvin Minsky）一针见血地指出了当时尚处于襁褓阶段的人工神经网络的致命弱点，即神经网络连最简单的 XOR 问题都无法求解，导致它被学者们打入冷宫。而杰弗里·辛顿（Geoffrey Hinton）始终坚信模拟大脑神经网络的运算方式才是实现人工智能的正确道路。在经过长达 30 多年的深入研究后，他终于在 2006 年取得突破，提出了深度神经网络。深度神经网络配合海量数据，在语音识别任务上实现了质的飞跃。2012 年，深度卷积神经网络又在图像识别领域获得巨大成功。随后，各大商业公司开始关注人工智能的最新进展，纷纷收购最优秀的人工智能研究团队。其中 DeepMind 团队凭借顶尖的技术赢得了谷歌的青睐。2016 年，DeepMind 开发的 AlphaGo 赢得了国际围棋比赛冠军，让全世界见识到了人工智能的威力。

其实 DeepMind 在 2015 年的另一个人工智能项目更应该引起人们的注意。他们开发了一个被称为深度 Q 网络（deep Q network，DQN）的算法，能够让人工智能体在各种雅达利游戏①中取得骄人的成绩，其中有不少已经超越了人类玩家的水平。值得指出的是，这个 DQN 算法打通关各种游戏的技术并非依赖人类手工输入，而是通过机器学习的方式，像人类玩游戏一样根据输入的视频画面和游戏的基本规则自己学到的。更重要的是，DQN 利用同一套网络架构和参数可以在不同游戏中学习，从而获得高超的技能并表现优越。换句话说，DQN 是一种在一定范围内的通用人工智能算法。

所谓的通用人工智能（artificial general intelligence，AGI），是指一种能够在任何人类可以完成的智力任务上都表现优越的人工智能程序。由此可见，我们在日常生活中打交道的 AI 都不是通用人工智能，它们可能在某一个任务上表现突出，例如推荐音乐、机器翻译、下围棋、作画等，但是尚没有一种 AI 程序能够出色地完成所有任务。因此，人们常将这种程序称为弱 AI(weak AI)，而将通用人工智能称为强 AI(strong AI)。像 DQN 这样的算法虽然距离真正的通用人工智能还相差很远，但它至少已经迈出了重要的一步——可以在雅达利游戏上实现通用性。更为关键的是，它是通过自己学习具备了玩各种游戏的能力。也就是说，假如我们设计了一款全新的雅达利游戏，那么 DQN 也可以通过学习而掌握玩法。从这个意义上说，它对于雅达利游戏的确是通用的。目前，世界各大研究机构正在尝试攻克通用人工智能难题。

---

① 雅达利（Atari）是 1972 年创办的游戏开发公司，其开发的著名游戏包括 *Pong*、《太空入侵者》《打砖块》等。

尽管人类离实现真正的通用人工智能还相差很远，但想象力可以将现实远抛在后面。一种更厉害的人工智能很早就被提出来了，这就是超级人工智能（artificial super intelligence）。按照牛津大学哲学家尼克·波斯特罗姆（Nick Bostrom）的观点，超级人工智能是指一种在任何方面能力都远超最优秀人类的人工智能体。超级人工智能与通用人工智能非常相似，只不过它更强调能力超越人类最优秀的个体。可以说，如果我们实现了通用人工智能，就离超级人工智能不再遥远了。

从通用人工智能到超级人工智能的道路可能远比我们想象的短，因为存在"智能爆炸"（intelligence explosion）的可能性。所谓的智能爆炸，是指通用人工智能具备了通过修改自身代码而递归地实现自我改进的能力，从而快速升级，最终快速实现超级人工智能。我们知道，设计超级人工智能本身也是人类的一种能力，那么根据定义，超级人工智能也可以做这件事，并且有可能做得更好。于是，机器自己设计更智能的机器，更智能的机器再创造更加智能的机器，这一过程一旦被触发，将会在不受人类控制的情况下快速进行下去，这就是所谓的智能爆炸。

由此可见，智能爆炸既是通用人工智能发展的趋势，又是奇点临近的必然结果。因此，人们普遍认为超级人工智能诞生的时刻恰恰就是奇点到来的时刻。

8.2.5 奇点的时空特性

真可谓条条大路通罗马，无论从假说、科学幻想，还是现实中的数据，我们似乎都能得到科学技术正在迈向奇点的结论。如果说技术奇点就像物理世界中的引力奇点一样是一个事件点，那么它就应该有对应的时空坐标。类似于黑洞，技术奇点也应该有一个时间、空间范围。

先来说时间坐标。预测奇点何时来临并不容易。困难之处主要在于究竟什么算是奇点临近，关于这个问题并没有统一的答案，有人认为是机器超越人类的时刻，有人认为是智能爆炸的时刻……另外，技术乃至人类社会的发展存在很多不确定性，我们用已知的数据来预测奇点来临的时刻可能存在不足之处。但是，利用不同的方法的确可以计算出具体的时间点，这些时间点大多分布在 2040 年到 2050 年间。

2014 年，牛津大学的两位学者文森特·穆勒（Vincent Muller）和尼克·波斯特罗姆在《人工智能的基础问题》杂志上发布了一份调查结果。在这份调查中，他们邀请了 550 位人工智能学术界顶尖学者，就高水平的人工智能何时能够实现、超级人工智能是否可能实现、超级人工智能的影响如何等问题展开大规模的调查研究。这里高水平人工智能特指在大多数专业领域表现不亚于人类的人工智能[①]。

调查结果表明，这些专家相信在 2040~2050 年，实现高水平人工智能的可能性将大于 50%；到 2075 年，这一可能性将提高到 90%。更进一步，这些专家们普遍认为在这种高水平人工智能实现之后的 30 年内，超级人工智能就有可能实现。

另外，从空间的角度来看，第一个奇点也应该具有空间坐标。以往对奇点的讨论往往将全球的技术发展当作一个整体，认为当技术加速发展并最终爆发的时候，必然是全球同步发生的。然而我们知道，全球不同地区的经济发展水平差距非常大，因此科技的加速发展必然也存在空间上的不均匀性。有些高度发达地区可能早已经接近奇点，有些地区可能仍然停留在工业社会甚至农业社会。

技术奇点仿佛也存在类似于引力场中的潮汐效应，也就是说奇点附近的时空会更大程度地扭曲，这导致了不同地区感受到的奇点的作用非常不同，从而可能造成社会分裂。具体来讲，假设第一个奇点将在美国旧金山湾区的硅谷出现，那么硅谷地区的人们最先用上最先进的技术，从而被技术改变思考、生活的方式，进而促进更多、更快的创新。远离硅谷地区的人们可能无法马上体会到这些，他们仍然按照自己的方式生活。久而久之，区域间的差别会越来越大，远离奇点的人无法理解靠近奇点的人，导致社会的分裂与对立。事实上，有很多学者已经发现了这一趋势，硅谷不仅仅在美国领跑，甚至也在全世界领跑。这种快速发展可能没有让更多人享受到科技进步的好处，反而让两极分化现象越来越严重。

如果我们将奇点来临理解为某种突破性的技术出现，譬如超级人工智能，那么技术的扩散也需要一定的时间和空间。所以，奇点的到来也必然会像技术普及一样是一个相对缓慢的扩散过程。我们能够预期，这个过程会先从硅谷或其他科技重镇开始，逐渐扩散到其他科技发达的大城市，然后逐渐扩散到农村，从而给全球带来翻天覆地的变化。

正是由于这种时空上的差异性，一个地区从原先状态走向奇点的过程充满了不确定性和复杂性。我们不妨想象一下奇点临近时候的样子。假设超级人工智能最终在美国硅谷的某个街区诞生了，那么它必然会以史无前例的速度吞没大量的物质和能量。在这一点上，技术奇点与引力奇点的确存在不少相似性。

表 8.1 进一步对比了技术奇点与引力奇点的异同。尽管这个对比尚存在很多含糊

[①] Muller V C, Bostrom N. Future progress in artificial intelligence: A survey of expert opinion. In Fundamental issues of artificial intelligence. Springer, Cham, 2016: 555–572.

不清、不够严谨的地方，但它至少让我们意识到技术奇点并不是一个全球性的现象，而是具有特定的时空坐标。另外，技术奇点与引力奇点存在很多相似之处，例如时空扭曲、物质与能量异常分布等，但它们又非常不同，如时间的流逝、信息的产生与消亡、生命周期等。

表 8.1　技术奇点与引力奇点的比较

比较内容	引力奇点	技术奇点
时间	变慢	变快
空间	压缩	压缩
物质	高度密集	密集
能量	高度密集	密集
信息	快速消亡	快速产生
引力潮汐效应	撕裂物质	社会两极分化
生命周期	有生有灭	有生，是否有死亡未知

这启发我们，奇点的到来是一个物理过程，这个过程一定遵循某种规律。

8.3　城市动力学与终极奇点

如前所述，到 2050 年，城市将会容纳全球一半以上人口，创造 80% 以上的财富，以及诞生几乎所有科技创新。因此我们有理由相信，如果存在技术奇点，那么它必然诞生在城市之中。对城市的发展动力学过程进行研究，是理解技术奇点的重要前提。

在本节中，我们将延续上一章的话题，深入挖掘社会交互背后的超线性规模法则所蕴含的意义。贝当古和韦斯特等人指出，这一超线性规律将必然导致我们的生活节奏加快，还会将城市推向一个超指数增长的动力学过程。这一过程可能在有限的时间内把我们拉向奇点。面对奇点临近，人类不得不诉诸大规模的科技创新，以将超线性规模法则中的参数重置。这样，虽然城市的生长仍然遵循相同的动力学过程，但是速度放缓了，也就是说奇点会被延后，新的生长轨迹仍然遵循同样的超指数增长过程，于是必然会导致新的奇点临近，人们又不得不开启新一轮的科技创新。这种循环往复正是经济学家熊彼特提出的创造性破坏引发的周期循环。然而，新的循环过程并不是对旧有过程的简单重复。根据韦斯特的方程，两次重大科技创新的时间间隔会按照一种幂律的方式不断缩短。重大科技创新正在不断加快我们的生活节奏。最终，人类将无法利用科技创新的手段将奇点再次延后，我们将这一不可避免的奇点称为终极奇点。面对终极奇点，人类将遭遇什么？韦斯特的观点非常悲观，他认为人类社会将不可避免地崩溃。难道我们对此束手无策吗？

8.3.1 不断加速的城市生活

正如第 4 章中指出的，一般系统的广义新陈代谢分为两种，一种是吐故纳新，一和是新老更替。面对城市这个复杂系统，我们可以从新老更替的角度来理解它的新陈代谢。我们每时每刻都要与城市中的各类设施打交道，这必然会导致这些设施的磨损和老化。对它们进行保养，更换零件，就是一种广义的新陈代谢。房屋长时间不打扫会灰尘满地；汽车长时间不保养，发生事故的概率会提高；我们使用的计算机操作系统也要经常整理，否则各种文件、程序就会塞满硬盘空间。

更重要的是，无论是乘坐公交车，咀嚼美味的泡面，还是打开书本学习知识，这一切活动都要消耗能量。能量的消耗必然伴随着熵的产生。所以，人类完成了多少活动，就会相应地消耗多少能量，也会相应地产生多少熵。这就是为什么无论是正向的科技创新、财富创造、GDP 创造，还是负向的疾病传播、犯罪发生，都遵循相同的 1.15 次幂超线性规模法则。这种消耗又必然伴随着新老更替的发生。所以，人类的交互越多，城市的新陈代谢速度越快。

下面再看一看规模法则。克莱伯定律告诉我们，生物体体重增大会导致新陈代谢率以较慢的速度增长，生命节奏也会随之变慢。因此，越大的生物体，心跳速度越慢。与生物体不同，城市的超线性规模法则导致城市的新陈代谢率会随着规模的增大而以更快的速度增长，从而导致一切生命周期都加快。城市也有着自己的"脉搏"，大城市的节奏快，小城市的节奏慢。

当你观察高峰时段的城市地铁，就能切身感受到大城市的生活节奏：人们疲于奔命，匆匆赶路。而在小城市或者乡村中，我们看不到大规模急于赶路的上班族，更常看到站在街边唠嗑、嗑瓜子儿的大爷大妈。这一切都是由交互决定的。正是因为大城市具有更多人与人之间的交互，才导致生活在其中的人们被一种巨大的力量所驱动，生活不断加速。

我们能否通过实际数据验证这些猜想呢？答案是肯定的。2007 年，贝当古和韦斯特等人在他们那篇有关城市的经典论文中给出了一个有趣的实证研究结果，即大城市中人们的平均步行速度要快于小城市的人们。为此，贝当古等人专门统计了美国不同规模城市人群的步行速度，并绘制了其与城市人口之间的关系曲线。为了对比，他们还在旁边绘制了哺乳动物的心跳频率与体重之间的关系曲线，如图 8.5 所示。

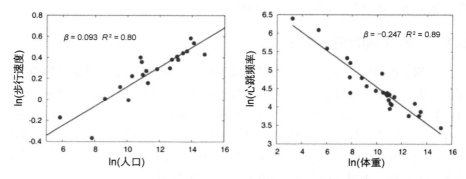

图 8.5　人类步行速度与城市人口的关系，以及哺乳动物心跳频率与体重的关系，这里的 β 是城市产出或生物体新陈代谢率的规模法则的幂指数[1]

有意思的是，这两条曲线倾斜的方向刚好相反。人们的步行速度会随着城市规模的增长而变快，幂指数为 0.1 左右，这与理论预测（$1.15-1=0.15$）近似。哺乳动物的心跳频率会随着体型增大而变慢，而且幂指数为 -0.25，也与理论预测（$3/4-1=-0.25$）一致。城市生活节奏加快的原因是产出、创新以及财富与规模之间存在超线性关系。由于人均社会交互会随着城市规模增长而增多，因此每个人的进化与更新速度也随着城市规模变大而加快。

8.3.2　迈向奇点的城市动力学

生长无疑是生物生命中最重要的过程之一，同样，它也决定了一座城市的命运。生长过程与复杂系统的新陈代谢密切相关。那么，理解了新陈代谢的制约因素，我们是否就能理解一般的生长过程呢？

事实上，生物学家兼系统论的创始人路德维希·冯·贝塔朗菲很早就从新陈代谢的角度提出了描述生物体生长的贝塔朗菲方程[2][3]。他的基本思想是：生物体通过新陈代谢获得的能量无非有两类用途，一类用于生长，一类用于维护。然而，在贝塔朗菲的推导中，新陈代谢率是按照体重的 2/3 次幂计算的，因此存在缺陷。到了 2001 年，

---

① 经论文通讯作者同意使用该图片。图片来源：Bettencourt L M A. Lobo J, Helbing D, et al. Growth innovation scaling, and the paces of life in cities[J]. Proceedings of the national academy of sciences, 2007, 104(17): 7301-7306.

② Bertalanffy L. General System Theory. New York: George Braziller, 1968.

③ 所谓的贝塔朗菲方程就是形如 $\mathrm{d}m(t)/\mathrm{d}t = am^{\beta}(t) - bm(t)$ 的方程，其中 m 为生物体的体重大小，t 为发育时间，$\beta < 1$ 为新陈代谢率与体重之间的幂指数，a 和 b 分别为两个系数。

韦斯特等人从克莱伯定律出发，重新推导了贝塔朗菲方程，并将新陈代谢项换成了正确的 3/4 次幂，从而得出统一的生长方程，如第 3 章所述。

无论是贝塔朗菲还是韦斯特，他们的核心思想都是一样的，即将新陈代谢获得的能量分成两份，一份用来生长，一份用来维护。用于生长的能量可以促使生物体体重增加，分配于此的能量越多，生物体体重增长得越快。显然，用于生长的能量等于新陈代谢吸收的能量减去用于维护的能量，所以生物体体重的增长速度正比于新陈代谢吸收的能量与用于维护的能量之差。

正如第 3 章所讲，新陈代谢吸收的能量与维护消耗的能量都是体重的幂律函数，但它们的幂指数不同。这就导致随着生物体的生长，体重越来越大，新陈代谢所吸收的能量与用于维护的能量都要增多，但是它们的增长速度并不相同。显然，幂指数越大的项增长得越快。所以，一定存在某个临界质量，在这一点，新陈代谢吸收的能量刚好与用于维护的能量相平衡，这也就意味着生物体的体重增量为零，停止增长。

再来看看城市。贝当古与韦斯特等人假设，城市的生长也遵循贝塔朗菲方程，但是方程中新陈代谢吸收的能量应该与城市的总经济产出（GDP）相平衡（参见上一章的贝当古模型），因而该项的幂指数大于 1，这就导致城市的生长过程永远不会停止，最终导致奇点临近。

我们知道，人类可以通过交互创造经济产出，这些经济产出就相当于生物体通过新陈代谢吸收的能量，可以分为两份，一份用于城市的生长，一份用于城市的维护。城市的生长体现为城市人口增加。城市的生长率正比于人类交互所创造的总产出减去月于维持城市中所有居民的基本生活所需成本。

更进一步，城市的经济产出与城市规模呈现 1.15 次幂的超线性规模法则，也就是城市规模越大，经济产出越多，并且比人口增长得更快。而城市的维护成本应该与城市规模呈正比，这是因为人维持生存所需的基本能量和用经济价值衡量的生活成本相同，因此人口越多，维护成本越高，二者呈正比。因此，城市的生长率正比于这两项的差，我们再一次得到了贝塔朗菲模式的生长方程[①]。

与生物学生长曲线的不同之处在于，城市的产出符合超线性规模法则，这会造成方程的解有很大的不同。为了看出这种不同，我们将经济产出和维护成本与城市规模

① 具体的方程为 $dN(t)/dt = aN(t)^\beta - bN(t)$，其中 t 为城市生长时间，N 为城市人口，a 和 b 分别为规模法则的两个系数，β 为超线性规模法则的幂指数，约为 1.15。

的关系绘制出来，如图 8.6 所示。

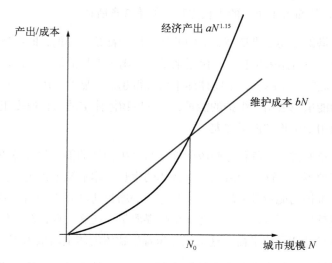

图 8.6　城市的经济产出（GDP）和维护成本与城市规模之间的关系

根据图 8.6，想比较经济产出与维护成本，要看当前的城市人口位于坐标点 N_0 的左侧还是右侧。也就是说，存在一个城市临界人口 N_0，当人口小于这个临界值的时候，城市的经济产出小于城市的维护成本，这会导致两项的差为负。而城市的人口增长率为负必然会导致人口减少，而人口越少，经济产出越会小于维护成本，所以会进一步导致人口减少……最终城市崩溃。这一发展轨迹如图 8.7 所示。

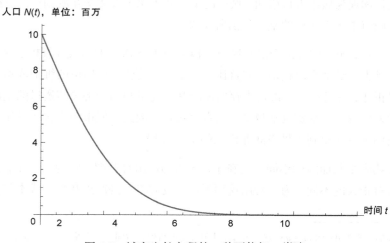

图 8.7　城市生长方程的一种可能解：崩溃

当城市的初始人口大于临界值的时候，城市的经济产出就会大于维护成本，所以人口增长率会始终为正，这会导致城市飞速发展。那么，给定一座城市，它究竟按照哪一种轨迹发展呢？这显然依赖该城市当前的初始人口是否小于 N_0。更进一步，临界人口 N_0 又是由什么因素决定的呢？它是由超线性规模法则与线性规模法则的交点决定的：

$$N_0 = \left(\frac{b}{a}\right)^{1/(\beta-1)} \tag{8.1}$$

这个交点取决于规模法则的各个参数，包括 a、b、β。其中，a 为经济产出与规模的超线性规模法则系数，可以理解为平均生产率，因为它等价于最小城市——人口为 1 的城市的生产力水平；b 是维护成本项的系数，衡量了城市中的人均维护成本。β 为城市 GDP 的规模法则幂指数，为 7/6（见上一章）。由于 $\beta > 1$，所以当人均维护成本高或者人均生产力水平低的时候，N_0 就会比较大，城市快速发展所需的初始人口门槛也就比较高。

大多数城市显然更符合第二种情况，即城市规模会一直扩张下去。当城市人口超过阈值 N_0 以后，经济产出会高于维护成本，于是城市规模会变大。随着城市人口的增多，经济产出比维护成本更高。这会导致一种正反馈效应：巨大的人口会拉大经济产出与维护成本的差距，而这一差距会让人口更加快速地增长。久而久之，第一项的作用就会远大于第二项，使人口暴涨，如图 8.8 所示。

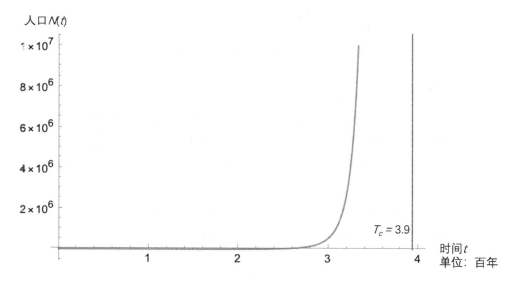

图 8.8　城市生长方程的一种可能解：人口暴涨

如果城市规模的增长率正比于人口，则规模会呈指数增长。然而，当城市规模正比于人口的超线性幂次的时候，规模会以远超指数增长的速度增长，这叫作超指数增长[①]。通过求解方程可以得知，城市人口会在有限的时间内达到无穷大，这就是所谓的有限时间奇点。

我们知道，普通的指数增长会导致结果无穷大，可这是在无限长的时间内完成的。而在超指数增长动力学中，变量趋于无穷大可以在有限的时间内实现。也就是说，对于真实的城市来说，如果任其自由生长，并假设生长过程符合韦斯特等人的动力学方程，那么它必然会走向有限时间奇点，记这一时间点为 t_c。

城市生长方程的推导过程如图 8.9 所示。

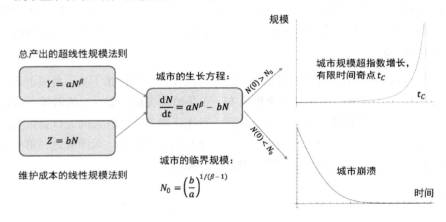

图 8.9　城市生长方程的推导过程

8.3.3　城市会"死亡"吗

当城市走向奇点的时候会发生什么？首先，城市人口会在有限的时间内暴涨；其次，人们仍然会按照超线性规模法则创造社会财富，因此 GDP、总收入、科技创新等也会暴涨，而且比人口增长得更快；最后，人与人之间的交互会产生更多负面效应，犯罪、疾病、环境污染、垃圾等也会按照 GDP 增长的速度暴涨。

与此同时，由于一切人类活动都以消耗能量、物质等资源为前提，因此暴涨的人口在创造更多社会财富的同时也会导致资源消耗暴涨。所有活动的消耗最终必然会以

---

① 事实上，城市规模的动力学方程的解为 $N(t) = \left[\dfrac{a}{b} + \left(N^{1-\beta}(0) - \dfrac{a}{b} \right) \exp\left[-b(1-\beta)t \right] \right]^{\frac{1}{1-\beta}}$。

废弃物、废热等形式输出，导致熵暴涨。这种破坏性的熵增必然会在某一时刻导致整个城市崩溃。

我们假设城市演化的动力学方程本身以及产出与规模的幂指数 β 并不发生变化，那么当城市规模暴涨引发资源消耗过多、环境急剧恶化的时候，人均维护成本项 b 会升高，从而导致式(8.1)中的 N_0 增大，这样超指数增长所要求的基本条件 $N(t) > N_0$ 就不一定满足了，于是城市可能会进入图 8.7 所示的崩溃动力学过程。

假设城市的初始规模为 N_0，那么它通过超指数增长到达有限时间奇点的时间[1]为：

$$T \propto N_0^{1-\beta} \tag{8.2}$$

注意 $\beta > 1$，所以这个时间会随着城市规模的变大而缩短，也就是说城市规模越大，它就会越早走向崩溃。其实，我们完全可以将有限时间奇点的到达看作城市的一种"死亡"，T 就是城市的寿命。所以，式(8.2)告诉我们，城市的寿命会随城市规模的增大而减少。

熟悉《规模》内容的读者可能已经发现了，这里的结论和韦斯特的结论不一致。我们认为，城市不仅会死亡，而且越大的城市，死亡来临得越快。而韦斯特认为城市不会死亡。关键分歧就是有限时间奇点究竟能不能算作城市的死亡。

我们发现，如果认为这是一种死亡，就能让理论自洽。城市的生长规律本质上与生物一致，只不过一个是超线性规模法则，另一个是亚线性规模法则。我们知道，随着生物体体重的增长，生命节律会以 -1/4 也就是 $\beta-1$ 次幂的速度变慢，而寿命会以 1/4 也就是 $1-\beta$ 次幂的速度增加。同理，随着城市规模的增长，其生长节奏会以 $\beta-1$ 也就是 0.15 次幂的速度加快，这会导致城市的各个组成单元加速老化，从而导致它的寿命以 $1-\beta$ 也就是 -0.15 次幂的速度减少。所以，城市的生长节奏和生命周期与生物体刚好相反，但在理论上是一致的。

然而，韦斯特为什么认为城市不会死亡呢？最关键的理由是，他认为城市的有限时间奇点并不代表城市的死亡时刻，而人类科技可以"逆天改命"！就像人类一生的心跳总次数已经被科技更改了一样（远远超过了 15 亿次），城市也会一次次地被科技革命拯救，甚至走向永生。

8.3.4　科技革命与动力学过程重启

我们回到奇点来临的时刻。前面我们已经领教了超指数增长的威力，城市将会在有限时间内经历人口爆炸、财富迅速累积和科技突飞猛进，然而与此同时，这些活动

---

[1] 该式在 $b/a \ll N(0)$ 条件下成立。

产生的熵最终会导致城市崩溃。人们显然不会任由这种事情发生,于是不得不寻求新的变革,这就是科技革命。也就是说:科技革命是人类应对发展挑战的必然结果。

每一次科技革命的爆发其实就是对超指数生长动力学过程的重启,具体体现为城市生长动力学方程中系数 a 和 b 的重新赋值。也就是只有通过科技创新才有可能使得生产率 a 提高,从而抵消不断增长的人均维护成本 b,进而缩小 N_0 的值,让城市的发展进入如图 8.10 所示的轨道。我们知道,即使爆发了科技革命,也很难更改城市中社会交互与规模之间的幂指数 β,因为这一指数是由城市中人与人交互的基本机制决定的。于是,新的系数 a 和 b 会导致一条新的生长曲线产生。然而,这条曲线的形态和以前一样,只不过奇点滞后一些。

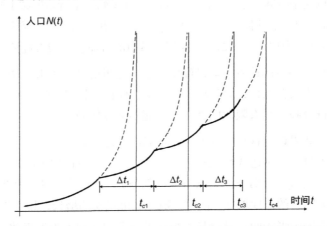

图 8.10 城市生长动力学多周期循环的曲线。其中每一个周期会按照虚线曲线的方式趋近于奇点(竖直虚线),实线为真实的生长曲线,其中转折点是科技革命爆发的时间点。$t_{c,i}$ 为每一个周期的有限时间奇点,Δt_i 为两次科技革命的时间间隔。可以看到,时间间隔在逐渐变小

尽管时间被推迟,但是城市发展必然会趋向奇点。于是,城市再一次濒临崩溃,新一场科技革命再次爆发。就这样,方程的系数 a 和 b 再次重置,奇点临近又会被推迟……这一过程循环往复。

这不就是经济学家熊彼特提出的经济发展周期吗?因此从城市发展动力学来看,经济发展周期是一种必然性的结果。

8.3.5 加速变革与终极奇点

一场新的科技革命必然会将人类社会的发展进程带入新的轨道,使得人类生活的

节奏越来越快，而科技革命的发展过程本身也在加速。

从数学上来看，这一不断加速的科技革命步伐可以表达为如下幂律关系：

$$t_{c,i} - t_{c,i-1} \propto N_i(0)^{1-\beta} \tag{8.3}$$

式(8.3)给出了第 i 个循环的临界时间窗口 $t_{c,i} - t_{c,i-1}$（$t_{c,i}$ 为第 i 个从开始经历超指数增长至无穷大的时间点）与这一循环的初始人口 $N_i(0)$ 之间的幂律关系，其中幂指数为 $1-\beta$。对于一般的城市来说，$\beta \approx 1.15$，则式(8.3)中的幂指数为-0.15。当一次次的科技革命不断重启城市演化过程，城市的人口 $N_i(0)$ 也会不断增长，这导致 $t_{c,i}$ 会缓慢缩小。

更进一步，这个临界时间窗口 $t_{c,i} - t_{c,i-1}$ 决定了每一个发展周期的时间长短。$t_{c,i} - t_{c,i-1}$ 越小，那么人们将会在越短的时间内走向有限时间奇点。为了避免这种情况发生，科技革命必须在更短的时间内进行。因此，相邻科技革命的时间间隔 $\Delta t_i < t_{c,i} - t_{c,i-1}$。这意味着，$\Delta t_i$ 也会至少按照 $N_i(0)^{1-\beta}$ 的速度缩小。

韦斯特等人用纽约市近 200 年来的人口增长情况来佐证这个变革加速的结论，请参见《规模》。

随着这样的过程不断重复进行，城市的发展最终仍然避免不了走向奇点。这是因为虽然我们能够通过科技革命一次次地将有限时间奇点延后，但是重大科技革命的时间间隔越来越短，最终将短到人类日常生活的时间尺度，所以奇点仍然会在有限的时间内到来。

至此，韦斯特从城市的超线性规模法则出发，利用完全不同的手段，同样给出了奇点临近的预言。贝当古、韦斯特等人提出的城市发展动力学不仅可以解释人口爆炸、经济发展周期等，还能解释技术变革的持续加速以及奇点临近。

8.3.6 奇点的末日景象

当城市发展遇到终极奇点的时候将会是什么景象？韦斯特本人持悲观的态度，他认为人类社会将不可避免地走向大崩溃。最终，城市垃圾遍地、犯罪横行，人口大规模缩减。

从理论推导出的城市生长方程来看，当城市发展遇到奇点的时候，GDP、科技创新首先暴涨，这刚好与智能爆炸、超级人工智能觉醒这样的预言相吻合。但是，韦斯特预言的垃圾遍地、犯罪横行、疾病肆虐等负面因素也会相伴而生是人工智能的拥护者们没有想到的。

事实上，这里隐含着一个重要的结论，即人工智能其实就是熵的制造者。所以，当奇点临近的时候，在人工智能以前所未有的速度引发智能爆炸的同时，智能机器将会向环境中释放城市无法承受的熵。秩序与混乱总是相伴而生，超级人工智能的出现也会导致大规模熵增。

长久以来我们对技术抱有一种错觉和幻想，即科技创新最终能够让我们摆脱物质和能量的束缚。但实际上，任何科技创新活动都必须由人做出，而人的活动要消耗能量并产生熵。你可能会觉得奇怪，我通过动脑筋、查资料从而获得一个科技创新的好点子，这一过程的确要消耗能量，但是这种消耗微不足道。但是请不要忘记，为了获得创新的灵感，你首先要维持基本的生存，这需要消耗不少能量；其次，只有当生活衣食无忧甚至比较体面的时候，你才能更专注于科技创新；最后，为了获得一个有价值的想法，你需要与其他人经常交流，甚至可能坐飞机跨越大洋来获得最新的学术信息。这一切实际上都算是科技创新需要消耗的能量成本，不可忽略。

更进一步，人工智能的运算过程本身也需要消耗大量电能。实际上，随着技术的进步，全球的电力消耗正在呈指数增长。例如，我们都看到了 AlphaGo 光鲜的一面，它通过自我学习赢得了世界围棋比赛冠军，但是我们往往忽略了它并不怎么光彩的另一面：为了完成这一任务，它消耗的能量远远超过人类棋手。卡内基-梅隆大学博士生肖恩·沐恩（Shane Moon）在一篇介绍 AlphaGo 的文章中，对人类棋手和 AlphaGo 的能耗做了粗略的比较：人一天需补充的能量约为 2500 大卡，也就是 10M 焦耳；而 AlphaGo 在 5 小时的围棋比赛中的能耗约为 3000 兆焦耳。这样估算，AlphaGo 下一盘棋的能耗与人相比，应该在 1000 倍这个数量级以上。

这样大规模的能量消耗必然会产生大量熵。在城市层面，这些熵会以一种破坏社会秩序的形式展现，例如犯罪横行、环境污染、疾病肆虐等。这恰恰是我们不自知的。

之前有新闻说北极圈内的挪威城市班纳克测量到 32℃的高温，这条消息让不少人惊呼"北极都 32℃了，日子可怎么过！"的确，近年来全球气候变暖现象越来越明显了，极端天气在全球范围内的肆虐也在提醒我们：大气圈正在经历剧变。随着气温升高，北极的冰正在大面积融化，这必然会导致整体海平面上升。专家预测，随着海平面升高，到 2100 年，美国约 1400 个城市或将被淹没。这一切的罪魁祸首就是大气中温室气体的显著增加，而这显然跟人类活动有关。

很多人天真地以为，科技革命能扭转环境恶化的局面。然而，实证数据显示，碳排放量实际上与 GDP 呈现高度相关性。正如前文的分析指出：所有的人类财富创造和科技创新活动，本质上都需要大规模的能量代谢作为支撑，这都避免不了大规模的碳排放。可以说，越尖端的技术，就越需要大规模的能量代谢作为支撑。尽管应用一项高科技本身可能并不需要消耗多少能量，甚至可以减少碳排放，但是研发这一技术的过程涉及更大规模的能量代谢与碳排放。

事实上，热力学第二定律早已经告诉我们，任何物理学过程都必然产生熵。若希望达到有序，唯一的做法就是从环境中引入更多的负熵流，使其流入速度高于系统自身产生熵的速度。然而，这一结论的另一种完全等价的表示就是，若想获得秩序，我们必须以更快的速度向外界排放熵。将这一结论应用于人类社会，就不难理解为什么气候正在加速变暖了，因为我们正在追求人类社会的有序化，因而不可避免地产生了更多的熵；也不难理解，为什么超级人工智能的到来必然会导致城市崩溃，因为超级人工智能为了让自身达到高度的有序化，必然会产生更多的熵。

从这个角度来说，奇点临近可能会是人类有史以来最具破坏性的事件。这种破坏性并不一定来源于人工智能超越并毁灭人类，也可能来源于超级人工智能产生的熵破坏了人类赖以生存的环境。

8.3.7　如何补救

难道人类未来的命运真的如此灰暗？没有什么办法可以补救了吗？

2015年1月，斯蒂芬·霍金（Stephen Hawking）、埃隆·马斯克（Elon Musk）、DeepMind联合创始人彼得·诺维格（Peter Norvig）等世界顶尖专家联合签署了一份公开声明，号召全世界的研究者警惕并避免诸如人工智能、深度学习这样的颠覆式技术带来的隐患。有些人甚至主张禁止某些可能威胁人类命运的人工智能研究项目。这些举措也许能够在一定程度上防止技术产生负面作用，但是并不能从根本上解决问题。

技术发展的浪潮并不会因为少数专家的呼吁而停止。技术发展就像是一场军备竞赛，停止某项尖端技术的研发也许正好为你的竞争对手提供了千载难逢的机会。因此，人工智能这样的技术就好像是一个潘多拉的魔盒。当然，不能将一切责任都推卸到人工智能上。即使人工智能的发展停滞不前，仍然有其他领域的技术会朝奇点迈进。例如，人们预测材料科学发展中也存在奇点。所以，正如著名的未来学家凯文·凯利（Kevin Kelly）所说，技术作为一个整体具有自己的生命，它会按照自己的方式不停前进。除非人类不存在了，否则指数式甚至超指数式的快速发展必然会出现。

问题的根源并不在一两种特定的技术上，甚至不在整个科学技术范畴之中。正如上一章所说，技术只不过是城市之中人们交互产生的一种结果。关键在于，一切人类活动都具有两面性：一方面创造价值，另一方面不可避免地消耗能量，产生熵。这就像一面镜子，镜中的世界无非是对现实的忠实映照。环境破坏、气候变暖其实都是对科技发展的反映。但这并不意味着要想解决问题就应该停止一切科技创新活动，而是应该让财富创造、科技创新等活动在一个适当的范围之内进行。

我们知道，地球表面每天都在接受太阳高达 8×10^{16} 瓦的能量辐射[①]，其中相当一部分能量维持着整个地球的生态系统，滋养万物。现在，人类消耗能量的速度已经接近 1.5×10^{13} 瓦[②]，占到太阳辐射总量的 0.02%，而最新测得的人类生物量占全球生物量的比例仅为 0.01%[③]，这说明人类消耗能量的速度已经与我们在整个生态系统中的生物量占比不相匹配了。

我们为什么要消耗如此多的能量呢？其实，自然条件下的人，如果仅仅维持基本生存，而不从事其他活动，代谢率约为 90 瓦，这相当于一个白炽灯的功率。然而，事实上人类日常所消耗的平均能量高达 11 000 瓦，比基本需求足足高出 1000 多倍。更多能量其实消耗在我们的社会生活之中。除了基本的吃喝拉撒以外，我们还会进行各种社会活动，比如乘车或开车到其他地点，消耗电能来完成工作……这一切活动都是为了满足我们的社会性需求。

所以，问题的关键在于社会交互。社会交互既带来了巨大的财富，也消耗了远超自然条件下人所需的资源。社会交互也恰恰是人类文明产生的本质因素。可以说，没有社会交互就没有人类文明。然而，现在社会交互要将人类社会推向奇点。

我们应如何补救？一个完全没有社会交互的世界显然不可能，但通过减少社会交互，将每一个人的能量代谢水平降到接近自然条件下人的水平并非完全不可能。

事实上，互联网技术已经可以做到人与人之间不通过物理接触就实现交互了，这当然可以有效避免城市交通运输产生的能量代谢。而消耗在电子通信上的能量要远比交通运输少得多。所以，我认为解决问题的可能出路是人类社会的数字化和虚拟化：人类的思维进入一个类似于"黑客帝国"的大型虚拟世界，减少现实生活中的能量代谢。按照上一章的模型，之所以存在 GDP 的 1.15 次幂规模法则，原因在于人类要在

---

① 数据参考来源：ecological complexity, 2008, 5(4): 281–288.

② 数据参考来源：同上。

③ 数据参考来源：Bar-on M, Phillips R, Milo R. The Biomass Distribution on Earth[J]. Proceedings of the National Academy of Sciences, 2018, 115(25): 6506-6511.

城市道路上完成交互。如果存在这样的虚拟世界，那么人和人的交互就不再受限于道路，这样 1.15 次幂的超线性规模法则可能被打破。

上面这一段文字写于 2018 年。2021 年，元宇宙概念开始弥漫全球，它描绘的恰恰就是一种新型的"黑客帝国"。而当我今天（2022 年 11 月）再次回看这段文字的时候，不禁惊讶于当时的预言和理论的洞察力。

8.4　批评与展望

在本章中，我们系统地讨论了奇点临近的可能性。无论从实证数据还是理论推导来看，似乎终极奇点都无法避免。奇点临近的推测来源于城市的超线性规模法则导致的超指数增长。这一模型不仅可以解释每个人都能感受到的加速的社会变革、周期性的科技创新，还能比较好地吻合实际数据。这一切其实都来源于人类的社会交互与城市规模之间的超线性规模法则，这一规律衍生出了奇点临近不可避免的结论。然而，推导过程并非无懈可击。

自从奇点临近被提出，关于这一观点的争论和批评就未停止。有相当一部分人认为，人工智能永远不可能超越人类的智力水平。例如，心理学家斯蒂芬·平克就指出："没有哪怕一点点理由能让我们相信奇点临近的说法。事实上，你通过想象力看到的未来并不是可能见证的未来。就像穹顶城市、喷气式飞行通勤、水下城市、数千米高的建筑以及原子能汽车，所有我孩童时代的关于未来的幻想都没有应验……"著名物理学家罗杰·彭罗斯（Roger Penrose）曾写作一本巨著《皇帝新脑》来论证为什么人工智能只不过是计算机科学家们的"皇帝新衣"，他认为人类智能中存在某种与量子力学相关的特性，这是目前的计算机不具备的。著名哲学家约翰·希尔勒（John Searle）也曾提出著名的哲学论题"中文房子"，来论断人工智能不可能真正做到像人类一样。总之，这牵涉究竟什么是智能，人与计算机之间存在哪些显著的差异，什么是人具备而机器不具备的等问题。然而，对这些问题的回答目前尚不明确。

马丁·福特（Martin Ford）提出来的质疑比较有意思，他认为有关奇点临近的说法会导致"技术悖论"，这一悖论可能会拖慢甚至阻止人类走向奇点的进程。所谓的技术悖论是指，在奇点到来之前，绝大部分工作将会被自动化所代替，这显然需要人类具备相当高的技术水平。这会导致大量失业以及人类需求暴跌，对技术投资的激励随之降低，而这些投资可能是奇点临近所必需的。于是，工作替代就不再是以前人们理解的那样限制于机械性的工作了。

与此类似，耶鲁大学的威廉·诺德豪斯（William Nordhaus）提出了经济奇点的概念，它特指经济长期超高速发展。同时他也指出，技术奇点并不必然导致经济奇点[①]，最主要的原因是所谓的巴尔默效应（Baumol effect），也就是说当一项技术突飞猛进、发展成熟后，其成本会逐渐降低，以至于该产业变得无利可图。例如，随着个人电脑的快速发展，价格持续走低，利润空间变小，许多投资人离开了这个行业，也就无法实现这个产业的超高速发展。这就是技术奇点与经济奇点的不匹配。所以，当我们迈向技术奇点时，并不一定意味着GDP能够超高速地增长。

从实证数据来看，最近一段时间人口与GDP或者其他指标之间的增长曲线也支持这种观点。安德烈·科罗塔耶夫（Andrey Korotayev）认为：以前，那种因正反馈循环造成的双曲型增长曲线在1970年之后就再也看不到了，因此至少从人口或GDP等指标的角度来看，暴涨是不可能的。与此对应，贝当古、韦斯特等人推导出的人口超指数增长的前提是无限的人口和GDP。由于世界人口总数是有限的，而且未来的增长也并非超指数型，因此无法支持奇点临近的说法。

关于加速变迁现象也存在问题。施米德胡贝（Schmidhuber）指出，人类的记忆本身就具备加速变迁性质，也就是我们对遥远的事件会自然淡忘，更容易记住离现在更近的事件。于是，如果我们将每一个人回忆的大事件画在双对数坐标系中，就会发现相互靠近的事件会更多，甚至也呈现出幂律关系。这说明，库兹韦尔对于演化史上大事件的加速变迁现象的观察，只不过是人类的一种集体记忆效应罢了。

有关贝当古和韦斯特的推论其实也存在很多值得怀疑的地方。例如，为什么城市中维护所需的成本一定会与人口成正比？事实上，韦斯特等人并没有用真实的城市数据来验证这一结论。关于整体动力学方程，也仅仅用了纽约市这一个例子进行验证。另外，关于科技革命会重启整个动力学演化过程的论断也远远没得到实证数据的支持。这一过程的发生机制也许并没有作者们声称的那样简单。

总之，无论技术奇点是否真的存在，技术的进步和城市的发展会对人类社会产生越来越重要的影响，这一点毋庸置疑。因此，在这样的大背景下，特别是人工智能快速发展的情况下，讨论技术变迁如何影响人类的社会生活至关重要。这里面还有非常多的问题值得研究。例如，假如真的存在技术奇点，那么它究竟是如何一步一步诞生的？在什么地方诞生？对其他地区有何影响？……

---

① Nordhaus W D. Are we approaching an economic singularity? Information technology and the future of economic growth[R]. National Bureau of Economic Research, 2015.

第 9 章
企业的规模法则

从猫在咖啡馆里的中关村创业公司，到市值万亿的大型上市公司，企业无疑是现代社会经济系统的基本单元，也是经济发展的重要动力[1]。一家企业的成败不仅关乎股东的利益，也关乎整个国民经济的发展。用"富可敌国"形容当今的大企业一点儿都不为过。例如，苹果公司 2017 年的销售总额达到了 2391 亿美元，这个数字超过了当年全球 GDP 排名第 44 位的越南；中国互联网巨头阿里巴巴 2021 年的销售总额也与当年斯洛伐克的 GDP 相当，达到了 1095 亿美元；2021 年，尽管遭受到美国制裁以及俄乌冲突的广泛影响，华为的销售总额仍然达到了 6340 亿元人民币，这个规模刚好相当于古巴当年的 GDP，而古巴在全世界 GDP 排名中名列第 66 位。[2]

那么，如何运营一家公司，才能让它成为富可敌国的百年企业呢？关于这个问题，市面上有大量的书在尝试回答，如《腾讯传》《华为战略》等，它们通过详细剖析某一家企业的成败经历从而得出结论。然而这种分析更多是在讲述某一家企业的成长故事，结论也不一定具备很好的推广性。另外，也有一些研究在尝试总结一些企业在多年发展历程中的管理经验和规律，例如《基业长青》《追求卓越》等。但是，这些研究的一个前提假设是企业的管理者对企业的运行起到至关重要的作用。可管理者的作用真的有那么大吗？市场、经济、政治等更多的因素又会起到什么作用呢？要想回答这类问题，就需要知道在企业的背后是否存在不随管理者的经验和宏观环境的变化而改变的本质规律。

---

① 本章和下一章都将混合使用"企业"和"公司"这两种称法，虽然严格来讲二者有区别，但是在行文过程中，混用会使得文字可读性更强。一般来讲，企业是指以营利为目的，运用各种生产要素，向市场提供商品或服务，实行自主经营、自负盈亏、独立核算的法人或其他社会经济组织。企业包括个人独资企业、合伙企业和公司、非公司企业法人等组织形式。公司是依照公司法设立的有限责任公司或股份有限公司，是以营利为目的的企业法人。

② 公司数据来自标普 Compustat 数据库，GDP 排名数据来自世界银行公开数据集。

在本章中，我们将从企业规模这一最基本而又最本质的变量入手，寻找企业背后的不变规律—— 一系列的规模法则。这些规模法则能够说明，如果我们撇开细枝末节，企业的确可以在大尺度上展现很多具有普适性且可定量化的规律。这些规律不仅能解释企业的共性，也能够反映不同市场、不同历史时期的差异。同时，它们还可以启发我们发明新的工具来评估企业。首先，我们从一个开放的复杂适应系统的角度来思考企业的本质是什么。

9.1 企业—— 一个开放的复杂适应系统

企业一般可以简单描述为能够提供专业服务的人类组织。然而，同是人类组织，它却与本书讨论过的互联网社区、城市有着显著不同。这主要体现为，在人与人的交互模式中，每个人并非完全不受约束，员工通常受到上级领导的指挥和管理，而这些指挥和管理又往往呈现为层级化的金字塔结构。所以，企业这一人类组织是一种自组织和他组织的混合体。

企业是一个开放的系统。这里的"开放"有两层含义：第一层含义是指企业必须时时刻刻与外部环境交换物质、能量、信息，才能维持其基本生存；第二层含义是指企业所依存的外部环境对企业的发展起着至关重要的作用。只有把环境和企业很好地结合起来考虑，才能正确认识企业。这种外部环境包括市场、经济、金融、政治甚至气候等因素。例如，一场贸易战有可能创造全新的市场机会。

面对这样高度不确定的环境，企业必须具备良好的适应性。这种适应性既包括每个员工本身的学习能力，也包括企业自身的新陈代谢能力，还包括组织流程、组织架构的可变性。首先，从个体员工的层面看，个体的学习以及新员工的加入和老员工的淘汰都可以促进组织发生变化。然而，即使个体层面不停地发生变化，甚至个体全部替换了，组织文化、使命、愿景等却往往能够保留下来。这是因为这类信息以一种微妙的方式存储到了企业的组织流程、组织架构，甚至组织的社会规范（social norm）等高层次的结构中。但与此同时，在面对外部环境的变化时，这种流程、架构、规范也会发生适应性的改变。例如，从组织流程的角度来看，企业是生产活动的集合。无论是生产产品还是提供服务，一系列相继的流程将各种资源、事物和人组合在一起，从而创造出价值。这种价值链在面对快速变化的外部环境时，往往能够展现出高度的灵活适应性，例如当供应商断货的时候，采购部门可以改从其他供应商处购买生产资料。所以，在面对不确定环境方面，企业更像是一个活生生的有机体，可以不断地变化、适应。

正是由于环境的不确定性和组织的灵活适应性，使得要想寻找企业运营的底层逻辑和本质规律，就不能仅仅在企业本身上打转，而必须将企业和外部环境结合在一起来考察。另外，要想构造企业理论，我们必须结合具体的数据来分析每一家企业。然而，企业那么多、那么多样化，影响企业发展的因素又那么复杂，我们应该如何着手进行定量分析呢？要回答这一问题，我们需要先抓住企业最核心且最关键的变量，这就是规模。

9.2 企业的规模与规模法则

规模是万事万物的尺度，这对企业同样适用。企业的规模可以用多种指标来衡量，例如总销售额、总资产以及员工数等。在本节中，我们尝试以员工数衡量企业规模，因为这一指标可以回避通货膨胀以及汇率转换的问题，方便我们跨时间、跨地域进行对比。

在本节中，我们用员工数衡量企业规模，用它来同时透视企业和市场，并以中美两国为例来进行对比。透视的工具有两个：一个是规模–排序曲线，它可以揭示市场竞争的激烈程度；另一个是规模法则，它可以在不同层面反映出市场对企业的综合影响。

9.2.1 规模–排序曲线

从两个人的夫妻店，到有数百万员工的大型跨国公司，不同企业的规模可谓天差地别。这种规模的多样性恰恰是企业这种适应性主体应对外部环境复杂多变性的体现。人们发明了规模–排序曲线，用以刻画一个市场之中大大小小企业规模的多样性和复杂性。别小看这条简单的曲线，它可以帮助我们透视企业在怎样的环境中生存。

什么是规模–排序曲线呢？我们从两个假想的国家开始说起。第一个国家叫作"柏拉图"，该国一共有 10 家企业，它们的规模（以员工数来衡量）分别为(3500, 2000, 10 000, 1000, 5000, 6100, 4500, 5200, 7100, 8010)。那么，只需要将这些企业的规模按照从大到小的顺序排列，并将这个数列绘制在坐标系中，便得到了"柏拉图"的企业规模–排序曲线，如图 9.1 所示。

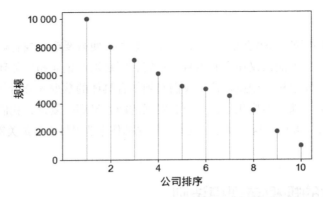

图 9.1 "柏拉图"的企业规模–排序曲线（将点连接起来可近似形成曲线）

图 9.1 的横坐标为企业排序的序号，纵坐标为企业的规模大小，曲线清晰地展示出了"柏拉图"所有企业的规模分布。可以看到，排名第一的企业有 10 000 名员工，排名最后的企业有 1000 名员工，二者相差了 10 倍之多。

再来看看另外一个假想国家"芭比 Q"的企业规模–排序曲线。该国也有 10 家企业，它们的规模分别是(10, 210, 10 000, 153, 50, 20, 110 300, 5200, 2001, 210)，将它们排序得到(110 300, 10 000, 5200, 2001, 210, 210, 153, 50, 20, 10)，绘制出规模–排序曲线，如图 9.2 所示。

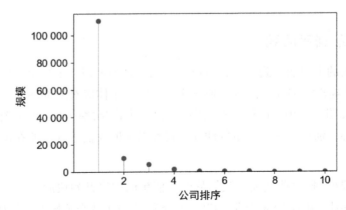

图 9.2 "芭比 Q"的企业规模–排序曲线（将点连接起来可近似形成曲线）

与"柏拉图"的企业规模–排序曲线不同的是，"芭比 Q"的企业规模–排序曲线头部（左边）更加弯曲，而尾部（右侧）更加平坦，排名第一的企业规模是排名最后的企业的 11 030 倍之多，即排名第一的企业独占鳌头，完全碾压其他所有企业。

通过对比两国的企业规模-排序曲线，可以明显看出以下特点。

❑ 曲线都是单调下降的，这是由该曲线的定义所决定的。
❑ 曲线的弯曲形状反映了两国劳动力市场的集中程度：

■ "柏拉图"的企业规模相对更加均匀，处于一种完全的市场竞争状态；
■ "芭比 Q"的企业规模相对更不均匀，少数大企业形成了对劳动力市场的"垄断"效应，这体现为人们会争先恐后地进入这些大企业。

通常情况下，企业员工数越多，其产出越多（参见后续内容），因此，有关劳动力市场的这些结论同样适用于产量、总销售额、市场占有率等指标。

由此可见，通过绘制经济体的企业规模-排序曲线，我们便可以对一国市场的发展状况，特别是竞争和垄断情况有清晰直观的了解。那么，现实中经济体的企业规模分布曲线又是什么样的呢？

在本章中，我们使用两个数据集作为研究对象。第一个数据集来自标普公司的Compustat 数据库，它涵盖 28 853 家美国上市公司在 1950~2018 年间的各项财报数据，包括员工数、总销售额、总成本、总资产、净盈利等。另一个数据集来自国内的 Wind 经济数据库，它涵盖 3163 家中国上市企业在 1996~2020 年间的财报数据。

下面我们就来比较 2009 年中美两国所有上市公司的规模分布。图 9.3 为美国的企业规模-排序曲线。

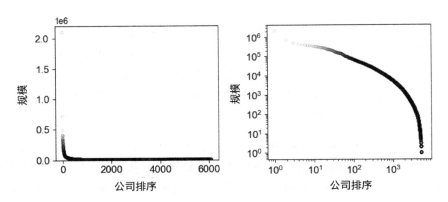

图 9.3　2009 年美国所有 6092 家上市公司的规模-排序曲线在正常坐标（左图）和双对数坐标（右图，两个坐标轴都取对数）下的展示。其中圆圈为原始数据点，一个圆圈代表一家企业

由图 9.3 左图不难看出，与前面的"芭比 Q"的曲线很相似，规模分布非常不均匀。排名第一的企业是沃尔玛，在 2009 年它的员工数是 2 100 000，而当年全美有员工数记载的 6092 家上市公司的员工总数是 55 502 680。由此可见，沃尔玛一家企业所雇用的员工数就达到了美国全部上市公司员工总数的 3.8%。而排名最后的企业仅有 1 名员工。因此，排名第一的企业规模是最后一名规模的 200 多万倍。正是这种极端的分布不均匀性导致规模–排序曲线呈现为一个大写的 L：绝大多数企业的规模看起来接近于 0，只有少数几家大企业的规模紧贴纵轴。

再来看看中国上市公司的情况，如图 9.4 所示。

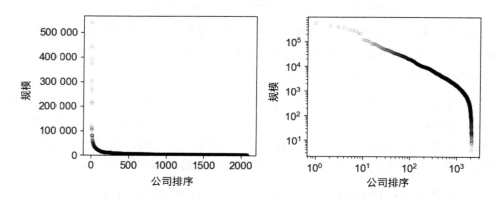

图 9.4　2009 年中国所有 2132 家上市公司的规模–排序曲线在正常坐标（左图）
　　　　和双对数坐标（右图）下的展示

与美国的情况类似，中国上市公司的规模–排序曲线也呈现明显的 L 形。其中规模最大的企业为中国石油，员工数为 539 168。所有 2132 家公司的总员工数为 11 698 529，因此中国石油一家企业的员工数就占了中国上市公司总员工数的 4.6%，比美国的这一占比高出 0.8%，这似乎表明中国的企业规模分布更不均匀。这个数据集中最小的公司为星美联合股份有限公司，员工仅有 4 人。

然而，通过图 9.3 和图 9.4 中的左图很难比较两国企业的差别。为了更清楚地看出中美企业规模–排序曲线的详细情况，我们将横纵坐标轴都取对数，得到图 9.3 和图 9.4 中的右图。对数变换可以将小值放大，把大值压缩，因此规模–排序曲线会得到一定程度的舒展，更方便对比。

我们看到中国企业的曲线头部高高翘起，而美国企业的曲线头部（除去前三名）扁平。这意味着美国的大企业（头部）大多规模相似（集中在百万级别），而中国的大企业的规模则更加多样化，员工在数万到数十万不等。因此，美国市场存在许多大企业，而中国市场中企业大多为中等规模。

早在 19 世纪，意大利经济学家维尔弗雷多·帕累托（Vilfredo Pareto）就用"二八定律"来描述社会中财富分布的不均衡性，即 20% 的人掌握着全国 80% 的财富。那么，企业的规模分布是否也符合"二八定律"呢？我们对中美上市公司的规模数据进行验证后发现，中国市场规模排名前 20% 的大企业，包括中国石油、中国农业银行、中国工商银行等，占据了上市企业员工总数的 79.7%，也就是说中国企业的规模分布符合"二八定律"。美国市场排名前 20% 的大型公司，包括沃尔玛、中国石油（美国上市）、凯利服务公司（Kelly Services Inc.）、联合包裹运送服务公司（United Parcel Service Inc.）等，占据了上市公司员工总数的 91.2%。由此可见，在美国市场，大公司垄断的现象更加严重。

根据中美两国的企业规模-排序曲线，可以得出如下结论：

- 美国市场存在很多员工数超百万的大企业，整个市场被少数大企业垄断；
- 中国市场的企业规模更加多样化，它们能够形成较为充分的竞争，大企业垄断的现象不如美国明显。

9.2.2 规模法则下的中美企业对比

用员工数来衡量规模是对企业这一复杂系统的最简单刻画，规模分布体现了企业所在市场的竞争和垄断情况。然而，单一变量无法反映企业、市场等复杂系统的更多信息。于是，我们尝试引入更多宏观变量，考察它们之间的幂律关系，这便是企业的规模法则。

如果将企业的员工数记为 E，那么我们便可以考察其他任何宏观变量 X 与企业规模 E 所呈现的幂律关系：

$$X = cE^{\gamma} \tag{9.1}$$

其中：

- 幂指数 γ 刻画了该市场中变量 X 的规模效应大小——γ 越大，则表明提升企业的规模 E 将越有利于 X 的增长；
- 常数 c 则刻画了整个市场的平均效率，即当公司员工仅为一个人的时候，X 的平均大小。为了区分 X 的人均值，我们称 c 为"单人"值。

根据幂指数 γ，可以分成三种情况：

- $\gamma > 1$，则 X 会体现为明显的超线性规模法则，即 X 会比 E 增长得更快，同时市场中的大企业会比小企业具有更大的人均 X（即 X/E）；
- $\gamma = 1$，则没有明显的规模效应，即 X 会随 E 同比例增长，市场中大企业与小企业具有相同的人均 X；
- $\gamma < 1$，则 X 会体现为明显的亚线性规模法则，这是一种规模不经济的体现，因为人均 X 不会随着企业规模变大而增长。

在实际应用中，我们对特定年份某个市场中不同规模的公司 X 和 E 进行比较，即如果 A 公司的规模是 B 公司的 2 倍，那么 A 公司的销售额是 B 公司的多少倍。此时如果 $\gamma > 1$，那么 A 公司的销售额就会超过 B 公司的 2 倍，反之则不到 2 倍。

下面看看真实数据。我们用 2009 年美国上市公司的数据（共 5556 个有效数据点）可以得到总销售额和员工数之间的规模法则，如图 9.5 所示。

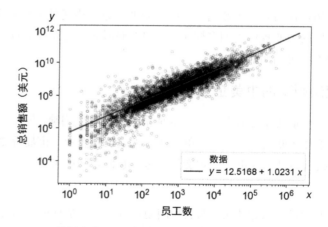

图 9.5 Compustat 数据库中 2009 年美国所有上市公司（每个点代表一家公司，共 5754 家公司）总销售额与员工数之间的关系（双对数坐标，即横轴和纵轴都取了对数）。其中直线为拟合的幂律方程，拟合参数如右下图例所示（幂律方程在取双对数之后对应为直线，其中直线斜率 1.0231 就是幂指数，截距则对应为 $\ln c = 12.5168$，即 $c = 272\,880$ 美元）

可以看到，尽管存在较大的波动性，但总销售额和规模之间在双对数坐标系中的确存在明显的正相关性，并且可以用一条直线拟合。这意味着这两个变量存在幂律关系，并且幂指数（即直线的斜率）非常接近 1，即就 2009 年的美国上市公司而言，员工数越多，总销售额会成比例增加，二者之间存在线性比例关系，没有明显的非线性规模效应。

　　另外，拟合直线的截距（ln c=12.5168）也有一定的含义，它取指数得到 c=272 880 美元，代表 2009 年美国所有上市公司员工的平均销售额，这个量的大小反映了整个市场中员工的"单人销售贡献"（即该市场中只有一名员工的公司的平均销售额）。

　　为了比较，我们还可以绘制出 Wind 经济数据库中 2009 年中国上市公司的员工数和总销售额的关系图，如图 9.6 所示。

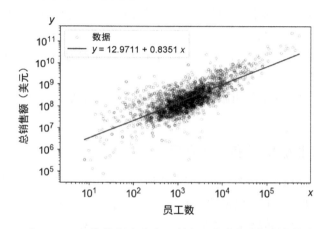

　　图 9.6　2009 年，Wind 经济数据库中中国所有上市公司（每个点代表一家公司，共 2132 家公司）总销售额与员工数之间的关系（双对数坐标，即横轴和纵轴都取了对数）。其中直线为拟合的幂律方程，拟合参数如左上图例所示（幂律方程在取双对数之后对应为直线，其中直线斜率 0.8351 就是幂指数，截距则对应为 ln c=12.9711，即 c=429 789 美元）

　　从图 9.6 中可以看出，数据点比美国的更零散一些，这表明中国上市公司的数据并没有像美国上市公司那样展现出较强的规律性，但总销售额和员工数之间的幂律关系还是很明显。此外，数据点集中在员工数为 1000 左右的中心区域，这是由数据取样偏差导致的（上市公司绝大部分具有一定的规模，而很多小公司并没有被采样到）。

　　图 9.6 中的幂指数（也就是直线的斜率）为 0.8351，比 1 小，意味着规模不经济现象存在，即在中国市场，大公司比小公司效率低——随着公司规模扩大，每个员工所能贡献的销售额会减少。具体来讲，根据数据，一家 100 人的公司，销售额是 165 万美元；而一家 1000 人的公司，销售额达到 1119 万美元，但人均销售额比 100 人的小公司还要少。因此，在 2009 年的中国，把企业做大意味着人均销售效率会降低。

图 9.6 中拟合直线的截距为 12.9711，这相当于中国企业的单人销售额为每年 43 万美元，比美国企业的单人销售额高出 15 万多美元。所以，从整个中国市场来看，员工的平均销售贡献高于美国。

总体来看，通过对比中美两国企业销售额变量的规模法则，可以得出如下结论：

□ 无论是中国还是美国，上市公司都遵循规模法则，即总销售额与企业规模之间存在明确的幂律关系；

□ 在美国，大公司与小公司的销售能力差异不太大，这体现为美国企业的规模法则幂指数近似为 1；

□ 在中国，大公司比小公司的人均销售额低，这体现为中国企业的规模法则幂指数小于 1；

□ 中国企业的单人销售贡献高于美国企业，这体现为中国企业的规模法则系数大于美国。

9.2.3 哪些行业板块具有大企业病

然而，上述分析有一个弊端——我们将所有企业放在一起比较，造成虽然这些企业总体服从规模法则，但是数据的方差很大。我们知道，一家房地产公司和一家 IT 公司的管理模式和经营策略完全不同，因此，如果能够对企业进行细致的分类，就可能得到不同的结论。

幸好，无论是 Compustat 数据集还是 Wind 经济数据集，都有针对企业的行业分类，这为我们进一步考察细分市场的情况提供了帮助。无论对于中国还是美国，我们可以将某一个行业分类中的所有企业挑出来，将它们的员工数和总销售额绘制到一个独立的坐标系中，并拟合得到这一细分行业的规模法则幂指数和系数。

结果如表 9.1 所示。

表 9.1 美国分行业企业规模法则幂指数和系数

产业	幂指数 γ	标准差	系数 c（\$）	R^2	样本数
材料	1.16	0.05	85 819	0.86	313
公共事业	1.15	0.07	245 242	0.83	229
健康医疗	1.13	0.04	82 454	0.82	721
通信服务	1.06	0.08	202 805	0.85	117
信息技术	1.04	0.03	162 755	0.86	969

（续）

产业	幂指数 γ	标准差	系数 c（\$）	R^2	样本数
能源	1.02	0.05	603 198	0.8	356
日常消费品	1.01	0.05	252 711	0.89	237
工业	0.95	0.03	341 124	0.83	737
金融	0.92	0.03	736 747	0.72	1097
可选消费品	0.88	0.03	503 833	0.81	780

（表 9.1 列出了美国不同行业的规模法则相关数据，其中幂指数为规模法则的指数，即 γ；标准差为线性拟合计算得出的 γ 的波动大小，该数值越小，表示 γ 估计得越准确；系数 c 为规模法则系数，解释为特定领域的单人公司的销售额；R^2 为线性拟合优度，其数值介于 0 和 1 之间，数值越大表示数据越贴合直线，得到的幂指数和系数越准确；样本数为该行业中可测量总销售额和员工数的企业数量。）

从表 9.1 中可以看出，不同行业具有不同的规模法则幂指数。其中，材料、公共事业、健康医疗等行业的幂指数都大于 1，说明这些行业具有明显的规模效应，即员工数越多，人均销售额也越高，这些行业的大企业效率更高。而信息技术、能源、日常消费品等行业没有明显的规模效应，人均销售额没有随企业规模变大而增加。反过来，工业、金融和可选消费品行业的幂指数小于 1，这说明这些行业存在较严重的大企业病——企业越大，人均销售额、效率反而越低，员工冗余越严重。另外，根据系数 c 的排序可以看出，不同行业的单人销售额从高到低的排序是：金融 > 能源 > 可选消费品 > 工业 > 日常消费品 > 公共事业 > 通信服务 > 信息技术 > 材料 > 健康医疗。

为了对比，我们列出中国上市公司分行业的情况，如表 9.2 所示。

表 9.2　中国分行业企业规模法则幂指数和系数

产业	幂指数 γ	标准差	系数 c（\$）	R^2	样本数
通信服务	1.03	0.39	73 130	0.96	5
材料	0.96	0.08	147 267	0.62	385
信息技术	0.9	0.09	73 130	0.64	234
能源	0.85	0.16	362 217	0.69	53
金融	0.85	0.09	597 196	0.64	187
健康医疗	0.84	0.11	242 802	0.63	137
工业	0.83	0.06	400 312	0.58	498
日常消费品	0.8	0.11	442 413	0.58	145
可选消费品	0.77	0.09	488 942	0.46	355
公共事业	0.66	0.19	2 191 288	0.38	76

在中国，除了通信服务业以外，其余所有行业的幂指数都小于 1。但应注意，通信服务业由于样本数仅为 5，故而导致幂指数的标准差较大，因此估计并不准确。几乎所有行业的幂指数均小于 1，意味着中国几乎所有行业都存在大企业病——企业越大，人均销售额和效率反而越低。

相对来说，通信服务业的状况较好（但仍存在不确定性），其次是材料、信息技术、能源、金融等行业，最差的是公共事业。从系数 c 的角度看，公共事业的人均销售额最高，然后是金融、可选消费品、日常消费品、工业、能源、健康医疗、材料、信息技术、通信服务。与美国相比，中国的公共事业、日常消费品、健康医疗、工业、材料等行业的人均销售额更高。

从行业的角度比较中美两国市场，可以得出如下结论：

□ 美国的材料、公共事业、健康医疗行业的幂指数大于 1，表明这些行业中越大的企业效率越高；

□ 美国的工业、金融和可选消费品行业的幂指数小于 1，表明这些行业中越大的企业效率反而越低；

□ 中国各行业的幂指数明显偏低，这体现为中国市场整体存在大企业病；

□ 中国多个行业的单人销售额高于美国，比如公共事业、日常消费品、医疗健康等。

9.2.4　企业是一种低效的人类组织吗

更进一步，我们还可以将式(9.1)中的变量 X 换成除销售额以外的其他变量，并计算它们与员工数 E 的关系，还可以对这些变量进行比较，如表 9.3 所示。

表 9.3　2009 年美国上市公司各个变量与员工数的规模法则相关数据

变量名	变量描述	幂指数 γ	标准差	系数 c（$）	R^2
总销售额	总的销售额	0.99	0.03	293 978	0.80
总税收	总收入税收	0.96	0.06	7319	0.56
销售成本	由销售引发的成本	0.96	0.03	229 609	0.78
总利润	总销售额−销售成本	0.89	0.03	213 788	0.75
长期债务	超过 1 年的债务	0.88	0.06	187 753	0.40
总资产	公司拥有的价值	0.87	0.03	1 354 206	0.64
EBITDA	总利润−成本，即折旧等之前的现金收益	0.87	0.04	114 494	0.62

（续）

变量名	变量描述	幂指数 γ	标准差	系数 c（$）	R^2
总债务	是指企业承担并需要偿还的全部债务	0.87	0.04	744 441	0.58
净利润	总利润−分红	0.82	0.05	422 523	0.57
利息成本	利息支出	0.79	0.05	25 069	0.43
现金量	手头上的现金	0.78	0.04	230 302	0.49
优先股	同时具备股权和债权的股票	0.76	0.18	54 712	0.23
净收入	总销售额−总支出	0.76	0.05	133 413	0.54
管理成本	管理成本	0.75	0.02	386 778	0.77
普通股分红	给普通股持有者派发的现金	0.69	0.07	122 400	0.45
1 年期债务	1 年到期的债务	0.69	0.07	46 936	0.31
研发成本	研究与开发支出	0.65	0.06	170 183	0.48
店面数量	公司旗下经营的店铺数量	0.61	0.17	1677	0.46
收购企业对销售的贡献	收购企业对销售的贡献	0.61	0.25	496	0.27
不被母公司拥有的子公司股份比例	不被母公司拥有的子公司股份比例	0.60	0.10	126 543	0.26
优先股分红	优先股分红	0.54	0.11	78 947	0.30
开店数量	当年公司新开店铺数量	0.41	0.27	364	0.16
股东数量	拥有公司股票的个体的数量	0.27	0.05	128	0.07
关店数量	当年公司关闭的店铺数量	0.25	0.28	1079	0.07
收购企业对收入的贡献	收购企业对收入的贡献	0.17	0.39	1128	0.03
部门数量	独立的部门数量	0.12	0.01	813 541	0.21

可以看到，除了开店数量、股东数量、关店数量、收购企业对收入的贡献等变量外，大部分变量与员工数之间存在规模法则，并且具有较高的拟合优度（R^2）。

另外，所有变量的幂指数都小于 1。这意味着，所有变量相对于员工数都会以更慢的速度增长。从另一个角度来说，这些变量的人均值都会随企业规模的变大而变小，如人均销售成本、人均资产、人均债务、人均研发成本、人均店面数量等。这体现了一种亚线性规模法则。然而，这些变量的幂指数都非常不同，体现为不同的变量随企业规模增长的速度不同。

表 9.3 是按照幂指数大小排序的。所以，当公司变大的时候，总销售额会以类似的速度增长，并且增长最快，紧接着是总税收、销售成本、总利润、长期债务、总资产……

总的来看，如果将企业看作一种特殊的人类组织方式，那么通过与前面的内容（包括城市和互联网社区）对比不难发现，企业实际上没有规模效应。因为，无论是城市还是互联网社区，也无论是人们所创造的交互、财富，还是科技创新，它们都会随着规模的变大而呈现超线性增长，也就是说人均交互、财富、科技创新都会随着系统规模增长而增长。

然而企业却并非如此。无论是中国还是美国，无论用总销售额还是总资产，抑或研发成本来衡量企业的产出，我们都能得到亚线性或近线性规模法则，因此，人均销售额、科技创新等都会随着企业规模增大而变少。所以，企业并不是一种有效的人类组织形式，至少不比城市和互联网社区更有效；无论是中国还是美国，都普遍存在大企业病。这些结论还是非常令人震惊的。

当然，这些结论有失全面。毕竟，我们所用数据中的企业都是上市公司，而这些公司显然不能代表广泛存在的中小企业。所以，我们需要在更广泛的数据上验证这些结论。

9.2.5 揭示市场动态

企业是宏观经济主体，企业的规模法则是针对一个市场中所有企业的整体规律，因此，规模法则不仅可以反映企业的情况，还可以反映宏观经济环境的情况，特别是经济环境的变化。

在前面的讨论中，我们选取了一个自然年份时间截面考察所有企业的总销售额–规模关系，它反映的是不同企业构成的整个市场在当年的状态。年份不同，这些指标并非一成不变。我们可以针对美国或中国市场不同年份所有有数据记录的公司计算出规模法则幂指数以及系数，它们反映了当年不同市场的总体规模效应和平均销售效率等指标。通过观察指数和系数如何随时间而变化，便能解读出经济系统总体的发展趋势。在此，我们选定了两个主要变量：总销售额和总成本，来进行跨时间的研究，分别计算它们对企业规模（员工数）的幂指数，并绘制其与时间的关系图，如图 9.7 所示。

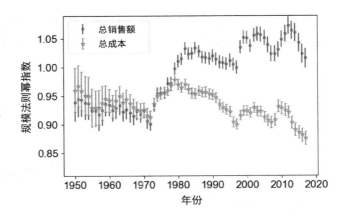

图 9.7 美国市场总销售额（深色）与成本（浅色）的规模法则幂指数随时间的变化
情况（其中每一个点的误差棒表示指数在该时间点的 95%置信区间）

在图 9.7 中，我们可以将曲线分成三个阶段：第一阶段（1950~1973 年），无论是
总销售额还是成本，它们的幂指数都小于 1，而且一直在缓慢下降；第二阶段
（1973~1980 年），两个幂指数开始迅速上升，并且总销售额的幂指数开始超越成本的
幂指数；第三阶段（1980~2009 年），总销售额的幂指数明显超越成本的幂指数。

数据表明，1950~1973 年，在美国企业规模的增长会导致销售额和成本下降，并
且两者的下降速度几乎相同。总体来说，市场更偏向于小公司，公司变大没有太多好
处。而到了 1973 年以后，总销售额幂指数和成本幂指数都开始上升，且前者超过后
者，这意味着规模效应开始显现，公司变大虽然会让人均销售额降低（体现为幂指数
小于 1），但人均成本也随之降低，且下降速度更快，因此公司普遍有动力扩大规模。
1980 年开始，规模效应进一步显现，美国市场开始偏爱大公司，因为扩大企业规模会
让人均销售额提升，同时人均成本降低（总销售额幂指数明显大于成本幂指数，并且
大于 1）。

从历史数据来看，20 世纪五六十年代，美国处于战后经济恢复阶段，GDP 持续
上涨。到了 20 世纪 60 年代末，石油危机触发长时间的滞涨，即长期保持高通货膨胀
率和高失业率。经济滞胀直到 1975 年前后才慢慢缓解。20 世纪 80 年代是经济稳步增
长阶段。因此，幂指数的变化与美国经济的总体走势密切相关。

反映在数据中（如图 9.8 所示），在 1975 年有一波新公司上市浪潮，当年新注册
公司数是其他年份的 4～5 倍之多。进一步分析发现，这些新注册公司大多数是没有
市场经验、人均销售额较低的小公司，它们衬托出了大公司的优势，促使整体规模

效应显现。之后每年的新注册公司数稳步增长。与此同时，每年退市的公司数量也稳步增加。因此，1975 年以后，整个市场的新旧更迭速度加快，这迫使企业演化得更有效率。

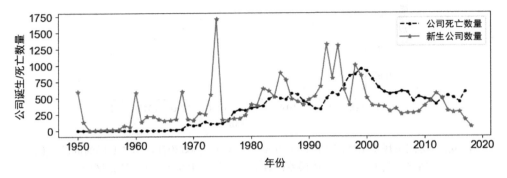

图 9.8　美国市场每年入市和退市的公司数量

图 9.9 展示的是中国市场企业规模法则的幂指数随时间的变化情况。从中可以看出：首先，总销售额和成本的幂指数都小于 1，这表明总体的规模效应并没有显现，即人均销售额和成本都会随企业规模增长而降低；其次，总销售额和成本的幂指数稳步上升，这表明规模效应逐渐显现；最后，总销售额的幂指数始终大于成本的幂指数，因此，扩大公司规模会使得总销售额更快增长。

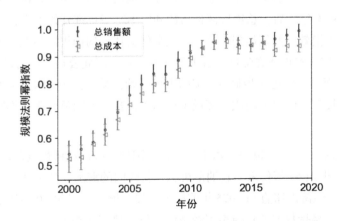

图 9.9　中国市场总销售额与成本的规模法则幂指数随时间的变化情况
（其中每一个点的误差棒表示指数在该时间点的 95% 置信区间）

总的来看，可以得出如下结论：

□ 规模法则中幂指数的变化可以反映宏观经济环境的动态；

□ 随着时间的推移，美国市场对大企业越来越有利，这体现为总销售额的幂指数不断上升，成本的幂指数逐渐降低，并趋于平稳；

□ 随着时间的推移，中国市场中企业的运行效率趋于合理化，这体现为企业的总销售额的幂指数和成本的幂指数都逐渐趋近于 1。

9.2.6　揭示企业老化现象

规模法则还有助于揭示企业老化现象。很多人听说过大企业病，很多人类组织一旦规模变大，就会出现管理成本升高、效率降低等问题。无论一家企业创立之初如何，似乎随着规模增长都摆脱不了这种困扰。虽然人们对企业老化的现象讨论了很多，却始终不清楚它是普遍现象还是少数企业的特有现象。那么，企业老化现象能否从上市企业披露的财报数据中看出来呢？在本节中我们将利用规模法则揭示企业老化现象。

在前面的讨论中，我们选取一个自然年份时间截面考察所有企业的规模法则，它反映的是不同企业构成的整个市场在当年的状态。然而，在这样的一个时间截面中，不同企业的年龄不尽相同。对于某一家企业来说，它的年龄是更重要的时间尺度，这是因为诞生在不同时代的公司可能都会经历创业期、成熟期和老化期，我们更加感兴趣的是规模法则各项指标如何随企业年龄的增长发生系统性的变化。

于是，我们选取同等年龄但诞生于不同年份的企业构成一个样本集，研究其中的规模法则[①]。这样，我们就可以选取一个特定年龄作为时间截面，来考察所有企业的平均表现，即计算它们的规模法则幂指数和系数。

我们以年龄为 1 岁的所有公司为例来进行说明。首先，我们计算得到每一家公司的"诞生"年份，例如 A 公司"诞生"于 1960 年，而 B 公司"诞生"于 1973 年。然后，我们读取所有公司在"诞生"第一年的员工数和销售额数据。例如，我们获取 A 公司在 1960 年的员工数和销售额数据，以及 B 公司在 1973 年的员工数和销售额数据，并绘制在双对数坐标系中。最后，对这些数据点拟合直线，算出斜率和截距，即可得到所有"年龄"为 1 岁的公司的规模法则幂指数和系数。以此类推，我们便可以得到 1 ~ 50 岁的任意"年龄"的公司规模法则的幂指数和系数（在数据集中，超过 50 岁的

---

① 在 Compustat 数据库中，由于没有每家公司注册日期的数据，所以我们选取一家公司在数据库中第一次出现的年份作为它的诞生年份。由于 1950 年是我们所用数据的起始年份，依据这里的假定，起始年份为 1950 年的所有公司不计入其中。

企业很少，因而不计入其中）。

图 9.10 为 Compustat 数据集中所有年龄为 "1 岁" 的公司的总销售额–规模关系图。

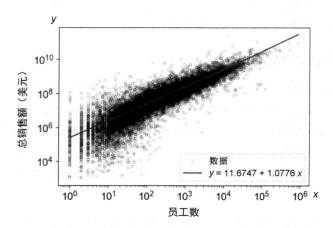

图 9.10　Compustat 数据集中所有年龄为 "1 岁" 的公司的总销售额–规模关系图，
其中每个数据点的位置为一个公司 "1 岁" 时的员工数和总销售额

它的幂指数为 1.0776，这说明 "1 岁" 的企业规模越大，其人均销售额越高。

为了系统化地研究规模法则幂指数如何随企业年龄增长而变化，我们绘制出规模
法则幂指数–企业年龄的关系图，如图 9.11 所示。

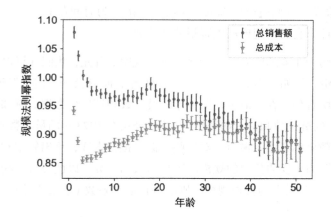

图 9.11　总销售额、总成本的规模法则幂指数随企业年龄的变化，图中的
误差棒表示的是每个数据点的 95% 置信区间

首先，除了前 3 年的总销售额幂指数以外，所有指数都小于 1，这说明企业规模变大，人均销售额和成本会降低。其次，在"25 岁"左右以前，总销售额的幂指数明显大于成本的幂指数。这说明，越大的企业，人均销售额比人均成本越高，企业存在一定的规模效应。到"30 岁"以后，这两个幂指数就非常接近了，这说明企业的规模效应变得不再明显，大企业病开始显现。另外，"30 岁"以后幂指数的波动变得越来越大，这是由年龄越大的公司样本数越少导致的。

接下来我们考察所有变量与企业规模的幂指数随企业年龄增长的老化现象。我们将数据中所有企业按照年龄分成 1、10、20 等年龄组，并且计算每一个组内所有变量对员工数的规模法则幂指数，并按照大小排序，如表 9.4 所示。因此，这个排序就指示了各个指标在随企业规模扩大过程中增长速度的快慢。

表 9.4 企业在不同年龄段各种指标的幂指数（其中第 1 列为该变量按照幂指数大小进行排序的序号，第 2 列为变量名，第 3 列为幂指数的大小）

	Age=1			Age=10			Age=20	
1	关店数量	1.07	1	总销售额	0.96	1	总税收	0.99
2	总销售额	1.03	2	销售成本	0.96	2	销售成本	0.98
3	销售成本	1.01	3	总税收	0.94	3	总销售额	0.97
4	长期债务	0.94	4	长期债务	0.87	4	总债务	0.93
5	总债务	0.91	5	EBITDA	0.86	5	EBITDA	0.93
6	总利润	0.90	6	总利润	0.86	6	长期债务	0.92
7	总税收	0.89	7	总债务	0.94	7	总利润	0.90
8	EBITDA	0.86	8	总资产	0.83	8	总资产	0.89
9	总资产	0.84	9	净利润	0.79	9	净利润	0.85
10	净利润	0.84	10	现金量	0.76	10	利息成本	0.83
11	利息成本	0.82	11	净收入	0.75	11	管理成本	0.82
12	1 年期债务	0.82	12	利息成本	0.75	12	净收入	0.80
13	收购企业对销售的贡献	0.80	13	1 年期债务	0.74	13	现金量	0.79
14	净收入	0.77	14	管理成本	0.74	14	研发成本	0.77
15	管理成本	0.73	15	优先股	0.70	15	1 年期债务	0.77
16	普通股分红	0.92	16	普通股分红	0.69	16	收购企业对销售的贡献	0.76
17	少数者权益	0.70	17	研发成本	0.67	17	少数者权益	0.75
18	现金量	0.69	18	收购企业对销售的贡献	0.66	18	优先股	0.74

（续）

	Age=1			Age=10			Age=20	
19	店面数量	0.62	19	少数者权益	0.65	19	普通股分红	0.73
20	收购企业对收入的贡献	0.61	20	店面数量	0.55	20	开店数量	0.73
21	**研发成本**	0.61	21	优先股分红	0.48	21	店面数量	0.67
22	优先股	0.61	22	收购企业对收入的贡献	0.47	22	收购企业对收入的贡献	0.56
23	优先股分红	0.56	23	开店数量	0.42	23	优先股分红	0.55
24	开店数量	0.41	24	关店数量	0.21	24	关店数量	0.22
25	部门数量	0.1	25	股东数量	0.11	25	部门数量	0.11
26	股东数量	-	26	部门数量	0.11	26	股东数量	0.05

	Age=30			Age=40			Age=50	
1	销售成本	0.95	1	**研发成本**	1.03	1	**研发成本**	1.10
2	总税收	0.94	2	**总销售额**	0.94	2	**管理成本**	0.94
3	**总销售额**	0.93	3	总利润	0.93	3	总利润	0.92
4	**研发成本**	0.89	4	**管理成本**	0.92	4	EBITDA	0.92
5	总利润	0.89	5	总债务	0.91	5	**总销售额**	0.90
6	EBITDA	0.88	6	销售成本	0.91	6	少数者权益	0.90
7	**管理成本**	0.87	7	EBITDA	0.90	7	总债务	0.88
8	总债务	0.87	8	总税收	0.90	8	销售成本	0.88
9	总资产	0.84	9	利息成本	0.89	9	股东数量	0.86
10	净利润	0.82	10	净利润	0.87	10	长期债务	0.85
11	利息成本	0.82	11	总资产	0.86	11	总税收	0.85
12	长期债务	0.82	12	现金量	0.85	12	总资产	0.84
13	净收入	0.79	13	净收入	0.85	13	净利润	0.84
14	现金量	0.77	14	长期债务	0.85	14	净收入	0.80
15	普通股分红	0.70	15	少数者权益	0.75	15	现金量	0.79
16	店面数量	0.68	16	店面数量	0.72	16	利息成本	0.78
17	开店数量	0.68	17	收购企业对销售的贡献	0.72	17	1 年期债务	0.75
18	少数者权益	0.68	18	普通股分红	0.71	18	收购企业对收入的贡献	0.71
19	1 年期债务	0.62	19	1 年期债务	0.67	19	收购企业对销售的贡献	0.66

（续）

Age=30			Age=40			Age=50		
20	优先股	0.58	20	收购企业对收入的贡献	0.64	20	普通股分红	0.64
21	关店数量	0.48	21	开店数量	0.63	21	优先股	0.40
22	收购企业对销售的贡献	0.47	22	股东数量	0.55	22	优先股分红	0.37
23	优先股分红	0.44	23	优先股分红	0.45	23	部门数量	0.13
24	收购企业对收入的贡献	0.41	24	优先股	0.37	24	店面数量	0.06
25	股东数量	0.22	25	关店数量	0.26	25	关店数量	-
26	部门数量	0.08	26	部门数量	0.10	26	开店数量	-

可以明显看出，在 30 岁之前，随着企业规模增大，总销售额、销售成本、总债务等会快速增长，而管理成本、研发成本等则增长较慢；到了 30 岁以后，快速增长的变量变成了研发成本、管理成本、总利润、股东数量等，总销售额和销售成本则相对排名靠后。

可以清晰地看出，随着企业的老化，研发成本比其他变量增长得更快，并且在 30 岁的时候已位列第一；管理成本也比其他变量增长得更快；总销售额的相对排序在持续下降，这表明这个指标在企业规模变大的过程中会比其他变量增长得更慢。

由此我们可以总结出：

❑ 规模法则可以通过企业财报数据揭示企业老化现象，即不同年龄的企业会展现不同的规模法则；
❑ 随着企业年龄的增长，规模越大的企业，研发成本、管理成本要比小企业更高；
❑ 随着企业年龄的增长，规模越大的企业，销售能力较小企业的相对优势逐渐缩小。

9.3 规模法则用于企业评估

规模法则作为一种跨学科的研究方法，不仅可以揭示不同复杂系统背后的统一规律，而且具有一定的应用价值，比如企业评估——充分挖掘企业的非线性特点，并基于此对企业进行评估。

9.3.1　经典评估方法介绍

在介绍新的评估方法之前，我们需要先了解已有的企业评估方法有哪些。主流的企业评估方法包括两种：财务指标评估和非财务指标评估。由于一般企业的财务数据可以从其公开财报中获得，因此我们主要讨论财务指标评估。它又可以分为两种，一种基于总量指标，一种基于比例指标。

我们通常可以用总资产、总销售额、员工数等指标来评估一家企业。然而，由于规模法则的存在，越大的企业，其财务指标也会越高，所以这种评估方法对初创企业非常不公平，因为它们的规模往往很小，但其经营、管理和增长能力不一定比大企业差。例如，一家 5000 人的大公司，年销售额达到 2 亿元；而另外一家 500 人的公司，年销售额达到 5000 万元，你觉得哪一家公司更优秀呢？要知道，前者的人均销售额是 4 万元，而后者的人均销售额是 10 万元，显然后者更强。

于是，人们发明了一系列比例指标来评估企业的经营水平。比如，对于前面的例子，我们就可以用人均销售额，即总销售额与总员工数之比来评估。类似的指标还有很多，比如负债率，即总债务占总资产的比例，用于衡量企业的负债情况；再比如，流动比例（current ratio），即流动资产除以流动负债，是一种财务比例指标，用来衡量企业在未来 12 个月内是否具有足够的资产来偿还债务；又比如权益比例，定义为股东权益占总资产的比例，等等。这些比例指标看起来可以剔除规模效应对评估的影响，让大企业和小企业的比较更加公平。

但其实当规模法则存在的时候，比例指标仍然不能剔除企业规模效应的影响。比如，就中国企业来说，总资产和总债务之间的关系满足一个指数大于 1 的幂律函数，因此负债率会随着企业规模的增大而上升，这个上升的速度约是总资产的 0.1 次幂。

为了说明这个道理，我们绘制了图 9.12。这是一个假想的市场，其中所有企业的总债务与总资产服从幂指数为 1.09 的规模法则，对应为图 9.12 中的曲线。每家企业的负债率刚好是每个点到原点所形成的直线的斜率。由此可见，如果企业符合规模法则，则企业规模越大，其直线斜率也就越大（例如企业 C），也就是负债率越高。

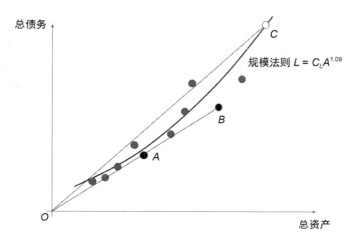

图 9.12 一个假想的市场中总债务与总资产之间关系的示意图。注意,为了清晰地展示负债率的概念,我们选择了普通坐标系,而并非通常用于展示规模法则的双对数坐标系

因此,即使除以了总资产,资产负债率仍然没有完全剔除规模效应的影响,大企业的资产负债率天然就高。举个例子,假设两家公司 A、B 的资产负债率都是 10%(对应图 9.12 中的 A、B 两点,它们与原点的连线重合),而公司 B 的总资产规模是 A 的 10 倍,那么其债务其实在整个行业中还算偏低。为什么呢?根据规模法则,按照中国的市场情况——总债务与总资产的幂指数为 1.09 来计算,B 的总资产是 A 的 10 倍,B 的资产负债率应该是 A 的 1.23 倍[①]。但实际情况是二者的资产负债率一样,这说明 B 的资产负债率远低于同等规模的企业。

其实,之所以比例指标仍然无法剔除规模效应的影响,就是因为指标之间是幂律的非线性关系。而比例指标发挥作用的前提其实是线性关系存在,这就与实际不相符了。

9.3.2 规模标度律的离差

所以,要想更合理地比较不同规模的企业,仅仅用比例指标是不合理的,而必须将规模效应也考虑在内。我们可以用规模标度律离差来替代原有的比例指标。具体怎么做呢?

---

① 假设:$L = cA^{\beta}$,则 $L/A = cA^{\beta-1}$。故而,如果 $A_1 = 10A_2$,则 $\dfrac{L_1/A_1}{L_2/A_2} = (A_1/A_2)^{\beta-1} = 10^{\beta-1}$,将 $\beta = 1.09$ 代入,得到 1.23。

　　针对给定的一个比例指标，比如利润率，即总利润除以总销售额，我们要将其中一个变量作为企业的规模变量，并选定一组待比较的公司，例如某个市场中的全部企业。这里的市场可以是全国市场，也可以是该公司所属行业的市场，市场越大，可比较的企业就越多。我们可以对某个市场中所有公司的总利润和总销售额分别取对数，绘制到一个坐标系中，如图 9.13 所示。

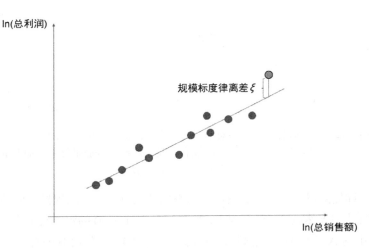

图 9.13　规模标度律离差指标计算示意图

　　假设待评估公司为图 9.13 中浅色的点，则可以计算该点到规模法则直线的垂直距离，这就是该公司的规模标度律离差。这个离差可以替代比例指标，用于评估企业。对于总利润这样的收入指标，该离差值越大越好。这表明，在同等销售额规模下，该企业比市场中同类型的其他企业赚取更多利润。如果对应的指标是成本类型的，则该离差值越小越好。

　　为什么这个规模标度律离差指标更合理呢？首先，由于规模法则本身已经考虑了规模效应，因此这条直线就代表了行业的平均盈利水平；其次，这个离差可以反映该企业的利润相较于市场中所有企业的高低。最后，当规模法则的幂指数为 1 时，我们用某一个企业的比例指标与行业的平均水平比较，其实就相当于在使用离差指标了[①]。

　　总的来看，根据离差的数值大小，有三种可能性：

---

① 这是因为，幂指数为 1 时，$X = cS$，c 就相当于市场的平均利润率，则离差 $\ln X_i - \ln S_i - \ln c = \ln \frac{X_i}{S_i} - \ln c$，也就是该企业的利润率与市场平均值的对数差。

- 离差>0，即待评估企业在规模法则直线上方，这表示它的水平高于整个市场的其他企业；
- 离差=0，即待评估企业在规模法则直线上，这表示它的相应指标刚好处于整个市场的平均水平；
- 离差<0，即待评估企业在规模法则直线下方，这表示它的水平低于整个市场的其他企业。

由于离差指标有可能很大，也可能很小，还可能是负数，所以在实际使用时不是特别方便。我们可以将市场中的所有企业按照离差值从大到小排序，以排序的百分比作为对每一家企业的评估，这样比较更加清楚。

举个例子，我们尝试用规模法则离差指标来比较微软和苹果两家企业在 2017 年的表现。我们选取 2017 年美国全部上市企业作为比较的市场，并选取了总销售额、毛利润、净利润、总资产等主要财务指标，以员工数作为规模指标，计算相应的离差值和在行业中的排名，得到图 9.14。

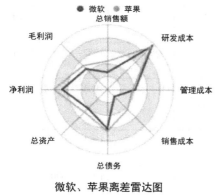

微软、苹果离差雷达图

财务指标	微软		苹果	
	离差	排名	离差	排名
总销售额	0.59	11.84%	0.97	3.94%
毛利润	1.00	3.85%	1.15	2.34%
净利润	1.51	2.45%	1.79	1.35%
总资产	0.91	11.29%	1.08	8.39%
总债务	1.33	8.87%	1.42	7.67%
销售成本	0.33	29.38%	0.96	4.90%
管理成本	0.93	3.11%	0.84	4.67%
研发成本	2.10	0.36%	2.05	0.43%

微软、苹果 2017 年静态诊断结果

图 9.14 利用离差方法对微软和苹果两家企业多个财务指标的比较

图 9.14 中左图以雷达图的方式展现了和右表类似的信息，深色和浅色的线分别代表苹果和微软在各个指标上的相对高低。

结果显示，这两大科技公司所选指标的离差值都大于 0，这意味着它们在各个指标上的表现都高于市场平均水平。对于收入指标，如总销售额、毛利率、净利润，离差值越大越好，排名越靠前越好，可以看到这两家企业的表现都远高于市场平均水平。对于管理成本和研发成本这两个指标，离差值越小越好，而苹果和微软在这些方面的表现也显著高于市场平均水平，这说明了这两家企业的问题所在。

横向对比苹果和微软这两家公司，不难得出，在总销售额、毛利润、净利润等指标上，苹果显著优于微软；在成本类指标上，微软的销售成本低于苹果，但是管理和研发成本高于苹果。总的来说，在 2017 年，苹果的整体表现略优于微软。

9.3.3 用离差评估企业

为了展现离差指标在企业评估中的效果，我们选择了 1990 年的美国上市公司，分别按照它们在净利润和总销售额之间的规模法则离差和比例指标（利润率）进行排序，并选出各自指标的前十名，如表 9.5 所示。

表 9.5 利用离差指标选出来的前十企业和利用比例指标选出来的前十企业

以离差指标进行筛选			以比例指标进行筛选		
公司名	所在行业	生存情况	公司名	所在行业	生存情况
Trian Equities Ltd.	金融	1985—1995，股票不再发行	Trinidad Corp.	消费品	1983—1996，股票不再发行
Hydrogen Power Inc.	材料	1984—2006	Midwest Reality & Finance Inc.	金融	1974—1994，股票不再发行
Congress Street PPTYS Inc.	金融	1987—1995，最终被收购	New World Brands Inc.	消费品	1987— ，始终存活
Comcast Cablevision - PHILA	金融	1986—1994，最终被收购	Advanced Photonix Inc - CL A	IT	1991— ，始终存活
Trinidad Corp.	消费品	1983—1996，股票不再发行	Atlantic Industries Inc.	消费品	1991—2000，无报告
Midwest Reality & Finance Inc.	金融	1974—1994，股票不再发行	Tecfin Corp.	金融	1982—2000，无报告
New World Brands Inc.	消费品	1987— ，始终存活	Health Advancment SVCS Inc.	健康医疗	1990—1997，无报告
Advanced Photonix Inc -CLA	IT	1991— ，始终存活	Travelang Inc.	IT	1994—2001，无报告
Atlantic Industries Inc.	消费品	1991—2000，无报告	Norton Drilling Services Inc.	能源	1987—1999，最终被收购
Globus Growth Group	金融	1980—2011，现成为私有企业	Krauses Furniture Inc.	消费品	1986—2011，无报告

以离差指标和比例指标筛选出来的结果有很大部分重合，这说明两种指标在一定程度上会给出类似的结果，这也证明了离差指标的合理性。但是仔细观察会发现，两种指标下的排名有一定的不同。例如，比例指标排名中的前五名在离差指标排名中却稍微靠后，而离差指标排名中的前四名并没有出现在比例指标排名的前十名中。那么，这些离差指标排名靠前的公司表现如何呢？我们将用离差指标和比例指标筛选出来的前两名公司在 20 年中的发展状况绘制成了折线图，如图 9.15 所示。

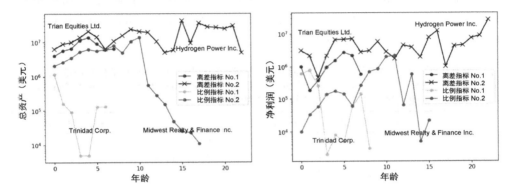

图 9.15　用离差指标和比例指标筛选出前两名企业，总资产和净利润发展状况对比

可以看到，无论是从总资产还是从净利润来看，用离差指标筛选出来的前两名公司（Trian Equities Ltd.和 Hydrogen Power Inc.）都比用比例指标筛选出的前两名公司（Trinidad Corp.和 Midwest Reality & Finance Inc.）发展得更好。

为了更加系统化地验证离差指标优于传统的总量指标和比例指标，我们将这些指标混合在一起作为输入变量，尝试利用 COX-MCP 算法预测企业的破产行为，看看哪些指标在预测中更能起到作用。COX-MCP 算法是一种企业生存分析方法，它不仅能够预测企业的破产概率，还能够对输入的变量进行选择，找出与预测企业生存概率最相关的变量。

这里我们的预测任务是，利用企业连续 3 年的财务数据，以及这些年份的宏观经济数据和股票市场数据，来预测第 4 年该企业破产的概率。输入的变量分为 4 组，分别是总量变量，包括总资产、总收入、总成本等；比例变量，如利润率、负债率等；每一个比例变量对应的离差变量；宏观环境变量，包括 GDP 增长率、外国直接投资比例、股票市场波动率等。虽然在我们的数据中，绝大部分是美国公司，但是由于数据年份不同，因而宏观经济环境、股市环境也不尽相同，因此这些环境变量对预测企业破产也会起到重要作用。待预测的目标变量是企业破产的概率，在我们的数据集中，如果企业在某年破产，则有相应的标注。

我们将 1950~2009 年间所有的企业数据都输入算法中，并按照 8∶2 的比例划分训练集和测试集。之后，我们在整个数据集上运行 COX-MCP 算法 10 次，每一次运行由于有随机因素，因而筛选出的变量略有差异。于是我们便可以统计每个变量在这 10 次筛选中被选中几次，被选中的次数越多，就说明该变量与预测企业的生存概率越相关；被选中的次数越少，则说明该变量越不重要，但由于某个随机因素而被选中。最终，利用这些变量和 COX-MCP 算法在测试数据上得到的预测准确率（AUC）可达 62%。变量选择的结果如表 9.6 所示。

表 9.6 COX-MCP 算法在 10 次运行中变量选择的结果，其中 X 变量相对应的离差变量（如研发成本离差）是指该变量相对于当年市场上所有企业的 X 变量与企业的员工数变量形成的规模法则的离差

被 COX-MCP 方法选择出来的变量	被选择的次数
总债务离差、管理成本离差、研发成本离差、净利润离差、税后利润离差、毛利润离差、留存收益离差、GDP 增长率、外国直接投资比例、股票市场波动率、业务部门数、关店数量、市场占有率	10
税后利润占毛利润比例	2
债务占总资产比例、净利润、留存收益、现金总量	1

可以看到，总债务离差、管理成本离差等离差变量在 10 次实验中 100% 被选中，而相应的比例变量中只有税后利润占毛利润比例这一变量被选择了 2 次，债务占总资产比例被选中 1 次。由此可见，离差变量是比比例变量更好、更稳定的预测变量。除此之外，与离差变量同时被选中 10 次的变量还包括 GDP 增长率、外国直接投资比例等宏观经济、金融变量，这说明企业的运行深受宏观经济、金融环境的影响。

9.4 小结

在本章中，我们从开放的复杂适应系统的角度，深入剖析了影响企业发展的因素。企业的发展既受内部组织方式和组织架构的影响，又受制于市场、经济、政治等宏观因素。因而，若想把握企业的内在发展规律，就不得不从实际数据出发，将企业和其所在市场放到一起综合考虑。

规模法则恰恰是一个切实可行的定量分析框架，它可以根据企业的实际数据得出稳定的规律，从而定量刻画企业及其构成的市场所表现出的规律。这些规模法则不仅在不同的市场普遍成立，而且还能体现出差异，这些差异能反映出市场的变化以及企业的老化现象。另外，利用规模法则可以得到一种优于传统的总量指标和比例指标的企业评估方法，这种方法可以精准地刻画企业的非线性规律。

总的来看，企业作为一种特殊的人类组织，实际上并没有互联网社区和城市效率高，这体现为企业并没有展现出随规模变大而产出增加（包括总销售额、收入、盈利等）的趋势。

从中美对比来看，美国市场具有更多大公司，而且这些大公司产生了一定的垄断效应。中国企业的人均销售贡献更大，但是随着企业规模的增大，人均销售额逐渐减少，因而大企业效率反而更低。

企业老化的现象也能用按年龄归类的规模法则进行精准的定量刻画，这体现为不同年龄组的规模法则幂指数非常不同。结果表明，当企业超过 30 岁以后，老化现象凸显，这体现为研发成本、管理成本的规模法则幂指数升高，即这些公司的研发成本、管理成本会普遍更高，而销售业绩却更差。

规模法则的离差可以在所有企业都遵循规模法则这一普遍规律的前提下，很好地定量刻画每家企业的个性，可以比传统的总量指标和比例指标更好地捕获一家企业相对于行业中所有企业的平均表现的差异，据此进行排序，可以更好地反映企业在市场中的表现。这一方法之所以比传统方法更好，就在于它考虑到了整体市场的非线性效应，同时剔除了企业之间由于规模差异而展现出来的不同，从而能更稳定地对未来企业破产的概率等进行预测。

最后，规模法则是目前独特的可以通过大数据同时定量刻画企业和市场的普适规律，它为我们预测企业的生长（见下一章）和理解企业的运行机制铺平了道路。相信随着研究的深入，企业规模法则所蕴含的潜力还将更大。

第 10 章
企业的生长与奇点

1850 年，雷曼兄弟控股公司创立，这是一家国际性金融机构及投资银行，业务涉及证券、债券、市场研究等。2006 年，其营业额创下了 467 亿美元的佳绩。到 2008 年，其员工数达到 2.6 万，为当时美国第四大投资银行。同年初，雷曼兄弟被美国《财富》杂志评选为全球财富 500 强公司。然而好景不长，这一年美国次贷危机爆发，雷曼兄弟股价大跌，陆续裁员 6000 人。2008 年 9 月 15 号，在美国财政部、美国银行等相继放弃收购谈判后，雷曼兄弟终于宣布破产，负债达 6130 亿美元。这一破产事件被视作 2008 年美国金融危机失控的标志性事件[①]。

1998 年，斯坦福大学的两名学生在宿舍里鼓捣出了一个新型网页排名算法，它避免了传统搜索引擎的弊端，通过模拟一种市场交易机制，让网页们自己通过超链接投票选出排名更高的网站，从而更加客观地对网站进行排序，这种算法就是著名的 PageRank 算法。同年 8 月，这两位学生在美国加州山景城的一个车库中创立了一家公司，正是日后大名鼎鼎的谷歌，而当时员工不包括创始人只有一名。到了 2020 年，谷歌的员工数达到 13.5 万，年收入达到 1825 亿美元，成为了人工智能时代名副其实的科技巨头。

人们不禁唏嘘，为什么有 150 多年历史的老牌公司雷曼兄弟会在一夜之间大厦倾塌？又是什么因素让两个毛头小子创建出谷歌这样一家巨无霸公司？一家公司的诞生、成长乃至死亡到底有没有确定性的规律可循？还是说这一切的背后全都是偶然？

自 2011 年起，我就与美国圣塔菲研究所的前所长杰弗里·韦斯特教授和当时的博士后研究员马库思·哈密尔顿（Marcus Hamilton，现为德州大学的助理教授），以及克里斯·肯普斯（Chris Kempes，现为圣塔菲研究所的研究员）就企业的规模与生

---

① 见维基百科的"雷曼兄弟公司"词条。

长这个话题展开了长达十多年的合作。我们尝试通过规模法则这一理论工具，从 3 万多家美国上市企业长达 70 年的发展历程，和 3 千多家中国上市企业近 30 年的发展历程中寻找统一规律。直到最近，我们的研究工作才刚刚总结成一篇学术论文。

本章将详细介绍由规模法则作为第一性原理而推导出的企业的生长方程。与上一章不同，我们将从现金流的视角重新透视企业，从而得到以总资产为规模度量的一系列规模法则。其中有两个法则非常特殊。一个是净利润的亚线性规模法则，我们称之为企业中的"广义克莱伯定律"（参见第 4 章）。该定律指出，企业更像生物体，规模越大，其每单位资产所能创造的盈利，也就是对货币的吸纳代谢能力越弱。另一个重要的规模法则让企业看起来更像城市。我们发现，中国企业的总债务会随总资产呈现超线性规模法则。这意味着在中国，企业越大，其负债率往往越高。与此相反，美国的总债务与总资产之间呈现线性规模法则，因而无论企业规模多大，其负债率一般会保持常数。

这些规模法则其实是企业生长的基本原理。从这些原理出发，我们能够为整个市场推导出一个企业生长方程，它描述了该市场中的代表性企业是如何生长的。也就是说，企业的生长并非完全归于不确定性，其背后有统一的规律。如果我们能够撇开一个个企业的个例，而站在整个市场的角度来看，那么短期的波动就可以忽略不计，而长期生长的平均趋势完全是可预测的。

更有意思的是，从这个普适的生长方程出发可以得出一个推论，即在任何总债务的规模法则幂指数大于 1 的市场中，企业的发展必然会碰到一个天花板，这个天花板正是企业生长方程中的一个奇点。而中国市场的幂指数刚好大于 1，也就是说中国企业的发展必然会碰到天花板。真的是这样吗？

关于企业的理论是关于万事万物的规模理论这一宏大复杂系统理论主旋律下的再一次变奏。毫不夸张地说，我们得到的生长方程是有史以来第一个从第一性原理出发推导出的有关企业的确定性生长方程，而这些结论都经过了严格的数学推导，并有大量实证数据支持。有趣的是，所有结论都超出了我们——包括韦斯特本人——的预期。韦斯特多年前就在 TED 演讲中猜测，企业就像生物体，遵循亚线性规模法则，因而生长受限。而在《规模》这本书中，他根据我们当时的初步研究结果更改了这一说法——企业虽然还是更像生物体，却遵循近线性规模法则。然而，企业其实是一种介于生物体与城市之间的"怪物"，这一切的不可思议恰恰来源于——负债！

10.1 企业的生长——确定性与不确定性之争

在正式介绍企业生长理论之前，先来回顾一下有关研究的历史。到底是什么因素决定着一家企业的兴衰成败？可能是 CEO 的发展战略，也可能是汇率市场上的波动，还可能是政府的一纸批文。市面上有很多讲企业成功学的著作，如《基业长青》《追求卓越》，它们都在尝试给出答案。然而，这些回答都忽略了一个重要的可能性：企业的生长会不会完全是随机的，而与 CEO 的才能、员工的奋斗毫无关系呢？

历史上第一个这么想的人是法国科学家罗伯特·吉布莱特（Robert Gibrat），他为了解释企业的规模分布曲线（见上一章），在 1931 年提出了一个著名的假说：企业的生长率与企业规模无关[①]。尽管今天人们将这一假说称为吉布莱特定律（Gibrat's law），但它并未得到实际数据的验证和支撑，特别是与后面要讲到的企业的生长方程相矛盾，因而将其称为假说更合适。

那么，怎么理解吉布莱特假说呢？首先，我们需要知道企业的生长率并不意味着企业的生长。所谓的"生长"是指企业前后两年的规模变化，而生长率是"生长"除以企业前一年的总体规模，即相对于总体规模的生长百分比。其次，企业的生长率是一个随机数[②]。一般情况下，这个随机数有正有负，也就是说企业既可能增长，也可能衰退。

所以，企业在第 $t+1$ 期的生长正比于企业在 t 期的规模与随机数的乘积。那么，企业规模越大，那么它就有机会增长得越多，也有可能衰减得越多。这就意味着企业规模像一个对随机噪声的放大器：规模越大，其放大噪声的能力也就越强；而小企业相应的变化范围也会小。所以，大企业会比小企业有更多的机会，但它也面临损失更大的风险——一切不确定性都会被企业规模所放大。

为了进一步理解吉布莱特假说所描绘的企业生长情景，我们不妨用程序进行模拟，结果如图 10.1 所示。

[①] 根据吉布莱特假说和中心极限定理，我们能够推断出企业的规模分布为对数正态分布，其形状类似于幂律分布。

[②] 吉布莱特定律的数学表达式为：$\dfrac{S_{t+1} - S_t}{S_t} = \xi$，其中 ξ 是一个均值为 μ、方差为 σ 的随机数。

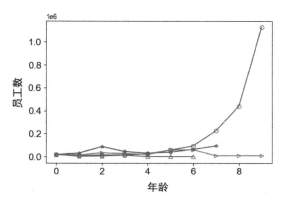

图 10.1　根据 Gibrat 假说模拟的 4 个企业的发展轨迹

　　图 10.1 模拟了 4 个企业的发展轨迹[①]。其中横坐标是年份；纵坐标为员工数，即公司规模；不同的曲线对应不同企业的规模随时间的波动情况。它们都是从同样的规模（即员工数为 18 548）起步，但发展轨迹非常不同。空心圆曲线后来迅速崛起，而大多数曲线经受不起大规模的波动，最终归为 0（从此消失）。可以看到，企业规模越大，其规模的波动也会越大。

　　看起来吉布莱特假说具有一定的合理性。然而该假说描述的是一个完全不确定性的世界——企业的生长率与其经营毫无关系，这种观点显然难以服众。于是，关于企业的新理论应运而生，其中就包括由大名鼎鼎的经济学家罗纳德·科斯（Ronald Coarse）提出的交易成本理论。就在吉布莱特提出其假说之后的第 6 年，一篇经典文章《企业的本质》（The Nature of the Firm）横空出世，它将企业视为与市场平起平坐的另一种组织资源的方式——当市场中的交易成本过高时，企业能更合理地组织资源，因为它可以大大削减交易成本。一家企业的管理成本只要低于市场上的交易成本，它就能够持续扩张。这便是科斯对企业生长的理解。

　　采用确定性观点审视企业生长的另一个代表人物是伊迪斯·彭罗斯（Edith Penrose），她提出的企业生长理论彻底颠覆了以往对企业的研究。她指出，企业的本质是一组资源的集合，这些资源构成了企业生长的动力，而生长速度主要取决于如何管理、组合这些资源，让其发挥作用。彭罗斯的理论彻底摆脱了传统经济学长久以来从需求和供给的角度看待企业的方式，同时将管理者的知识和经验维度引入企业理论之中。

　　[①] 其中 ξ 的均值 $\mu = 0.11$，方差 $\sigma = 0.98$。

类似的理论还有很多，这里就不一一介绍了。然而，这些理论以定性描述和分析为主，实际的公司生长数据又如何呢？历史上有不少人以吉布莱特假说作为出发点，寻找企业生长真实数据中的规律。例如，1986 年，布朗尼·霍尔（Bronwyn Hall）就以美国制造业企业为主要分析对象，详细考察了企业的生长率是否与企业规模有关。他发现，结果依赖企业本身是大是小。小企业的生长率的确与规模有关，越大的小企业，其生长率越低；但是对于大企业，霍尔并没有发现显著的关系，即倾向于支持吉布莱特假说。次年，大卫·埃文斯（David Evans）发现，企业的生长率不仅依赖企业规模，而且依赖企业寿命，当企业发展变大以及衰老，生长率倾向于降低。类似的研究和结论还有很多。2006 年，恩里科·圣雷利（Enrico Santarelli）等人就吉布莱特假说的研究撰写了综述。大体上来说，人们倾向于认为吉布莱特假说并不成立，企业的生长率受到企业规模、寿命、行业等各种因素的影响。

尽管更多的人倾向于企业的生长不应该完全由噪声和不确定性所决定，但是，没有人可以否定不确定性对企业生长的影响。那么，企业的真实生长是如何将确定性和不确定性糅合到一起的呢？

1996 年，美国著名物理学家尤金·史丹利（Eugene Stanley）等人在《自然》上发表文章，他们发现企业生长满足一种对称的"帐篷形"分布函数（拉普拉斯分布），这意味着生长率的波动（涨落）实际上很有规律。而且，史丹利等人还发现，生长率的波动会随着企业规模的增大而减小。也就是说，越大的企业，其生长率越稳定。这个道理可以用一个比喻来说明：企业就像是在不确定性海洋中航行的船，船越大，它抵抗惊涛骇浪的能力也就越强，小船就惨多了，小小的波浪就可能把它掀翻。

这一结论意义非凡，因为它将不确定性和确定性的生长规律融为一体。首先，斯坦利等人将企业的生长率看作一种随机波动的噪声，这本身就是在考察企业生长过程中的不确定性。其次，他们发现，生长波动遵循确定性的规律：越大的企业，其波动越小。但可惜的是，斯坦利等人并没有将所有企业的平均生长率考虑进来，而这一因素才能回答吉布莱特假说。

生长（growth）始终是经济学关注的一个重要话题，而企业是经济系统的核心单元，因此，讨论企业的生长就成了经济学中的重要问题。然而，我们根据文献调研发现，迄今为止，关于企业生长的科学定量理论尚不存在，这一理论需要同时满足三个条件：

(1) 它是定量化的；

(2) 它应基于基本的假说或第一性原理;

(3) 它应能够经受各种实证数据的检验。

在本章中,我们介绍一个同时满足这三个条件的企业生长理论。首先引入企业现金流的视角,将企业看作一种现金的留存模型。在这一基础上考察企业的规模法则,并得出各种变量随企业总资产规模变化的规律。然后将其中的两个重要规模法则,即净利润和总债务的规模法则与企业的财务平衡方程联立起来,从而得到企业的生长方程。这一方程不仅能够很好地刻画中美企业在数十年内的平均生长情况,而且能预测中国企业的生长将会遇到奇点。

10.2　现金流与规模法则

2017 年冬天,我再次来到圣塔菲研究所进行为期 3 个月的学术访问。访学期间我和肯普斯、哈密尔顿以及韦斯特每天围绕企业的生长方程展开讨论。然而,我们的研究项目陷入了困境:如果按照韦斯特的建议,如上一章讨论的那样,把企业理解为人类的组织,将员工数视为企业的规模,那么当推导企业的生长方程的时候,就不得不给总销售额、成本等变量乘以一个和国家 GDP 增长相关的指数因子项,才能建立一个与实际数据吻合的生长方程。这背后的原因是,作为一种非货币度量指标,员工数不可能与用货币度量的总销售额、成本等变量平起平坐。然而,这个魔法般的指数因子又代表什么呢? 它有没有可能其实代表了一个未知的关键变量呢?

我意识到,要回答这个问题,需要一张透视企业的全景图。而这张全景图很难从人类组织的视角得到,因为每家企业的组织架构不同。正当我们一筹莫展的时候,我无意间在喜马拉雅 App 上听到一门音频课——陈志武老师的“金融学入门”,正是这门课给我打开了全新的视角。我突然意识到,如果从金融学,也就是前面提到的“现金流”的视角来理解公司,那么不仅很容易得到这张全景图,而且可以将聚焦的规模变量从员工数变到总资产,而总资产是以货币度量的,它可以很自然地和现金流建立联系。于是,我的眼前浮现了这样一张图,如图 10.2 所示。

图 10.2 中箭头表示的是现金流,左侧框中为现金流相关变量,右侧框中为资产结构相关变量,中间部分的两个变量为现金流与存量之间的相互作用,分别为资产回报率,即利润与企业平均资产的比率,以及留存收益,即用于资产增值的盈利。在图 10.2 中,每个变量都与总资产之间存在规模法则(幂律关系),我们根据美国上市公司的数据,标出了各个现金流变量的幂指数。

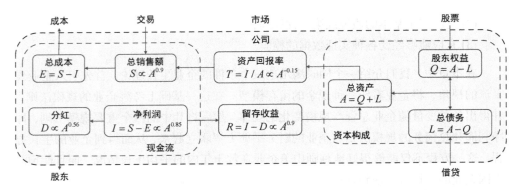

图 10.2　一家公司的各种现金流与资产结构相关变量的相互作用关系

众所周知，公司财务本质上就是三张重要表格：资产负债表、现金流量表和损益表。其中的资产负债表和现金流量表记录了公司每一笔现金流的走向和资本存量，因而更加重要。图 10.2 实际上就是对这两张表的抽象，左侧框展示了几个重要的现金流相关变量，包括总销售额、总成本、净利润、分红；右侧框展示了几个重要的资产结构相关变量，包括总资产、股东权益和总债务。股东权益也叫所有者权益，定义为总资产减去总债务。一般企业的现金流量表概括的是左侧框，资产负债表描述的是右侧框。这便是可以透视企业的全景图，它以一种全新的视角——现金流，来看待企业。

10.2.1　企业的现金流视角

我们知道，企业作为现代经济系统的基础单元，离不开现金。绝大部分企业的目标也是尽可能多地盈利。盈利一般可以简单看作企业创造的价值，通常以现金流的形式体现。

如果一家初创企业没有能力实现盈利，那么要想维持生存，就必须依靠投资或者负债来获取现金流。否则，它将不能支付房租、员工薪酬等成本。因此，无论是否盈利，企业都必须依靠现金流来维持生存。

如果企业想更快速地发展，实现更大规模的增长，也必须先获取更多的现金流，或者将银行账户中总资产的一部分划拨出来，变成等价的现金流，从而购买新的生产资料，开发新产品或招募新员工。

现金流对于企业的重要性，可以和能量流对于生物体的重要性相提并论。能量流构成了生物体新陈代谢的基础；而体重，也就是生物体所拥有的全部物质量，构成了能量流的存储。流动与存储不仅相互配合支撑生物体的生存和发展，而且根据前面的讨论，二者之间还存在著名的克莱伯定律。那么，企业中相当于生物体重的量是什么呢？答案是"总资产"。

10.2.2 企业的"体重"

首先，总资产是指某一经济实体拥有或控制的、能够带来经济利益的全部资产。如果一家企业从 0 资产开始，每个月都盈利 100 万元，那么一年下来，它的总资产就可以达到 1200 万元。所以，资产相当于现金流的一种累积，也即企业的"价值存储"。

不过，与生物体不同，现代企业可以负债经营。也就是说，在一家企业的全部现金流存储中，还包括从债权人手中借来的、将于未来偿还的资产，这就是企业所背负的债务，是对未来盈利的赌注。可以说，负债经营是企业的一个独特发明，至少我们很难在大自然中找到它的对应物。

在会计学中，减掉债务以后的资产也叫所有者权益或股东权益，因为这部分资产本质上隶属于股东。在此，公司的资产和股东个人的资产联系到了一起：这部分股东权益往往会以股份的形式成为股东个人名下的资产。所以，人们经常说某公司老板身价几十亿，其实绝大部分是由他所占有的公司股份构成的。

10.2.3 财务平衡方程

有了现金流以及作为"价值存储"的总资产，我们便可以同前文描述的生物体那样将整个企业抽象为一个"水缸"模型了，只不过这里流动的水不再是能量流，而是现金流。其实，只要对图 10.2 进一步简化，就可以得到"水缸"模型，如图 10.3 所示。

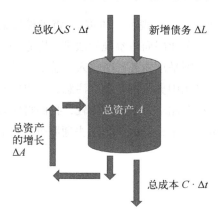

图 10.3 企业的"水缸模型"，其中的"水流"代表现金流

每一段时间（Δt），例如每一年，注入到"水缸"中的主要"水流"分为两种：一种是靠销售产品或服务等方式获取的总收入 $S\cdot\Delta t$，其中 S 是这段时间的平均销售额，另一种是新增债务 ΔL。这里我们忽略了直接投资一项，因为从数据来看，股东直接投资不能形成稳定的现金流，且所占比例相对很小。另外，流出"水缸"的"水流"主要包括总成本 $C\cdot\Delta t$ 以及用于扩充资本的 ΔA，也就是企业的生长。这里我们忽略了分红一项，因为从实际数据来看，分红占企业支出的比例很小，可以忽略不计。

根据会计学的基本原则，企业的财务每时每刻都应该是平衡的，即现金的流入要与流出相平衡，于是我们可以得到如下财务平衡方程：

$$I\cdot\Delta t + \Delta L = \Delta A$$

这里我们将总收入 $S\cdot\Delta t$ 和总成本 $C\cdot\Delta t$ 合并，称为 Δt 时间内获得的净利润 $I\cdot\Delta t$，即 $I = S - C$。无论企业是大是小，也无论它位于哪个国家和行业，企业财务制度都要求该财务平衡方程成立。而且，由这个方程不难看出，要想让企业生长，主要有两个途径：一个是通过扩大销售或节约成本，从而提高净利润，另一个是通过负债。

通过分析美国企业的负债数据我们发现，企业总债务年平均增速和全国的 GDP 增速相近，这就可以解释前面提到的那个令我们困惑不已的指数因子项的问题了。原来我们之前忽略的恰恰是负债！而负债作为现代企业生长的一个重要资金来源，显然不可忽略。后面我们还会看到，总债务的规模法则的幂指数不同也反映了企业所在市场的不同模式，这种模式高度影响企业的生长模式，甚至可以将企业困在奇点。

10.2.4　基于总资产的规模法则

既然我们将一家企业的总资产视为"体重"，将各种现金流变量视作与新陈代谢相关的变量，那么就可以在企业层面考察规模法则，即它们之间的幂律关系。首先选择 4 个主要的财务变量，分别是总债务、净收入、总销售额和总成本，探究这些变量对总资产的规模法则，并对比中美两国企业。注意，这里的总债务并不是现金流，而是一种资产，是现金的一种存储。为了方便比较，我们将所有财务变量按照当年的汇率转换为以美元计的等价货币量，同时进行了去通胀处理。如图 10.4 所示。

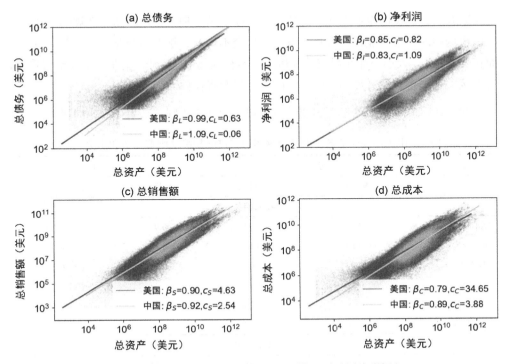

图 10.4 4个主要变量对总资产的规模法则（另见彩插）

在每张图上，每个浅色的点代表一家中国企业在某一年中的相应变量数值，每个深色的点代表一家美国企业在某一年的对应数值。浅色和深色的直线分别代表对中国和美国所有企业在所有年份的数据做线性回归得到的直线，相应的回归参数见图例。β_L 为总债务与总资产的规模法则幂指数，β_I 为净利润与总资产的规模法则幂指数，这两个指数对企业的生长起到重要作用。

从图 10.4 可以看出，所有变量都与总资产展现出幂律关系，但是各个变量的幂指数不尽相同。中美两国企业的净利润、总销售额和总成本的幂指数都小于 1，即这些变量呈现出亚线性规模法则。其中，中美两国企业的净利润和总销售额的幂指数非常接近，而中国企业的总成本的幂指数较大。这说明随着企业总资产规模的增长，中国企业的总成本相对于美国企业增长得更快。因此，中国企业特别是大企业，成本控制能力有待进一步提高。

中美两国企业有着本质差异的变量是总债务：美国企业的总债务的幂指数接近 1，而中国企业的幂指数大于 1。这说明，随着企业总资产规模的增长，中国企业的负债率逐渐升高，而美国企业则几乎保持不变。换个角度理解，这一超线性规律意味着，中国市场中的大小企业在获得贷款方面的机会不均等，越大的企业越容易获得贷款。而在美国市场，大小企业获得贷款的机会基本相同。这一点对于企业的生长至关重要，它直接关系到企业发展过程中的奇点问题。我们将在后面详细论述。

我们还可以进一步考察更多变量对总资产的规模法则，结果如表 10.1 所示。

表 10.1　中美两国企业各个财务变量对总资产的规模法则幂指数和常数的对比

变　　量	美　　国		中　　国	
-	幂指数	系数（log）	幂指数	系数（log）
收入相关				
总销售额	0.90	1.53	0.92	0.93
净利润	0.85	−0.19	0.83	0.09
EBITDA	0.94	−1.03	0.87	−0.30
毛利润	0.85	1.45	0.91	3.0
分红	0.56	5.3	0.79	−0.06
留存收益	0.90	0.17	0.96	−1.51
成本相关				
销售成本	0.85	2.01	0.91	1.10
总税收	0.93	−2.71	1.03	−6.34
营业成本	0.79	3.55	1.02	−1.67
研发成本	0.70	2.48	0.61	3.48
规模相关				
员工数	0.74	−7.7	0.63	−6.95
货币资金	0.82	0.14	0.99	−1.92
总债务	0.99	−0.46	1.09	−2.77

这些财务变量可以分成三大类，分别为与收入相关的变量，包括总销售额、净利润、EBITDA（即未计利息、税项、折旧及摊销前的利润）、毛利润、分红、留存收益；与成本相关的变量，包括销售成本、总税收、营业成本和研发成本；与规模相关的变量，包括员工数、货币资金、总债务。

美国企业的这些变量的幂指数都小于或接近 1，体现为亚线性生长。而中国企业的总税收、营业成本、总债务的幂指数大于 1。这说明中国的大企业在成本管理方面效率偏低。

10.3　企业生长方程

接下来，我们便可以将财务平衡方程与规模法则相结合，也就是将净利润和总资产之间的幂律关系，以及总债务和总资产之间的幂律关系分别代入这个方程，推导出企业的生长方程。

10.3.1　生长方程推导与求解

我们将该方程及其推导过程概括为图 10.5。

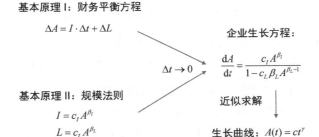

图 10.5　企业生长方程的推导与近似求解的基本逻辑

这便是我们推导出的企业生长方程，它是财务平衡方程以及净利润和总债务的规模法则这两条基本原理的必然推论。这是一个确定性方程，它描述了企业的生长（即 $\mathrm{d}A/\mathrm{d}t$）是如何依赖企业规模的。注意，在推导过程中，我们将整个市场（美国或中国）所有年份的规模法则幂指数代入财务平衡方程，这意味着，该曲线描述的是整个市场中的代表性企业，或者说全部企业的平均生长趋势。它并没有限定某个企业的生长必然遵循该方程，而不会受到随机因素及外部环境等因素的影响。实际上，如果要模拟真实企业的生长，要在该平均生长曲线的基础上增加一些噪声或外部作用。

我们可以通过近似求解得到这家代表性企业从 0 资产开始到任意时刻 t 的生长曲线，该曲线刚好是一条幂律曲线。然而，在通常情况下，考察一个国家或地区的人口或 GDP 的增长，很容易得到指数曲线。那么，企业的幂律生长和指数生长有何不同呢？我们不妨将指数曲线和幂律曲线绘制在同一个坐标系中进行比较，如图 10.6 所示。

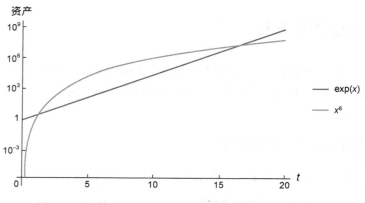

图 10.6　指数生长（深色）和幂律生长（浅色）的比较

　　图 10.6 中横坐标为时间，纵坐标为总资产。为了方便观察，我们对纵坐标轴取对数等间隔排列，在这种情况下，指数曲线就变成了一条直线，幂律曲线则朝右侧弯曲。

　　不难看出，相较指数曲线，幂律曲线在初期增长得更快，然而，慢慢地，幂律曲线的增长势头就不如指数曲线了，而且这一差距将越来越大。两条曲线有两个交点，第一次相交后幂律开始超越指数曲线，第二次相交后指数曲线开始超越幂律曲线。交点的具体位置由函数中的各个参数决定。

　　那么，为什么经济系统一般是指数生长，企业却是幂律生长呢？首先，GDP 呈指数生长是因为 GDP 越高的国家越有机会扩大投资实现再生产，从而导致一种"富者越富"的正反馈效应。然而，这里企业的生长曲线却并非如此。问题的关键在于净利润和总资产之间的亚线性规模法则，也就是并非企业越大，其资产回报率（每单位资产所能带来的盈利）越高。事实上，大企业看似很风光，产出多、销售能力强、市场占有率高，但其实越大的企业越不容易赚到钱，效率也更低（见上一章）。因此，企业不会像 GDP 或人口那样，得到有效的正反馈，从而实现指数生长。理论表明，净利润的亚线性规模法则效应越明显（即幂指数越小），其相应的生长曲线越低缓（即幂指数越小）。这两个幂指数密切相关。例如，对比中美两国就会发现，中国企业的净利润幂指数为 0.83，略小于美国企业的对应幂指数 0.85，这一小小的差异使得它们的幂律生长曲线的指数存在显著区别：美国的为 5.80，而中国的为 6.09。这说明中国企业的生长速度快于美国企业，这也跟中国的宏观经济增长速度快于美国相符合。

　　另外，根据幂律曲线还可以得出一个重要结论，即企业的生长是无限的。也就是说，只要企业按照生长方程的形式发展下去，理论上它的规模将可能达到无穷大。

在这一点上，我们看到了企业和生物体不相似的地方。虽然二者都遵循亚线性规模法则，但推导出来的生长方程显示前者可以无限生长。

究其本质就在于，企业的总成本几乎具有和总销售额相近的规模法则，最终效果是净利润的亚线性规模法则。虽然企业的总成本也有可能大于总销售额，但此时可以通过负债抵消负盈利的压力，避免立即死亡。负债其实就是一种提前消费，即预支未来的财富。这种债务运作的发明使得企业可以在亚线性规模法则的制约下获得无限制的生长。

10.3.2　数据验证

那么，真实的企业会按照幂律生长吗？接下来，我们分别就美国市场和中国市场进行验证。

首先，我们选择4家美国企业来验证生长方程能否很好地描述它们的生长。这四家企业分别是：礼来公司、可口可乐、吉列公司和苹果公司。它们的生长曲线和理论预测曲线的对比如图10.7所示。

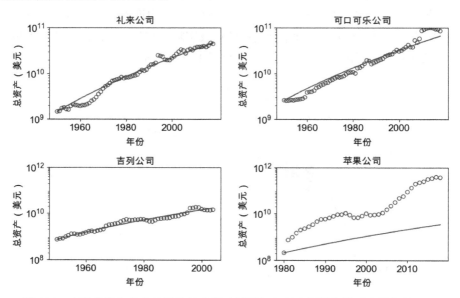

图 10.7　4家美国上市企业的生长曲线（圆圈）与理论预测曲线（实线）的对比

图 10.7 中横坐标为年份，纵坐标为企业的总资产值（对数坐标）。为了用我们的生长方程预测每家个体企业的增长，我们取每家企业在创立第一年中的总资产值作为

初始条件，代入生长方程进行求解，从而得到后续每一时刻的总资产值。

从图 10.7 中不难看出，礼来公司、可口可乐、吉列公司等企业的生长曲线与生长方程的预测曲线基本吻合。这说明，我们的理论可以很好地对这些公司的生长行为进行预测。值得注意的是，这些理论预测曲线并不是对实际数据拟合的结果，而是根据财务平衡方程以及规模法则推导出来的，没有自由参数可调节。在这种情境下，企业的实际生长还能与理论预测相符，说明我们的理论具有合理性。然而，并非所有企业都是如此，例如苹果公司的生长曲线就是例外。由于高速发展，苹果公司的生长曲线明显比理论预测曲线偏高。那么，这样的例外企业还有多少呢？

为了更加系统化地对理论预测曲线和企业的生长曲线进行比较，我们需要将所有企业的生长曲线绘制在一张图上，并且与理论预测比较。于是，我们发明了如下方法：首先画出美国市场中代表性企业从 0 资产开始的生长曲线，这就代表了理论预测；然后将每一家具体企业的生长曲线平移到这条曲线上的合适位置上。如何平移呢？只要选择企业的横坐标，使得企业创立第一年的总资产刚好落到这条理论预测曲线上就可以了。最终结果如图 10.8 所示。这种做法实际上将每家具体的企业都看作一个样本，它们的横坐标为等效的代表性企业的年龄，相当于它刚进入市场的时候已有的"岁数"。可以从数学上证明，这种平移之后的比较实际上与我们前面的做法，即根据每个企业的初始规模得出的生长曲线与真实数据比较，是等价的。

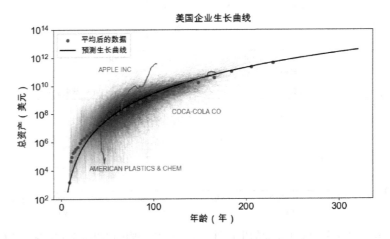

图 10.8　美国市场 31 553 家企业的全生命周期生长曲线，以及生长方程求解得到的代表性企业从 0 资产开始的生长曲线（另见彩插）

图 10.8 中横坐标是代表性企业的年龄, 纵坐标则是其在对应年龄的总资产 (对数坐标), 黑色的粗实线是理论预测的代表性企业的生长曲线。图中每一个彩色线条即某一家具体企业的生长曲线, 线条颜色代表该企业的寿命长短, 寿命越长的企业越偏向于红色; 蓝色圆点是对每个年龄区间的所有数据点的总资产值进行平均之后的结果, 这就相当于求出市场中所有企业在相应年龄下的平均规模。

从图 10.8 中可以看出, 类似苹果公司这样的偏离代表性企业生长曲线很多的企业有不少, 而且一旦开始偏离, 之后都会偏离。虽然并不是所有企业都严格贴合理论预测曲线, 但是按照理论预测方式增长的情况仍占绝大多数。理论预测和企业在每个年龄下的平均规模基本吻合, 这说明代表性企业的情况虽然不能用来准确预测每家个体企业, 但能很好地预测市场上所有企业的平均生长, 这也是我们将理论预测曲线称为代表性企业的生长曲线的原因。

我们还可以如法炮制地检验中国的上市企业。同样, 我们选出 4 家代表性企业, 分别是中兴、康佳集团、丽珠医药集团和数源科技, 它们的生长曲线和理论预测曲线的对比如图 10.9 所示。

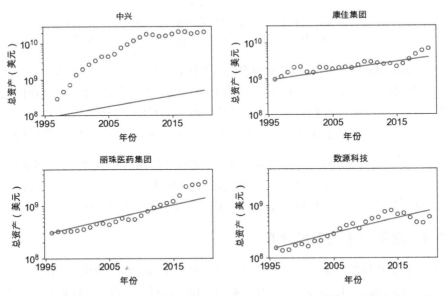

图 10.9　4 家中国上市企业的生长曲线 (圆圈) 与理论预测曲线 (实线) 的比对

图 10.9 中横坐标为年份, 纵坐标为企业的总资产值 (对数坐标)。为了用我们的生长方程预测每家个体企业的生长, 我们取各企业在第一年中的总资产值作为初始条

件，代入生长方程进行求解，从而得到后续每一时刻的总资产值。

可以看出，除了中兴以外，其他企业的生长曲线和理论预测曲线基本吻合。为了更系统性地比较，我们同样绘制出中国代表性企业从 0 资产开始的生长曲线，如图 10.10 所示。

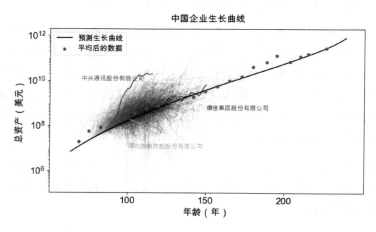

图 10.10　中国市场 3162 家企业的全生命周期生长曲线，以及生长方程求解得到的代表性企业从 0 资产开始的生长曲线（另见彩插）

从全部企业的生长曲线与理论预测曲线的比较可以看出，二者不太吻合。当有效年龄在 100 岁以后，预测误差很大。之所以中国企业的预测误差比美国企业的更大，是因为中国市场尚处于年轻阶段。而理论预测曲线与平均生长曲线基本吻合。这再次表明，我们推导出的生长方程实际上是对整个市场中所有企业平均生长趋势的预测。

值得注意的是，中国企业的总债务与规模之间的规模法则幂指数显著不同于美国企业，它大于 1，这就导致中国企业的生长曲线实际上并不近似为幂律生长，它会在右端，也就是长时间发展以后，出现明显上翘。关于这一现象，稍后将详细论述。

10.3.3　误差与生长率的分布

从生长方程推导出来的企业生长曲线显然是一条确定性的曲线，它预测了一个市场中代表性企业的生长趋势，即所有企业的平均生长行为。然而，这是不是就否定了企业的个性以及生长过程中的不确定性了呢？并非如此，不确定性的部分其实可以通过每一家个体企业偏离理论预测的误差来刻画。我们可以对中美市场中每一家企业在每个时间点上偏离理论预测的误差进行统计，绘制出分布图，如图 10.11 所示。

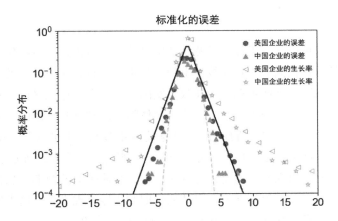

图 10.11　中美两国企业的预测误差分布图，并与生长率分布进行了对比

　　在图 10.11 中，横坐标为每家企业偏离生长方程预测的误差值大小，并做了标准化处理；纵坐标表示落于该误差值的企业比例（对数坐标）；圆点代表美国企业的预测误差分布；（实心）三角形代表中国企业的预测误差分布；实线为标准拉普拉斯分布，虚线是标准正态分布。不难看出，无论是中国企业还是美国企业，预测误差分布都很好地贴合标准拉普拉斯分布（帐篷型分布曲线），即呈现出沿误差为 0 的轴对称分布。这说明，生长方程预测基本上是无偏的，即比预测生长偏高和偏低的企业数量差不多。为了对比，我们还绘制了中美企业的生长率分布曲线，分别用（空心）三角形和五角星来表示。可以看出，无论是中国企业还是美国企业，生长率分布曲线都显著偏离标准拉普拉斯分布，而且这两条分布曲线都是右偏的（右侧的概率更高）。实际上，理论上可以证明，生长率分布可以看作预测的平均生长曲线在总资产的增长为 0 的情况下的误差分布[①]。这说明生长率并非一个无偏的随机变量，而是包含了生长趋势。

　　这一误差分布图实际上刻画了企业生长中的不确定因素，它有可能是受市场、经济、政治等外部环境变动的影响，也可能是每家企业的个性化管理方案导致的偏离行为。总之，通过研究误差分布，我们便能洞悉企业生长中的不确定性部分。具体

---

① 这是因为，生长率为 $r_{t+1} = (A_{t+1} - A_t)/A_t$，则根据吉布莱特假说及史丹利的研究结果，$r$ 的均值应该为 0。但根据我们的理论，预测误差为 $\epsilon_{t+1} = (A_{t+1} - \hat{A}_{t+1})/\hat{A}_{t+1}$，其中，$\hat{A}_{t+1} = A_t + f(A_t)$ 为理论上根据 t 年的总资产数据预测的 $t+1$ 年的总资产，这里 $f(A) = \dfrac{c_L A^{\beta_L}}{1 - c_L \beta_L A^{\beta_L - 1}}$。所以，如果 $f(A) = 0$，则 $\epsilon_{t+1} = (A_{t+1} - A_t)/A_t = r_{t+1}$，所以生长率是在 $f(A) = 0$ 这一特殊情况下的预测误差。

可以总结如下。

(1) 生长方程可以基本无偏地预测企业的平均生长行为，任意的生长曲线可以看作生长方程预测的生长曲线加上随机噪声。而且，噪声分布的对称性说明了比理论预测更高或更低的企业数量实际上差不多。也就是说，具体的企业生长基本上可以看作市场平均规律与个体随机波动共同导致的。确定性规律可以很好地被生长方程所预测，而不确定性部分基本上可以看作随机噪声。

(2) 这个随机噪声的分布并非正态分布，而是帐篷型的拉普拉斯分布。这意味着，随机偏差的出现概率远比正态分布的大，个体企业的短期生长很可能远快于或者慢于生长方程的预测。但是从长期的集体表现来看，这类偏离会相互抵消，从而形成可以很好地被生长方程预测的平均生长曲线。

(3) 与误差分布曲线相比，生长率的预测结果并不符合理论预期，这是因为企业的生长率并非完全随机，而是包含了企业确定性生长规律。这一点可以否证斯坦利等人的观点（参见 10.1 节），他们认为企业的生长率服从拉普拉斯分布。然而，根据我们的验证，只有将确定性规律剔除以后，才能得到一条无偏的误差分布曲线。因此，我们关于企业生长的结论既包括了确定性部分，也包括了不确定性部分，比斯坦利等人的结论更准确、更全面。

10.3.4　再论吉布莱特假说

再来回顾前面提到的吉布莱特假说，即企业的生长率与其规模大小无关，而是一个随机噪声。有了基于规模法则和财务平衡方程的生长方程，我们可以重新审视这一假说。前面已经指出，后续的学者们并没有在实际数据中观察到关于这一现象的确凿证据，而是在某些数据中发现了正例，在另一些数据中发现了反例。例如，霍尔以美国制造业企业为主要分析对象，发现吉布莱特假说是否成立依赖企业规模是大是小。小企业的生长率的确与规模有关，越大的小企业，其生长率会越低；但是对于大企业，霍尔并没有发现显著的依赖关系，即倾向于支持吉布莱特假说。后续的学者们对吉布莱特假说争论不休，提出影响生长率的因素可能包括企业规模、所处行业、企业年龄等多种变量。

有了生长方程，就不难解释霍尔观察到的现象，也不难理解为什么企业的生长率会受到规模、年龄等因素的影响了。如图 10.12 所示，从企业的生长方程可以得出，企业的生长率实际上近似与企业的总资产规模形成幂律依赖，而且幂指数是一个非常小的数，即 $\beta_I - 1$。因为企业的净利润通常遵循亚线性规模法则，所以该幂指数小于 0。

于是，我们的理论预言企业的生长率会随着企业规模的变大而降低。而且，根据幂律曲线的形状（如图 10.13 所示），随着企业规模变大，生长率会越来越低，以至于接近 0，这意味着，大企业的生长率看起来几乎与企业规模无关。这就完美地解释了霍尔在美国制造业企业中观察到的现象。之所以吉布莱特假说对于大企业成立，对于小企业不成立，就是因为生长率随规模变大而降低的现象在小企业身上更明显，而在大企业身上不明显。

企业生长方程：　　　　　　　企业生长率与规模的关系：

$$\frac{\mathrm{d}A}{\mathrm{d}t}=\frac{c_I A^{\beta_I}}{1-c_L \beta_L A^{\beta_L-1}} \longrightarrow GR=\frac{1}{A}\cdot\frac{\mathrm{d}A}{\mathrm{d}t}=\frac{c_I A^{\beta_I-1}}{1-c_L \beta_L A^{\beta_L-1}}\approx\frac{c_I A^{\beta_I-1}}{1-c_L \beta_L}$$

图 10.12　从企业生长方程推导出的企业生长率与企业规模的关系

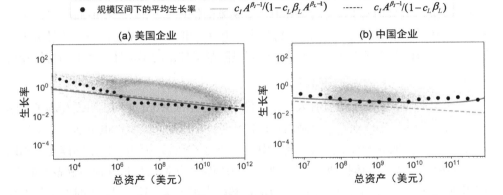

图 10.13　中美两国企业的生长率与企业规模的关系，其中每个点代表一家企业在某一年中的生长率和规模的关系，实线为生长方程预测的结果，黑点表示的是不同规模区间所有企业的平均生长率，虚线代表近似解（另见彩插）

　　为了进一步验证结论，我们同样将理论预测的生长率–规模曲线与实际的企业生长率–规模曲线放到一起比较。可以看到理论预测曲线与平均的生长率–规模关系曲线基本吻合。

　　进一步，为什么企业的生长率会和企业年龄有关呢？实际上，如果我们对生长方程进行求解，不难得出企业规模实际上与企业年龄存在近似的幂律关系，而生长率又与规模大小有关，因此生长率与年龄有关便是一个自然的结论了。如果我们将企业的生长率同时对企业规模和年龄进行回归，就会发现这两项的回归系数并不等于 0。这与之前的研究结论相同。但是，与这些基于统计回归得出结论存在本质不同的是，我们的生长方程及生长率–规模曲线完全是基于财务平衡方程和规模法则推导出来的，因而它揭示的是一种因果规律。

　　记得在圣塔菲研究所的时候，当讲到我从生长方程推导出生长率和规模的依赖关系，并能够很自然地消解长期以来对吉布莱特假说的争论的时候，韦斯特吃惊地说："真的吗？如果是这样，那正是我梦寐以求的。"

10.4　奇点

　　本来，发现之旅到这里已经可以结束了，我希望将这篇拖了近十年的文章尽快发表。然而，就当我把该文章最后的版本发给韦斯特，建议他尽快修改并发表的时候，却遭到了他的反对："这篇文章的确很有趣，不过，我总感觉它还是少了一些什么……"，韦斯特说道，"也许我们不应该局限于一个狭隘的情形。"原来，在前面的讨论中，我们一直在做一种近似处理，即假设 β_L 约等于 1。事实上，无论在中国还是美国，这个幂指数的确非常接近 1。但正是这个假设限制了理论的丰富性，而韦斯特敏锐地觉察到了。

　　一个星期后，韦斯特给所有人发了一份内容翔实的 Word 文档，里面写满了数学公式。我头脑中马上浮现了一个画面：这位年近 80 岁的老人坐在电脑前一个字符一个字符小心翼翼地输入数学公式。我心中不禁升起了敬意。而当我仔细阅读完文档以后，这份敬意变成了五体投地的佩服。原来，韦斯特将我们的生长方程的解做了推广，使得即使是 β_L 显著不等于 1 的情形，也能被解析求解出来。只不过，此时的生长方程不再是幂律形式了，而是一个复杂的非线性函数。更有趣的是，这一看似平平无奇的推广却让我们发现了另一个神奇的现象——奇点。

　　前面曾提到，中国企业的生长曲线严格来讲并非幂律曲线，而是存在偏离。当我们将横坐标的区间进行延展，就会发现这条曲线在右侧有上扬的趋势，直到它碰到一个独特的点：奇点。

10.4.1　中国企业何时碰到奇点

　　原来，根据我们的理论，只要企业总债务的规模法则的幂指数 β_L 不等于 1，那么企业的生长方程中就必然蕴含奇点，如图 10.14 所示。

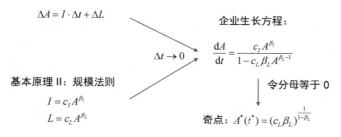

基本原理 I：财务平衡方程

$$\Delta A = I \cdot \Delta t + \Delta L$$

企业生长方程：

$$\Delta t \to 0$$

$$\frac{\mathrm{d}A}{\mathrm{d}t} = \frac{c_I A^{\beta_I}}{1 - c_L \beta_L A^{\beta_L - 1}}$$

基本原理 II：规模法则

$$I = c_I A^{\beta_I}$$
$$L = c_L A^{\beta_L}$$

令分母等于 0

奇点：$A^*(t^*) = (c_L \beta_L)^{\frac{1}{1 - \beta_L}}$

图 10.14 生长方程中有关"奇点"的数学推导

所谓的奇点，也就是在企业的生长方程中让分母等于 0 的总资产 A^* 以及对应的代表性企业寿命 t^*，此时企业的生长率会趋于无穷大。但我们知道这是不可能的，于是该特殊的总资产规模也就成了企业生长中不可能达到但又无法回避的奇点。

对于中国企业来说，$\beta_L > 1$ 意味着随着企业规模变大，负债率会不断升高。而这种负债经营必然会导致奇点的出现。当我们将代表性企业的年龄取值范围扩大，并将中美代表性企业的生长曲线画在同一个坐标系中，就可以得到图 10.15。

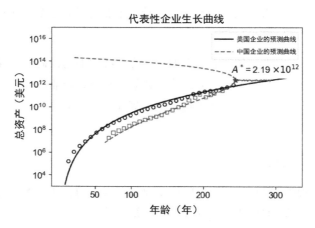

图 10.15 理论预测的中美两国代表性企业的生长曲线

图 10.15 中横坐标表示代表性企业的年龄，也是每家企业根据首年规模折算出的有效年龄，纵坐标则是企业的总资产规模（对数坐标）；圆点表示的是美国企业在不同有效年龄下的平均规模，中国的企业对应的是方块；实线为美国代表性企业的生长曲线，而虚线为中国代表性企业的生长曲线，可知企业总资产约 2.2 万亿美元的时候出现了奇点（星形）。根据理论预测，之后中国企业的总资产将始终在 2.2 万亿美元

附近波动。

可以明显看到，中国企业的生长曲线在后期有超越美国企业生长曲线的趋势。由于中国企业的 β_L 始终大于 1，因此越大的企业越会通过负债的方式扩张，从而实现短期超越。然而，这种发展模式不能长期维持，在 t^*=244、A^*=2.19 × 10^{12} 的时候碰到奇点。也就是说，按照现在的模式，中国的代表性企业如果从 0 资产规模开始生长，那么到 244 岁的时候总资产将会达到约 2.2 万亿美元，从而趋近奇点。

这样说可能过于抽象，以一个具体企业为例，如果按照生长方程所预测的趋势发展，那么招商银行的总资产将在 2048 年碰到奇点，距离现在并不是太遥远。

那么，中国企业趋近奇点的时候会发生什么呢？根据我们的理论，这时企业将不再增长，也不会衰退，而是会在这个奇点附近随机波动。理论证明，该奇点是一个稳定的吸引子（stable attractor），也就是说，超过或者不到该临界规模的企业都会自发朝该奇点回归。然而，一旦接近奇点，则企业的规模增长（dA/dt）就会趋于无穷大，从而让企业有可能逃离奇点，而吸引子的力量又会使得企业重新回到奇点。最终的效果就是接近奇点的企业将始终在奇点所代表的临界规模附近随机波动。换句话说，奇点其实可以理解为一个天花板。随着规模增长，企业会碰到这个天花板，而永远不可能突破这一限制。

因此，我们预言，中国的代表性企业将会在 244 岁的时候碰到天花板，也就是总资产规模停留在约 2.2 万亿美元。无论管理者如何努力，企业都可能无法突破这个天花板。但是，美国企业可以轻松超越这个临界规模，而不会受到奇点的限制。这是因为美国市场的 β_L=1。

10.4.2 如何规避奇点

然而，我们的理论预测可信吗？中国企业在未来真的会遇到无法逾越的奇点吗？所有企业的总资产规模真的无法超越 2.2 万亿美元吗？

要知道，这一切有关奇点的推论都建立在总债务与总资产的规模法则幂指数为 1.09 这一前提下。如果这个幂指数略微发生变化，则奇点的位置甚至其存在性都有可能发生变化。如图 10.16 所示，奇点实际上敏感地依赖 β_L 这一幂指数。这就意味着，如果幂指数 β_L 略微发生变化，则奇点就有可能位移甚至消失。

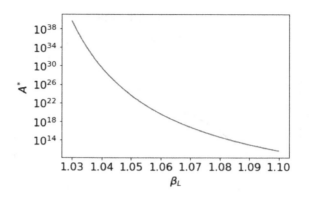

图 10.16 奇点随 β_L 变化的曲线

那么，企业的这个幂指数 β_L 是否会发生变化呢？答案是"会的"，无论是中国企业还是美国企业，它们的 β_L 其实都会变化，有的时候小于 1，有的时候大于 1，如图 10.17 所示。

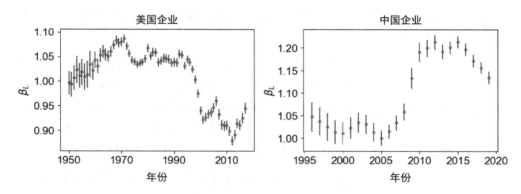

图 10.17 中美企业总债务规模法则幂指数随年份的变化

可以看到，美国市场的 β_L 参数一直在波动。在 1950~1990 年间，美国市场的 β_L 指数也大于 1，到了 1990 年以后，该指数才低于 0.9，$\beta_L = 1$ 实际上是多年平均的结果。

因此，如果只看 1990 年前的美国市场，它的 β_L 大于 1，据此预测美国代表性企业会在近 300 岁的时候遇到奇点，总资产规模会停留在 1.6×10^{15} 美元，如图 10.18 所示。

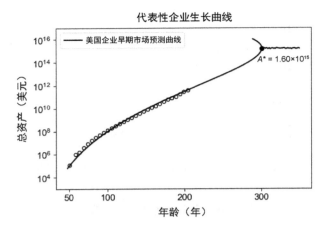

图 10.18　如果仅用 1990 年前的数据，可以得到不同的美国代表性企业的
生长曲线，该曲线也存在奇点

　　然而我们知道，这么多年过去后，美国企业的生长曲线并没有奔向奇点，而是 β_L 下降，进入按幂律生长的轨道。因此，中国企业也有可能通过动态更新 β_L 使其小于 1，从而避免碰到奇点。

　　那么，如何调整 β_L 指数呢？我们知道，β_L 指数刻画的是一个市场中企业的总债务相对于总资产的变化快慢。也就是当 β_L 大于 1 的时候，随着企业规模的增大，总债务会以更快的速度增长，而且 β_L 越大，总债务相对于总资产增长得越快。这样必然会导致规模越大的企业负债率越高，而小企业不容易获得贷款。因此，若想调整 β_L 指数，就需要将贷款向小企业倾斜，也就是让小企业更容易从债务市场获得融资。

　　我国的经济政策也在调整，大力支持中小企业的发展，包括对中小企业的免税政策，以及开辟面向中小企业的新股票交易市场和融资渠道等。如果能够通过国家的经济政策让中小企业更容易获得贷款，就有可能撬动规模法则的直线斜率，从而降低 β_L。这样的话，中国企业就有可能避免碰到奇点。

　　也就是说，我们关于中国代表性企业会遇到奇点这一理论断言，其实是在保持规模法则各个参数（特别是总债务的规模法则幂指数）不变的情况下得到的结论。然而，如果通过政策调整，更多地照顾中小企业的发展，让它们能更容易借贷，就有可能改变总债务的幂指数，从而避免碰到奇点。

10.5　更多问题的讨论

回顾本章，我们从现金流的视角给出了现金留存模型，并给出了财务平衡方程以及以总资产为规模变量的规模法则。进一步，我们从财务平衡方程和规模法则出发推导出了企业的生长方程，并验证了它和实际企业生长曲线的吻合程度。我们还讨论了奇点现象。这些结果以及推论可谓异常丰富。要知道，这是历史上第一次由两个简单的第一性原理出发推导出企业长期确定性的生长方程，而且还发现了奇点这样的独特现象。然而，好的理论总是会产出比预期更多的推论。下面我们将探讨若干推论。

10.5.1　企业的规模大小与生长快慢

我们曾不止一次将企业和生物体进行类比，因为它们都遵循亚线性规模法则。而且，净收入与总资产之间的规模法则可以看作企业版本的广义克莱伯定律，只不过幂指数为 0.85，比生物体的 0.75 稍大。事实上，企业和生物体的相似性不止于此。

回想前文，越大的生物体，由于新陈代谢率提高，活动频率会逐渐下降，而活动时间会相应增加。所以，大象的心率比老鼠慢得多，故比老鼠的寿命长得多。最后，我们得出了一个令人震惊的结论，所有哺乳动物一生的心跳总次数为一个与其体重大小无关的常数，差不多是 15 亿次。

那么，企业有没有相应的规律呢？我们发现，企业和生物体非常类似，越大的企业，人员更迭和资产周转的速度越慢，而相关的时间（如企业的平均寿命、员工留在企业中的平均时间）也会越长，如图 10.19 所示。

图 10.19a 为企业的资产周转率与总资产的幂律关系，幂指数为 −0.19，其中我们将原始数据按照总资产的数量级进行了小区间的划分，并在每一个区间求平均值。图 10.19b 为员工离职率与员工数的幂律关系，幂指数为 −0.15，故离职率与总资产的幂指数为 −0.11[1]。图 10.19c 为企业平均寿命（在数据集中存在的时间长度）与总资产的幂律关系，其中平均寿命按对数小区间取了平均值，幂指数为 0.14。图 10.19d 为员工在企业中的效力时间与员工数的幂律关系，幂指数为 0.11，故效力时间与总资产的幂指数为 0.08。其中图 10.19b 和图 10.19d 的数据来自文献[2]，我们将该文献中的表格数据

---

[1]　根据员工数–总资产的幂律关系 $E \propto A^{0.75}$，将 $R \propto E^{-0.15}$ 代入，这里 R 为离职率，可以得到 $R \propto E^{-0.11}$。同理，效力时间变量同总资产的规模法则幂指数也可以类似地推导出来。

[2]　Even W E, Macpherson D A. Employer size and labor turnover: The role of pensions[J]. ILR Review, 1996, 49(4): 707-728.

重新画在了双对数坐标系中。

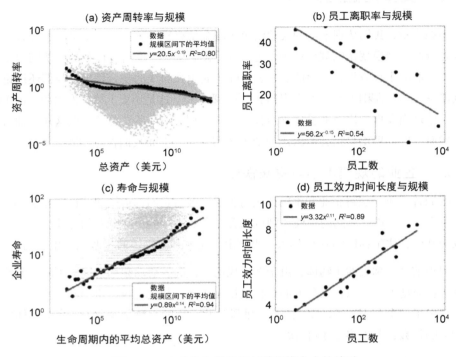

图 10.19 企业的生长快慢与其规模大小的关系

如图 10.19 所示，随着企业规模的增大，其现现金流的"新陈代谢"水平明显降低，这体现为其人员更迭和资产周转速度都会逐渐变慢，与之相对的是企业寿命和员工效力时间的增加。这一点让企业与生物体的相似性更显著了。更有趣的是，细致考察幂指数就能发现，它们的数值基本在 0.15 左右，而这与净收入对总资产的幂指数 0.85 刚好形成互补，即相加等于 1。为什么这么巧呢？

我们不妨将企业的生长率（$\Delta A/A$）看作企业总资产的新陈代谢率，而这实际上决定了企业其他方面的新陈代谢率，包括人员更迭、资产周转等。我们知道，生长率与企业规模呈 $\beta_1 -1$ 次幂的关系，对于美国企业来说，这个幂指数是 -0.15，所以，人员更迭、资产周转都会与企业规模呈约 -0.15 次幂的关系。速率的倒数就是时间长短，因此可以得到有关时间与规模之间的幂律关系，幂指数就应该是 0.15，这也和实际数据大致吻合。

类似于第 4 章中关于克莱伯定律如何推导出心跳频率和寿命长短的规模法则，我们可以将企业视作一个水缸模型（如图 10-3 所示），只不过水缸里流动的不是水，而是现金。如果我们将净利润与新陈代谢相类比，将人员与货币的周转类比为生物体中的血液循环，那么不难推导出，净收入与总资产之间的 0.85 次幂这一广义克莱伯定律，导致了员工离职率、资产周转率的近似 −0.15 次幂（类比为心跳频率），和企业寿命/员工效力时间的 0.15 次幂（类比为寿命长短）。

那么，企业有没有类似于哺乳动物的一生心跳常数呢？很可惜，目前我们的数据尚不能支持下任何结论。一个很重要的原因是，企业并不像生物体那样有比较稳定的"体重值"。由于企业自身、外部环境等各种因素，企业的规模大小实际上一直在变化。这就使得我们难以得出其一生的"心跳常数"，企业的新陈代谢率实际上始终在变化。但是笔者猜测，未来也许我们能够发现类似的常数。

10.5.2　关于负债与奇点

债务可能是人类有史以来最聪明也最愚蠢的一个发明：聪明是因为它可以凭空创造出"价值"，可以向时间借取能量；愚蠢是因为这种无中生有的"黑魔法"让无数人最终掉入陷阱，血本无归。

然而我们离不开债务，因为债务以其丰富的形态已然充斥着我们的日常生活。实际上，货币本身就是一种债务，它是由银行发行、由国家担保的债务。债务是实体经济活动的一种"催化剂"，它本身不能直接创造价值，但是它可以催化、加速其他经济活动从而创造价值。从这一点上，我们便不难理解为什么不能够滥用债务：无限透支未来不仅不会真正创造价值，还会让参与者"上瘾"，甚至以更多的透支填补已有的债务窟窿，陷入恶性循环。只有适当的透支才能催化经济活动快速地发生、流转，同时稳定地产出价值。然而，什么才是适当呢？

传统的经济学按照比例来衡量这种适当性，即负债率，也就是总债务占总资产的百分比。例如，根据 Compustat 的数据，美国企业的平均负债率大概是 50%，即平均来看，美国企业的一半资产其实是贷款。为什么要贷这么多款呢？因为它能够真真切切地帮助企业快速发展！通过推导我们发现，对于美国这样 $\beta_L = 1$ 的市场来说，企业的生长方程可以进一步简化为"生长率正比于杠杆率乘以资产回报率"这样的形式[1]。

---

[1] 生长率：$g = \Delta A / A$。杠杆率定义为 $r = 1/(1-k)$，这里的 k 就是负债率。资产回报率定义为 $a = I / A$，即净利润占总资产的比例。根据生长方程，如果 $\beta_I = 1$，则 $g = c_I r a$，其中 c_I 为净利润规模法则的系数。

这里的杠杆率其实和负债率正相关。由此可见，50%的负债率实际上可以产生将近 2 倍的杠杆，从而加速企业的生长。当然，过高的负债率会导致企业很容易破产。从数据来看，绝大部分长期发展良好的企业的负债率维持在大约 10%的水平。一旦超过这个比例，企业破产的概率就会直线上升。

中国企业的平均负债率是多少呢？在我们的数据中，大概是 6%，几乎是美国的 1/8！这样看来，中国企业的发展似乎更加保守、更加稳健，而代价就是生长率也应该显著低于美国企业。但这似乎与我们观察到的现象并不相符。

实际上，这里之所以产生矛盾，就在于不能单纯地以比例的眼光来分析，而应该将视线转向规模法则幂指数上去。正如上一章的讨论，由于企业的各个指标都与规模呈非线性关系，所以比例指标其实有很大的局限性，至少无法反映这种非线性。的确，中国企业的负债率更低，但是中国企业的债务幂指数大于美国企业。实际上，中国企业的整体负债率低可能是因为中小企业贷款相对不容易，而越大的企业负债率越高。根据 Wind 的数据，在中国市场，每当企业的规模翻倍，它的负债率就会提高大概 6%。这样的发展模式最终导致越大的企业负债越多。而根据前一章的分析，中国的大企业比美国的效率低。

这种透支未来的做法有好有坏。好处是的确可以实现弯道超车。从图 10.15 可以看出，中国市场的代表性企业的生长曲线一骑绝尘，在短短数十年内就可以在总资产规模上超越美国代表性企业，而代价就是会遇到奇点这一拦路虎。

根据我们的理论，一旦代表性企业的生长曲线进入奇点的吸引域，就不太可能跳出来了。只有改变债务模式，才有可能改变 β_L，让中国企业避免碰到奇点。

所以，问题的关键就在于 β_L，它刻画的是总债务相对于总资产的增长率[1]，而并非总债务占总资产的比例！这是认知的一次真正飞跃，是从线性到非线性、从简单到复杂的飞跃。类似这样的认知飞跃对于其他指标也是适用的，这是因为非线性规模法则到处存在。因此，我们应该更加关注相对增长率，也就是幂指数这一变量，而非比例变量。

---

[1] 总债务相对于总资产的增长率定义为 $\dfrac{\mathrm{d}L/L}{\mathrm{d}A/A} \approx \dfrac{\mathrm{d}\ln L}{\mathrm{d}\ln A}$，根据规模法则 $L = c_L A^{\beta_L}$，因而 $\dfrac{\mathrm{d}\ln L}{\mathrm{d}\ln A} = \beta_L$，也就是规模法则的幂指数。

10.5.3　对企业发展的预测

本章推导出的生长方程可以很好地预测一个市场中代表性企业长期的发展趋势。那么，有没有可能利用生长方程预测一家个体企业的未来发展呢？

我认为是很有可能的。我和我的学生陶如意在个体企业发展预测方面做了一定的研究。首先，我们可以用如图 10.7 或图 10.9 所示的方式，直接利用平均生长曲线来预测个体企业的生长，其对总资产的预测相对误差在 40%~60%。

然而，这并不是预测所能达到的极限。我们正在开发一个机器学习模型，尝试将其与本章讲到的生长曲线结合起来，并引入尽可能多的数据，包括一些宏观经济指标等，来进一步提升预测准确度。目前的初步试验结果表明，预测的相对误差可以控制在 5%~10%，10 年的长期预测相对误差在 20% 左右。这是相对不错的预测准确度。

而且，有趣的是，经试验验证，只有当我们把生长方程和机器学习模型结合在一起，预测准确度才能达到更高。如果仅用机器学习模型，预测相对误差在 30% 左右。这说明生长模型可以很好地帮助算法找到主要规律。

10.5.4　企业的死亡

本章和上一章讨论了企业的规模法则和生长，还没有讨论普遍关注的一个问题——企业的"死亡"。现代企业的"死亡"有多种方式，常见的是破产。而当一家企业被收购以后，从某种程度上说它也是"死亡"了。

我们统计了在 Compustat 数据集中各种企业"死亡"的原因，以及每一种原因对应的百分比，如表 10.2 所示。

表 10.2　Compustat 数据集中企业的死亡原因和比例构成

死亡原因	比 例	死亡原因	比 例
并购（mergers and acquisitions）	45.1%	私有化（privatization）	2.8%
其他（other）	28.0%	反向收购（reverse acquisition）	0.4%
未列名（unlisted）	15.2%	杠杆收购（leveraged buyout）	0.4%
破产（bankruptcy）	4.5%	新形式（new format）	0.4%
流动性（liquidation）	3.5%		

由表 10.2 可知，对于美国上市公司来说，最常见的死亡原因是企业并购，占比达 45.1% 之多；第二大死亡原因是未列名，即该企业发行的股票不再在市场上交易；第

三大原因才是破产。

在我们的数据集中，如果一家企业在某一年以后再没有任何财报数据出现，我们就将这一年定义为该企业的"死亡"日期。这样计算虽然存在很大的不合理性和误差，但是大体上可以反映整体市场上企业的"死亡"规律。我们的合作者马库斯·哈密尔顿对企业的"死亡"做了大量统计分析，并将研究结果发表在了《英国皇家学会会刊》上。他把寿命长短看作一个随机变量，从而考察寿命分布，并发现该分布非常接近指数分布，这意味着寿命每增加 1 岁，就会有大约 9.8% 的企业"死亡"，而全部企业的平均寿命为 10.2 年左右，企业的半衰期为 8.6 年。也就是说，差不多 9 年以后，就会有一半的美国企业"死亡"。

图 10.20 展示了中国企业的死亡率随其年龄的变化曲线。由于我们所用的数据都是上市公司，并且观测时间窗口比较窄（30 年），因而它们的死亡率都很低，在 30 岁的时候死亡率仅为 1.4%。

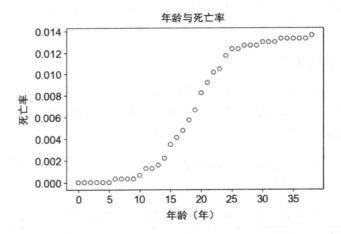

图 10.20　中国企业的死亡率随年龄的变化趋势

那么，是什么因素导致了企业"死亡"呢？很可惜，我们的生长方程无法预测企业的"死亡"。我们猜想规模是其中一个因素，但其影响十分有限。如前文所述，企业规模越大，它的平均寿命会越长，死亡率也会越低。但是由于企业规模在其一生之中不断变化，所以我们很难据此预测其寿命。

事实上，有太多其他因素可能导致企业"死亡"。我们通过机器学习模型预测和分析发现，GDP 增长率、股票交易占 GDP 的百分比、研发成本、管理成本、总债务、短期负债、企业在供应链网络中的位置等指标，都是影响企业存亡的因素。关于企业"死亡"的理论，还需要进一步探讨。

10.5.5　生物体与城市的混合体

一路走来，我们发现了一个不变的主旋律，即规模的理论框架在不同的复杂系统中展现出了不同的形态。生物体的克莱伯定律揭示出，新陈代谢率与体重之间的亚线性规模法则导致生物体生长受限。于是，所有物种的生长都有不可逾越的规模极限。城市的超线性规模法则与生物体相反，它导致了超指数的发展曲线，而这种模式最终导致了"阶跃式的崩溃−超指数发展"循环，最终奔向不可回避的奇点。那么，企业又怎么样呢？

企业相对来说就很"奇葩"了，它一方面很像生物体，另一方面又像城市。像生物体的地方在于大部分和现金流有关的财务指标与规模存在亚线性关系，于是企业中也存在类似的广义克莱伯定律；像城市的地方在于债务与规模存在超线性关系。

然而，企业的生长方程与生物体和城市有本质上的不同。企业的亚线性规模法则导致了幂律生长，而幂律生长是没有极限的。净利润的亚线性规模法则以及债务的存在是导致企业幂律生长的关键。

当 $\beta_L > 1$ 的时候，根据方程的解，理论上企业规模可以无限增长，但是会遇到奇点。然而这个奇点与城市的奇点存在本质上的不同。企业的奇点导致生长率变为无穷大，而城市的奇点则导致规模变为无穷大。另外，企业的奇点又仿佛是生物体的极限体重，它构成了企业生长的天花板。最终，在 $\beta_L > 1$ 的情况下，企业又变成了受限生长。

负债显然是人类文明的产物，而不是自然机制，因此它让企业更像城市。所以，从某种意义上说企业是生物体和城市的混合体。

10.5.6　企业规模法则起源的初探

仿照前面的章节，针对企业这个研究对象，我们是否也能提出一个简洁的模型，以解释企业的规模法则是如何起源的呢？本节尝试对这一问题展开初步探讨。

企业的规模法则包含了两大类：一类是销售额、成本、收入等指标的亚线性规模法则，一类是债务的超线性规模法则。由于债务的规模法则的幂指数受到市场以及政策等因素的影响，而销售额、成本、收入等的规模法则的幂指数在不同的市场中变化不大，因此我们应聚焦于后者。

根据前面的讨论，我们可以从组织和货币流两个视角来理解企业。对于前者，我们可以尝试扩展匹配生长等模型来解释企业的规模法则。

然而，在本章的讨论中，我们更倾向于以货币流的视角来理解企业。这样，参照第 4 章的讨论，我们应该构建一个流网络模型。然而，企业的这个流网络具体是什么呢？节点和连边又是什么？

我猜想，这个流网络可以对应于管理学中常说的价值链（value chain），每一个节点是一个生产或服务的环节，加权连边则对应这些环节之间的价值流。

比如，工厂生产一枚大头针，可以分成 6 道工序，那么每一道工序就是一个节点，如图 10.21 所示。工人在每一道工序上的生产活动所产生的价值附加，就是这一节点的入流；而从一个节点到下一个节点的连边对应了价值的流动，它是以大头针半成品的方式体现的。到达价值链的最后一个环节，完整的大头针被生产出来，拿到市场上兑换为等价的回报，就相当于大头针价值的实现。这样一来，最后一个环节的价值流刚好等于现金收入，于是现金流和价值流实现了统一。

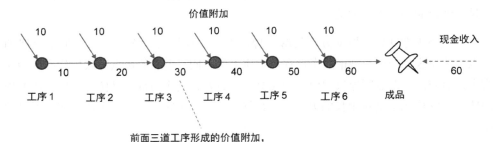

图 10.21　大头针生产的价值链网络示意图

这样，企业的一切宏观现金流特性，包括收入的规模法则，就由这个流网络的结构、流量分布等特征决定了。这些特征显然因不同企业而异，但是总体上主要受制于产品本身的生产加工流程。越是复杂的产品，越需要繁杂的价值链网络。因此，生产类似产品的不同企业可能具有类似的价值链网络，这就是为什么大小不同的企业遵循统一的规模法则。

有了这个流网络，我们便可以将收入与总资产理解为流网络的"流"和"存"这两个关键变量了。其中，收入对应为流网络的入流，总资产则对应为流网络中所有节点上流量的总和，于是收入的规模法则就对应为价值流网络的广义克莱伯定律，反映的是一种流-存关系的相互匹配。

进一步，由于企业和生物体一样，都遵循亚线性规模法则，所以无论是 WBE 模型还是巴拿瓦网络模型，也许都可以为我们构建企业的价值链网络模型提供借鉴。这有待未来更深入的研究。

10.6 小结

本章我们从企业的生长究竟遵循确定性规律还是纯粹的碰运气这个问题切入，指出一个好的企业生长理论应该同时满足：定量化、基于基本原理，以及能经受实证数据检验。本章介绍的企业生长理论恰恰可以满足这些要求，它所遵循的基本原理是财务平衡方程和规模法则。与上一章不同，本章讨论的规模法则以现金流为视角，以总资产作为企业规模的基本度量。在这一前提下，我们得到了一系列的亚线性规模法则。这说明，企业在很多方面表现得更像生物体，特别是净利润与总资产之间的规模法则可以看作企业的"克莱伯定律"。然而，总债务的规模法则却是例外。它就像城市 GDP 一样，展现出了超线性规模法则。

根据两条基本原理——财务平衡方程和规模法则，我们推导出了一个方程，它可以预测市场中的代表性企业如何生长。有趣的是，当我们对这个方程进行求解之后发现，对美国这样比较成熟的市场来说，企业生长曲线既不遵循类似于生物体的受限生长模式，也不像城市那样呈现超线性生长，而是遵循一种独特的幂指数很大的幂律生长模式。而对于中国这样的成长型市场来说，先是展现出更快速的幂律生长，然后会出现弯道超车的迹象：企业会在短期实现快速增长。然而，正当我们欢欣鼓舞之时，一切又会戛然而止，因为企业会碰到奇点。也就是说，根据我们的理论预测，企业规模会被锁死在这一奇点附近，所有企业概不能免。我们从 1996 年到 2020 年的中国上市公司的数据中观察到，中国的上市企业正在迈向奇点的路上。

不过，更细致的分析又让我们看到了希望。事实上，刻画债务规模法则作用的幂指数并非一成不变，而会随宏观环境的变化而波动。美国企业在 1950~1990 年期间同样经历了幂指数大于 1 的阶段。然而，后续的发展却并没有保持这一趋势，美国企业的债务规模法则的幂指数被拉回了 1 附近，甚至小于 1 了。而导致中国企业发展会遇到奇点的本质原因就在于总债务的超线性规模法则，即负债率会随着企业规模的增长而升高。因此，如何加大对中小企业的贷款力度是规避奇点的关键所在。

最后,从生长方程出发又引发了更多讨论,包括企业的规模大小与生长快慢、债务与奇点,以及企业的死亡等话题。总而言之,第 10 章和第 11 章是将规模理论这一主旋律应用到企业上的一次有趣的变奏。它就像一个透镜,可以帮助我们洞察到以往的经济学理论尚无法发现的现象和规律。

当然,这一研究主题才刚刚开始,我相信随着研究的深入,更多有趣的结果将会被陆续发现。我想,相比于生物体和城市,将规模理论应用于企业是更具有应用价值和潜力的研究,因为它也许真的能够帮助大大小小企业的管理者们。

第 11 章

迈向"复杂物理学"

　　行文至此，一段奇妙的旅程即将结束。在这段旅程中，我们以复杂的生命系统作为出发点，以互联网社区与城市作为过渡，以企业的生长与奇点作为结束，途中经历了从线粒体、细胞到老鼠、大象、鲸等哺乳动物；河流网络、生态能量流网络、公司间的贸易流网络、国际贸易流网络、注意力流网络、APS 引文网络等复杂网络；百度贴吧、Flickr、Delicious、Digg 等互联网社区；伦敦、北京、阿姆斯特丹、柏林等国际化大都市；苹果、微软、中兴等大公司；还有技术奇点、超级人工智能、黑洞等。我们运用规模分析、统计物理、分形、复杂网络、计算机模拟等一系列技术手段，一路披荆斩棘，最终收获了对各种复杂系统中的流动、新陈代谢、生长、死亡、多样性、交互等一系列现象的洞察和定量结果。

　　表面上看，这些研究对象真可谓风马牛不相及。从传统的学科划分的角度来说，它们分属生物学、生态学、地质学、经济学、行为科学、城市科学、技术科学、宇宙学、管理学等完全不同的学科。然而在本书中，我们能够在这些研究对象中找到共性，并针对一系列重大问题进行不同深度的探索，包括：生物体为什么会生长和死亡？寿命长短由何种因素决定？如何评估互联网社区的发展？为什么有的社区用户黏性更高？为什么分工合作能提高团队整体的生产率？为什么越大的互联网社区，用户的多样性越高？提高用户多样性有助于增强整个社区的活跃性吗？为什么毕业生更愿意到大城市工作？城市的道路网络与经济发展之间究竟是什么关系？我们能否依靠经济发展减少城市的污染和犯罪？技术奇点是否真的存在？技术奇点来临的时刻究竟会发生什么？企业的生长到底是确定性因素还是不确定性因素占主导？企业的规模是否存在上限？我们能否预测企业的发展……更重要的是，我们有望找到一种统一的研究这些问题的定量化方法，进而找到其中的关键因素。

　　这就是复杂科学的跨学科、横断性研究的魅力所在。我们并不是对每一个系统中的不同问题追问细枝末节，而是尝试从一个独特的、宏观的视角提炼出所有问题的共性，用一种新的统一框架来解决问题，并在一定范围内给出预测。如果这种切入视角过于微观，那么很容易陷入各种细枝末节中，被不相关的噪声蒙蔽；如果视角过于宏观，那么可能无法得出有意义的结论，甚至会流于空洞的哲学。我们关注的焦点恰恰就在于从微观到宏观的过渡桥梁，表面上看起来完全不同的系统，在从微观到宏观的过渡过程之中却存在统一的规律。这就是规模缩放这一独特工具起到的关键性作用，在规模缩放过程中表现出来的有趣特性恰恰是一种跨系统、跨尺度的规律。因此，规模法则可以通过忽略大量信息从而抓住问题的关键。

这种视角既能让我们向微观寻求统一、唯象、机制性的模型，又能站在宏观视角讨论系统的动力学及演化过程，从而使得我们能够采用物理学中的 "第谷→伽利略→牛顿" 的研究范式来对不同的系统展开定量化研究，为更一般、更宏伟的理论——暂且称之为复杂物理学——奠定基础。

接下来，我们将回顾之前的内容，并着重从整体框架、研究意义的角度将它们再次串联起来。我们将扩展规模理论的边界，讨论其后续的可能发展，并讨论一种尚未出现的学科—— "复杂物理学" 产生的可能性，最终站在一个批判者的角度，重新审视所有结论的缺点，力图做到客观、公正和全面。

11.1 复杂与简单

所谓大道至简，复杂现象背后往往隐藏着简单的规律。这就是本书的立足点。我们的研究对象是各类复杂系统，从生命到生态，从互联网社区到城市，这些系统都有数量庞大的相互作用单元，而且单元之间存在错综复杂的相互作用关系，对每个单元的微小扰动都有可能导致系统整体的巨大波动。另外，这些研究对象隶属于不同学科。我们怎么从这些纷繁复杂的对象中找到规律呢？

答案就在于忽略信息。我们必须大刀阔斧地忽略不相关的信息，才有可能让真正有价值的信息凸显。人们关心复杂系统，因为复杂系统就在我们身边。人们提出了大量问题希望科学家们回答，例如，如何预测股价的涨跌？如何给经济发展诊脉？面对复杂多变的世界，个体如何做出正确的决策？如何让自己的公众号吸引更多粉丝？然而，这些问题对于我们要寻求的普适理论来说都是噪声。尽管终极的统一理论一定要直面这些大家都关心的问题，但在现阶段不应该考虑这些问题。如果我们过于关注它们，尽管看起来是在解决实际问题，但其实会忽略更重要的信息。这就好比当年牛顿如果不去关注天体的运动，而去关注马车的运动，那么他绝不可能提出今天我们熟知的牛顿力学。因为这些看似更加常见的事物对于构建牛顿力学来说隐藏着非常多无用的噪声。

于是接下来的问题是，究竟应该关注什么样的问题，才能更好地构建复杂系统的一般科学体系呢？答案是这种问题应该同时具备两个关键特征：普遍性和重要性。普遍性是指该问题涉及的概念应该在绝大多数复杂系统中存在；重要性是指对这个问题的回答应该对复杂系统非常重要。这两种特征缺一不可。如果问题不具备普遍性，那么我们开展的研究就不是对复杂系统一般理论的研究，而是对细枝末节的讨论；如果问题不重要，那么很有可能会使得我们错失关注对象的本质。

什么样的问题兼具这两种特征呢？我们的答案是：规模与新陈代谢。

11.1.1　规模法则

规模就是既普适又重要的变量。然而，仅有规模这个变量还不够，我们还必须考察其他变量在规模缩放下呈现的现象和规律，这就是规模法则。于是，简洁的规律开始浮出水面。这就是贯穿整本书的幂律方程：

$$Y = aX^b \tag{11.1}$$

我们偏爱这个简单的方程，因为它既能反映复杂系统背后的统一性，又能反映它们的个性。

1. 普适性

首先，这个方程适用于几乎所有复杂系统，这一点就说明了它的普适性。为什么会这样呢？答案就在于几乎所有复杂系统都存在规模缩放对称性。

对称性是数学和物理学中的重要概念，它是变化与不变的对立统一体。例如，我们说人脸是左右对称的，实际上是说沿着人脸中轴把脸进行左右翻转得到的新脸和原来的脸一样。这里左右翻转就是变化，而相同的人脸就是不变的体现。

那么，在规模缩放对称性中对应的变化就是扩缩变换，而对应的不变性就可能是不同大小复杂系统背后的抽象模型，例如网络、流动等。因此，大象与老鼠遵循同样的克莱伯定律，实际上意味着大象是老鼠的放大版本。它们背后的相似性，才使得我们可以统一讨论所有生物体都适用的 WBE 模型。

其次，规模法则的幂指数通常可以反映不同研究对象的共性。比如，对于所有的城市来说，GDP、新申请专利数量、犯罪数量等规模法则的幂指数都接近 1.15，这个 1.15 就是一个普适的量。这种普适性说明 GDP、新申请专利数量、犯罪数量等都是同类型的变量——它们都与人和人之间的社会交互密切相关。再比如，所有生物体，无论是新陈代谢率、寿命长短、心跳频率还是呼吸频率，它们与体重之间的规模法则幂指数都是 1/4 的倍数。这个普适的数字 1/4 恰恰说明生物体内部存在一个额外的第四维度。

2. 多样性

如果我们仅仅关注普适性，就很容易犯将复杂问题简单化的还原论错误。所以，我们还需要关注普适性背后的多样性，它往往可以揭示不同系统在不同场合的个性。

首先，虽然本书讨论的所有复杂系统都满足规模法则，但是这些规模法则在不同系统中的幂指数非常不同。例如，生物体的幂指数大多小于 1，而互联网社区、城市中的幂指数大多大于 1，企业、国家的幂指数也大多小于 1。

其次，同一个系统中不同的变量会具有不同的幂指数。例如，在城市中，我们可以将各个宏观变量按照幂指数大小分为三类：大于 1 的与社会交互相关的变量，小于 1 的与基础设施相关的变量，以及近似等于 1 的与生活起居相关的变量。在互联网社区中，多样性和人类活动这两种变量的幂指数一个大于 1，一个小于 1，它们体现出了完全不同的特性。我们比较了美中两国上市企业的债务规模法则的幂指数，一个近似等于 1，一个大于 1，这直接导致了二者的生长是否会遇到奇点。我们还可以用不同年龄分组的企业的各类指标幂指数的差异来揭示企业老化现象。这些幂指数的多样性反映了不同系统在不同方面的特点。

另外，规模法则方程中的系数 a 也可以体现多样性。比如，虽然不同物种的生物体的规模法则幂指数都是 3/4，但系数非常不同。在第 9 章中，我们比较了中美两国企业在销售额规模法则中的系数，发现它反映了两国企业在"单人"销售贡献（即只有一个人的企业的销售额）上的差异。

总之，面对各种复杂系统，规模恰恰是我们最应该关注的，同时也是最简单的变量。这一变量决定了复杂系统的其他宏观变量，这就是规模法则。规模法则看似简单，却可以揭示不同系统的共性和差异性。这就像是同一个主旋律下的不同变奏，只有这样，理论才能既优美又灵活。

然而，仅有规模法则还不行，因为它过于笼统了。能够描述复杂系统宏观特性的

变量 Y 如此众多，几乎每一个都与 X 具有规模法则。因此，我们必须在诸多 Y 中找到最重要的一个。这就是新陈代谢率。

11.1.2 新陈代谢

新陈代谢是所有复杂系统的普遍特征，同时它极其重要，因为它直接把握着系统生长、衰老、死亡的命脉。生命需要呼吸、进食以从外界摄入能量和营养，并将产生的废物排出体外；企业会通过吸收资金流维持生存；城市需要从外界摄取能量和物质以支撑所有的人类活动，并且还会以前所未有的速度排放大量废热和二氧化碳；就连互联网社区也可以理解为新陈代谢系统，它们依靠社区用户的注意力流生存，并努力保持社区中的内容不断更新。

这些复杂系统中的广义新陈代谢主要有两种功能，一种是吐故纳新，一种是新老更替。吐故纳新主要是指系统和环境之间的能量、物质和信息的交换，新老更替则体现为系统中每一个单元的更新。

首先，我们来看吐故纳新。任何系统要想维持有序，就不得不向外界开放，这是因为开放是抵抗热力学第二定律——熵增的必要条件。对于生物体来说，能量可分为有序的能量和无序的能量。我们需要补充的是前者，它可以抵抗生物体产生的一部分熵，我们称这种能量中包含着负熵（negative entropy），即秩序（order）。可以说，新陈代谢的主要作用就是为了获取这种负熵。

更进一步，当负熵被摄入系统内部以后，会被送达到各个单元，于是便有了输运网络和流动。其实，我们可以将每个单元看作一个小的生命体，流入的营养物质或负熵，以及流出的废弃物或熵流（entropy flow）就等价于它的新陈代谢。每一个组成单元内部又可能存在更小的新陈代谢单元以及连接这些单元的输运网络。输运网络实际上是纽带，将小的新陈代谢单元连接到一起，形成一个大的新陈代谢单元。新陈代谢、输运网络、流动，这些是绝大多数复杂的开放系统所共有的。

其次，新陈代谢的另一项重要功能是新老更替。新老更替是指系统中每个组成单元的变更。每一个单元在系统内部流动的带动下被激活。这些激活的单元在运动过程中必然会产生损耗，损耗多了就会导致部分单元失效。为了弥补这种损失，复杂系统内部往往会通过一种维护机制进行修复，这就是新老更替的过程。系统整体必须在每个微观单元都瞬息万变的情况下维持长期的稳定性。这一过程也普遍存在于各种复杂系统中。

然而，如果仅仅认识到这一点，我们充其量可以构造复杂系统的描述理论而不是定量的科学。幸运的是，早在 1932 年，克莱伯定律的发现就为我们用定量的手段研究新陈代谢问题提供了重要基础。这一发现可以说具有划时代意义，一方面它向我们展示了生物学存在类似于开普勒定律那样的精确定量规律，另一方面它将新陈代谢率和生物体规模这两个重要的变量联系到了一起。更重要的是，围绕克莱伯定律，我们还能发现一系列重要规律，例如心跳频率、寿命长短的规模法则。

于是，本书的后续章节以克莱伯定律为起点进行展开。首先，我们介绍了能够推导出克莱伯定律起源的 WBE 模型，然后研究如何将克莱伯定律推广到包括河流网络、百度贴吧等更多的广义的流系统中。

广义克莱伯定律其实刻画的是复杂系统中的 "流" 与 "存" 的定量关系，二者必须相互匹配。"流" 对应了新陈代谢率，"存" 则对应了规模。广义克莱伯定律的幂指数则刻画了流量相对于存量的变化快慢，它因情况而异。例如，在百度贴吧的例子中，我们就用广义克莱伯定律的幂指数刻画出不同贴吧的用户黏性。我们还可以利用这个幂指数来刻画流网络的去中心化程度。

对于互联网社区和城市的讨论其实也算是对克莱伯定律的推广。只不过这里的新陈代谢并没有太多流动的特征，而更多体现为人类从事的活动。与生物体和一般的流系统不同的是，在这类存在人与人之间交互的系统中，我们发现了活动或交互关系的超线性规模法则，这与生物体中的亚线性法则形成了鲜明对比。这种差异将导致两类系统的宏观动力学特性存在显著不同。那么，为什么会存在超线性和亚线性这两类不同的规模法则呢？如何统一描述生物体和人类组织这两大类复杂系统？11.1.4 节将继续讨论。

总之，新陈代谢对于开放的复杂系统起着异常重要的作用，它既是连通系统与环境的关键因素，又是维护和更新系统内部组成的驱动力，还是决定系统生长与死亡的重要因素。

11.1.3 死亡与生长

生与死绝对是天底下的头等大事。所有复杂系统都有生有灭。所以，生与死的问题也同时具备普遍性和重要性。

事实上，韦斯特在建立规模理论体系的时候，就是从思考死亡这个问题入手的。生物体为什么会死亡呢？答案就在于新陈代谢过程中产生的损耗。因此，死亡与新陈代谢密切相关。个体细胞层面的新陈代谢速度越快，其损耗也会越快，整个生物体死亡的速度也会越快。这就是为什么一般体型大的生物体寿命长——每单位质量的新陈代谢率会随着生物体体重的增长而降低。

对于城市来说，这一推理过程也是类似的，但是死亡的方式与生物体截然不同。首先，城市越大，个体的生活节奏也会越快，这同样会导致磨损和消耗——"熵"的产生加快。但这里的熵与物理世界的熵略有不同，它更多体现为"社会熵"，即犯罪发生、环境污染、疾病传播等负面因素。城市越大，这些负面因素积累得越多，直到最后使城市走向奇点，即在有限的时间内产生无穷多的"社会熵"，导致城市崩溃。

然而，在这一推理过程中，我们忽视了科技的力量。理论上城市越大，人们的生活节奏越快，个体会承受更多的损耗，预期寿命越短。但实证数据统计发现，人均GDP越高，死亡率却越低，原因在于人们的生活水平提高和先进的医疗保障等。另外，科技能够重启城市的演化进程，延缓城市走向奇点的步伐。

从熵的角度来看，每一次科技革命可以理解为寻找到一种新的负熵源，从而可能让复杂系统起死回生。然而，就像空调虽然可以通过电力做功降低室温，但这是以使外部环境温度升高为代价一样，科技也是通过更快地产生熵为代价让城市起死回生。作为城市–环境的整体，系统仍然保持熵增，而且熵增的速度不可避免地会越来越快。这就是最终城市可能仍然无法避免走向终极奇点和崩溃的本质原因。

从生长的角度来说，新陈代谢也起到了非常重要的作用，它是万事万物生长的直接推动力。系统将吸收的能量流/物质流/注意力流/资金流分成两份，一份用于促使系统生长，另一份用于维持系统内部单元的新老更替。正是这两项的差异导致了系统不同的生长模式。

对于生物体来说，随着发育，用于生长的能量会越来越少，以至于最后趋近于零。于是所有生物体在达到一定体型以后都会停止生长。对于城市来说，随着规模的增长，用于城市发展的财富却会越来越多，最终将会导致奇点到来。这种差异的根源就在于广义新陈代谢的规模法则不同，生物体是亚线性的，而城市是超线性的。

企业算是一种奇怪的存在，因为尽管它的新陈代谢率（净收入）满足亚线性规模法则，资金、人员的周转速度都会随着企业规模增长而下降，然而它并不总是像生物体那样会停止生长，而有可能一直生长下去。其关键因素就在于债务，它相当于通过透支未来为企业的资金池注入资金。有趣的是，债务也存在规模法则，它的幂指数直接决定了企业的发展是否存在奇点。当规模法则是超线性的时候，企业的发展就会被这个奇点所限制。

尽管本书并没有讨论，但同样的推理也可能适用于其他复杂系统生长与死亡的过程。虽然这套理论还不能帮助我们理解一般复杂系统生长与死亡的机制，但是它能够给我们一个指引方向，而且可以给出定量的刻画。

11.1.4　模型之美

然而，上述讨论仅仅局限在唯象规律的层面。也就是第谷→开普勒→牛顿研究范式的第二个环节。若想从开普勒式的唯象规律进化为牛顿式的基本原理，提取概念和构建模型显然是必不可少的。例如，质点、加速度、力等是力学中的基本概念；斜面、弹簧等是基本模型。同样，规模理论也必然需要模型的助力，并由此提取基本概念。

1. 模型回顾

接下来，我们就来回顾本书讨论过的模型，并试图找到它们之间的联系。为了解释克莱伯定律的起源，本书介绍了 WBE 模型、巴拿瓦网络模型、德雷尔球等模型；为了解释互联网社区中的规模法则，我们介绍了 "挖雷" 模型和匹配生长模型；为了解释城市中的一系列规模法则，我们介绍了层级化的道路网络模型和改进的匹配生长模型。虽然这些模型五花八门，但是它们都试图用最简单的机制来解释从数据中观察到的宏观行为和规律。各种模型的背后都存在一个网络，宏观规模法则可以归结为这个网络的统计特征。

这些模型可以大致分为两类：一类是基于流网络的模型，以巴拿瓦网络模型为代表；第二类是基于人与人之间交互的模型，以匹配生长模型为代表。这里我们就这两个代表性模型进行详细比较。

首先，巴拿瓦网络模型是一个特殊的流网络，它可以用来对生物体建模，并阐释广义克莱伯定律是如何起源的。这个网络嵌入在一个 d 维空间中，具有一个中心节点——源，其他所有节点都是汇。生物体通过新陈代谢从外界摄取的能量沿着这个输运网络从源经由各个节点流向汇。如果我们计算这个输运网络中根节点的流量与网络中所有连边上的总流量，就会发现它们满足幂指数为 $d/(d + 1)$ 的广义克莱伯定律。二维的巴拿瓦网络模型如图 11.1 所示。

匹配生长模型用于对互联网社区或一般复杂网络的生长行为进行建模，并尝试阐释超线性规模法则和亚线性规模法则的起源。这个网络也是嵌入在 d 维空间中的，开始的时候只有一个种子节点，然后慢慢增加节点，每一时刻都会有一个新节点落入 d 维空间中，但只有当它与已有节点足够靠近时才能存活，并与之建立一条连边。在网络生长的过程中，如果我们计算网络的连边数和网络在 d 维空间中覆盖的体积，就会发现它们一个与网络节点数呈超线性关系，幂指数为 $(d+2)/(d+1)$，另一个与网络节点数呈亚线性关系，幂指数为 $d/(d+1)$。二维的匹配生长模型生成的网络如图 11.2 所示。

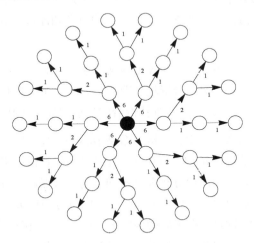

图 11.1　巴拿瓦（最优）网络模型

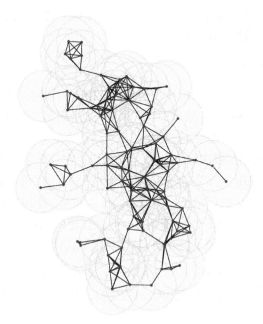

图 11.2　二维空间中按照匹配生长规则生长出 100 个节点时的网络形状，其中圆圈为每个节点的覆盖区域，所有节点覆盖的总面积就是整个网络的体积（多样性）V_t

2. 寻找共性

这两个网络具有一定的相似性。首先，它们都嵌入到了一个 d 维空间中；其次，它们都呈现球对称的分布模式；再次，它们的一些元素在空间中不均匀地分布，例如巴拿瓦网络模型中的流量以及匹配生长模型中的节点和连边；最后，它们的规模法则的幂指数都和空间维度有关。

事实上，这些要素的不均匀分布才是这两个模型的关键。这些异质化分布的要素在 d 维空间中构成了中心对称的分形场，即不均匀的分布。我们可以通过球覆盖法求解出这些分形场的分形维数[1]，这些维数恰恰就是求解规模法则幂指数的关键。

比如，在巴拿瓦网络模型中，流量分布是中心密度高，外围密度低。这样，可以计算出流量场的分形维数是 $d+1$。再比如，针对匹配生长模型来说，特殊的匹配生长规则导致了网络节点分布和连边分布都是不均匀的。节点场的分形维数刚好是 $d+1$，而连边是在节点之上叠加的新一层的异质性，它的场分布比节点更不均匀，所以连边场的分形维数是 $d+2$。同理，在扩展的匹配生长模型中，道路网络容量和社会交互也都是在空间中分布不均匀的场，它们的分形维数决定了各自的规模法则。

可以说，以这些模型来看，无论是克莱伯定律还是城市中的超线性规模法则、亚线性规模法则，都是分形场的产物。

3. 流网络模型的统一

当然，巴拿瓦网络模型与匹配生长模型也有很大的不同。例如，巴拿瓦网络模型是对流动过程建模，而匹配生长模型中没有这种流动。但是二者被一个中间过渡模型联系了起来，这就是 "挖雷" 模型。该模型用于对注意力流建模，特别是独立访客数 UV 与页面浏览量 PV 之间的规模法则。它刻画了大量用户在一个互联网社区中的访问行为。我们用 d 维空间来构建用户的兴趣空间，用莱维飞行来对用户在兴趣空间中的随机游走行为建模。在该模型中，我们做了一个关键假设：如果一个用户访问的兴趣点刚好有其他用户发过帖子，那么该用户的 "游走" 时间就会延长。这一假设模拟了用户之间的间接交互行为，也很好地模拟了独立访客数增多后浏览量以更快的速度增长的现象。

仔细比较就会发现，其实 "挖雷" 模型和匹配生长模型都是对用户数（UV）与用户活动数（PV）之间的超线性规模法则的建模，只不过，它们采用了不同的途径。

---

[1] 请参考：Barabasi A, Stanley G. Fractal Concepts in Surface Growth[M]. Cambridge University Press, 1995. 1995.以及：Vicsek T. Fractal Growth Phenomena[M]. World Scientific,1992.

在"挖雷"模型中，我们将整个模型放置在一个流网络的框架下讨论。也就是说，我们完全可以将每个用户当作一个流动的粒子，这样大量粒子的流动就构成了进入网络的新陈代谢流，这群用户的随机游走次数刚好对应流网络中的总流量。因此"挖雷"模型与巴拿瓦网络模型有相近之处。另外，兴趣空间、交互可以促进点击等假设与匹配生长模型非常相似。因此从更本质上来说，匹配生长模型与"挖雷"模型也是一致的。

为了更清楚地看出这一点，我们考虑更一般的情景：一群用户浏览一组不同的网页。对此我们有两种建模思路。一种是按照"挖雷"模型的方式，将用户理解为粒子，这样用户的跳转次数对应用户的活动；另一种是按照匹配生长模型的方式，将用户理解为空间中不动的节点，每个节点的连边数对应用户的交互活动。这两种方式其实异曲同工，它们都利用了用户之间的交互（直接的或间接的）来解释非线性规模法则的起源。

这种认识有可能帮助我们从更统一的视角，即流网络的方式，看待生物和社会两大领域。在生物体中，流网络就是物质、能量的输运网络，流动的主体就是物质或能量。而在社会系统中，流网络是注意力流或人在不同资源、地点间的移动构成的网络，流动的主体是人，而信息、资源、知识等成为了网络节点，如图 11.3 所示。在这样的视角下，与资源交互的总量就可以理解为流网络中的流量总和，而总人口就对应了该注意力或人的流网络的流入量。因而，这就不难理解生物体的亚线性规模法则，即 3/4 幂律和社会交互的超线性规模法则之间的共性了，其实这两种规模法则在流网络视角下是一回事儿，不同的是我们是以流入量还是总流量作为规模变量。

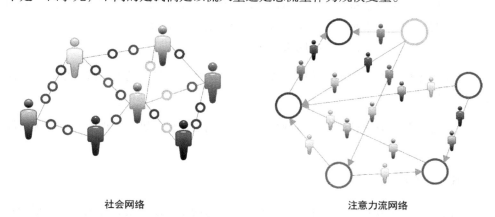

社会网络　　　　　　　　　　　　　　注意力流网络

图 11.3　对于用户浏览网页的两种视角：社会网络视角和注意力流网络视角。前者将人看作节点，将社会关系看作连边，信息、知识在连边上流动；后者将信息、知识、网页等看作节点，将接续的访问看作连边，而人在上面移动。超线性规模法则往往在社会网络上讨论，而广义克莱伯定律则在流网络上讨论

由此可见，我们可以透过流网络的视角统一理解生物和互联网社区。那么，对城市和企业的探究是否也可以统一到流网络视角呢？

首先，城市也可以理解为一个超大规模的社区，因而同样可以看作以城市基础设施为节点、人流为连边的流网络。其次，城市中天然存在多种多样的流网络，包括能量输运网络、物资输运网络、交通网络等。这些流动是理解城市复杂性的关键。另外，根据 10.5.1 节的讨论，企业可以理解为一个由价值构成的流网络——价值链网络，因此也可以统一到流网络模型。

4. 空间、网络与流

有了流网络这一统一的模型，我们便可以从中提取出三个关键性的抽象要素：空间、网络与流。

空间是网络存在的容器或背景，网络得以按照简单规则生长。尽管很多流网络并不存在显式的背景空间，但是我们可以假设隐空间存在，例如兴趣空间。这样，只要遵循空间中的匹配生长规则，网络就可以通过简单的规则构建。

网络是流动的基本骨架。就像河道与水流的关系一样：一方面，河道决定了水流动的方向；另一方面，水流冲刷河道，从而改变其形态。二者构成了协同演化的关系。

流动则决定了复杂系统的功能与特性，包括广义克莱伯定律等。事实上，在第 4 章中，我们讨论了一般流网络的克莱伯定律，并把它归结为一般的流和存的关系。其中，流指流网络的入流，而存指网络上所有流动的总和。

克莱伯定律以及其他规模法则，描述的就是网络与流如何随着系统规模的缩放而变化的问题。

有了这些基本概念和统一的流网络模型，我们也许可以进一步理解复杂系统更深入的基本原理。

11.1.5 小结

总的来看，本节从"普遍性"和"重要性"这两个维度出发，分别探讨了复杂系统中两个重要的变量——规模与新陈代谢率，以及重要的现象——生长与死亡。然后，我们从这些唯象规律引出了对全书中所有模型的总结，并最终发现，它们也许可以统一为流网络模型。这为我们在理论上的乘胜前进打下了重要基础。

11.2 乘胜前进

流网络可以看作具有新陈代谢特征的复杂系统的普适模型，它有两个特殊节点：源和汇，它们都代表了系统所在的外界环境。这样，流网络建模的就是一个开放的复杂系统（open complex system）。耗散结构（dissipative structure）理论指出，开放性恰恰是理解耗散结构能够自发抵抗熵增，走向有序的关键。

11.2.1 耗散结构理论的拓展

从某种程度上来说，本书以及《规模》一书介绍的理论可以看作普里高津（Prigogine）的耗散结构理论的一种推广与延伸，后者是让复杂科学第一次获得诺贝尔奖认可的理论[①]。

1. 耗散结构理论简介

耗散结构是指在远离热力学平衡状态的开放系统中，能量与物质的流动形成的有序结构，它们通过与外界环境交换能量和物质来维持自身的存在与稳定。生命、社会、经济系统、互联网等开放的复杂系统都可以看作耗散结构。

水流绕过石头会形成驻波，驻波恰恰是由大量流动的水构成的耗散结构。同理，一般的耗散结构是由一个个流动的过程构成的，有流动就会有摩擦，就要消耗能量，产生熵。这也是它们被称为耗散结构的原因。这些熵会在耗散结构体内累积，最终使其变得无序。这部分由耗散结构系统内部的非平衡过程在单位时间产生的熵，称为熵产生（entropy production）。注意，熵产生是一个速率，它会随着时间推移而累积为熵。

然而，就像生命、社会、互联网等，为什么如此众多的耗散结构可以"违背"熵增？它们不仅可以维持自身的有序结构，还能进化得更加有序？

普里高津指出，系统开放的目的除了从外界获取能量与物质以外，更重要的是获取负熵流，以此抵抗系统内部的熵产生。正如著名物理学家薛定谔在那本著名的《生命是什么》里写的那样，生物体进食的主要目的其实不是获得能量，而是获得食物中蕴含的负熵。生物体既有摄取，又有排泄，伴随着物质和能量的流动，熵也在其中流动。我们将单位时间内流入系统的熵减去流出系统的熵的总量称为负熵流（negative entropy flux）。注意，它是一个净流量，可正可负。当流入的熵大于流出的

---

① 1977 年，普利高津因其耗散结构理论获诺贝尔化学奖。

熵时，则负熵流为负，所以系统在从外界获取熵；当流入的熵小于流出的熵时，则负熵流为正，系统在向外界排出熵。

当负熵流入的速度比系统产生熵的速度更快时，系统就有可能打破熵增的束缚，实现熵减。

如图 11.4 所示，普里高津认为一个系统每个时刻总的熵增等于系统内部的熵产生减去从外界获取的负熵流。当负熵流大于熵产生时，系统的总熵就有可能降低，从而导致有序结构出现。

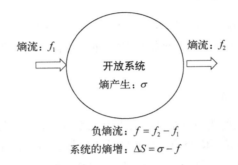

图 11.4 开放系统的熵流与熵产生示意图。其中，σ 为单位时间内系统内部的非平衡过程产生的熵；f_1 为流入的熵，f_2 为流出的熵。$f = f_2 - f_1$ 为净的流入系统的负熵流，可正可负。ΔS 为系统净的熵增量，也可正可负。当 $\sigma > f$ 时，$\Delta S > 0$，则系统熵增；当 $\sigma < f$ 时，$\Delta S < 0$，则系统熵减，也就是会演化得越来越有序

如果我们将系统比喻作一座房子，熵比喻成垃圾，负熵流比喻成清除垃圾，那么上述熵减的条件就不难理解了——只要清理垃圾的速度快于房子中垃圾产生的速度，就可以让房子处于干净整洁的状态，即维持有序的结构。

2. 合适的开放度

因此，要想维持有序结构，系统必须开放。然而，并不是开放了就一定能获得秩序。当开放度很小时，流入系统的负熵流不足以抵抗系统内部的熵产生。那么，是不是开放度越大越好呢？答案也是否定的，这是因为开放度大了并不意味着系统获取负熵流的速度一定能提高。就像我们可以摄取食物中的负熵流，然而并不是吃得越多越好，进食过量反而会导致无法消化，从而带来额外的损伤。这就引出了一个关于问题：合适的开放度是多少？

答案是 "一定要与系统的规模相匹配"，也就是新陈代谢率要与规模构成幂律关

系，即广义克莱伯定律。所以，从耗散结构理论的角度讲，广义克莱伯定律其实回答了系统的合适的开放度问题。

我们知道系统新陈代谢是为了开放自身，从而从外界持续不断地获得能量、物质流。我们假设现实中已存在的各类复杂系统都具有一定的合理性，那么，它们的新陈代谢率就对应了合适开放度的大小。于是广义克莱伯定律告诉了我们合适的开放度应该如何计算。

从这个意义上说，规模理论是耗散结构理论的一种扩展，它从实证的角度出发，揭示了真实的开放复杂系统是如何选择合适的开放度的——一定要与自身的规模相匹配。然而，从理论上理解为什么会存在这种广义克莱伯定律，尚需要进一步研究。

3. 从熵的角度看老化与死亡

那么，是不是复杂系统只要始终保持合适的开放度，就能够高枕无忧了呢？答案又是否定的。这是因为任何复杂系统都会老化和死亡。

从熵的角度看，老化和死亡显然是熵增的结果。然而，当系统的开放度始终维持在满足克莱伯定律的水平，按理说它摄入的负熵流应该足以抵抗系统内部的熵产生，为什么总体的效果反而是熵增和死亡呢？

答案只能是，在不同的生长阶段，负熵流与熵产生的相对大小不一样。以生物体为例，有可能在生长阶段，负熵流大于熵产生，所以它可以变得越来越有序和成熟；而当生物体发育成熟，熵产生大于负熵流，这就会导致生物体的老化和死亡。

那么，负熵流和熵产生在整个生物体的不同发育阶段到底是如何变化的呢？由于目前的技术手段尚难以对具体的复杂系统测出其负熵流和熵产生。因此，我们只能给出大致的猜测和推断。

按照韦斯特的理论，新陈代谢是一把双刃剑，它一方面摄入物质和能量，另一方面使得细胞磨损和凋亡。所以，生物体体型越大，单个细胞的新陈代谢率就越低，细胞磨损和凋亡的周期就越长，生物体老化的速度也会越慢，寿命越长。类比熵的话，细胞的磨损与凋亡对应了熵产生，而这一速度与它的新陈代谢率成正比。采用这个观点，维斯特成功地解释了生物体寿命的规模法则。

然而这个观点的缺陷是，无法解释为什么熵产生会在某个时刻超越负熵流。负熵的获取显然也和新陈代谢有关，所以负熵流应该正比于生物体的新陈代谢率。这样，在生物体成长的过程中，负熵流和熵产生都会随着新陈代谢而成比例地增加，不会出现后者超越前者的时刻，因此也就无法解释生物体为什么会衰老、死亡。

在这里，我想给出自己的不同猜想。首先，负熵流正比于新陈代谢率；其次，我认为，熵产生并不与新陈代谢率成正比，而很可能满足一种超线性规模法则，即生物体的总熵产生速率与体重呈现幂指数大于 1 的幂律关系。这是因为能够产生熵的不仅仅是每一个构成单元（细胞）的新陈代谢，细胞之间的相互作用也会产生额外的熵。而且这一部分额外的熵产生取决于细胞总数和细胞之间的交互方式，并且很可能随细胞数的增多而增多。这样，若全部细胞熵产生的总量与生物体体重成正比，那么生物体熵产生的总量就会与细胞数呈现超线性规模法则，如图 11.5 所示。

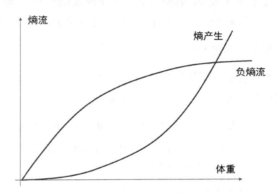

图 11.5　笔者猜想的生物体中负熵流、熵产生与体重之间的函数关系示意图。
其中，负熵流与新陈代谢率成正比，根据克莱伯定律，它与体重呈
现 3/4 幂律的亚线性关系；而熵产生与体重呈现超线性关系

在生长发育阶段，由于生物体本身就是一个高度有序的结构，因此其摄入负熵流的速度应大于自身熵产生的速度，这样整体才会变得越来越有序、越来越成熟——这就是生物体的生物量的累积和增长。

按照第 4 章介绍的生长模型，随着生物体进一步生长，用于维护的能量流会比新陈代谢率更快地增长，因此必然存在一个特殊的阶段，用于维护的能量流与摄入的能量流刚好平衡，因此生物体停止生长，进入成熟的阶段。

从负熵流和熵产生的角度来说，随着生物体体重的增加，熵产生的增长要远快于负熵流的增长。所以，尽管早期负熵流大于熵产生，但很快就会反转。因此，生物体逐渐老化，由盛转衰。值得注意的是，负熵流和熵产生的平衡点并不一定与能量流的平衡点重合。前者有可能比后者出现得更早，但不可能更晚。

这是因为，按照我们的假设，当生物体停止生长后，它的熵产生率恒定不变。所以，熵的平衡点不可能出现在停止生长以后。因此，在生物体停止生长之前，其内部熵产生的速度已经比它从外界获取负熵流的速度更快了，即未老先衰。但是由于这时熵积累得还并不多，所以我们无法观察到衰老现象。

4. 能否逃脱死亡

我们不妨考虑这样一种可能性，即负熵流与熵产生的平衡点刚好与能量流的平衡点重合，那么，此时生物体有没有可能逃脱死亡的命运呢？

答案是，除非生物体处于非常严格的静息状态，使得摄入的能量流刚好用于平衡细胞凋亡，从而保证没有额外的熵产生，否则生物体仍然会老化、死亡。但是这种平衡很难长久维持，因为生物体并不是静止的死物，它需要进行一系列额外的活动，包括觅食、求偶，甚至思考，等等，这些活动需要额外的能量注入，这会导致各个器官、组胞的额外磨损，也就是熵产生。实际上，熵产生不仅与能量流有关，还与能量流的涨落有关。所以，额外的活动不仅带来了与能量流成正比的熵产生，还由于能量流波动而导致额外的熵产生。这样，熵产生的速度就会大于静息状态下原本用于维护的熵产生速度，也就大于通过新陈代谢获得负熵流的速度，所以生物体开始积累熵，也就是开始走向衰老和死亡。因此，衰老的本质就在于额外的熵产生。

这也可以解释，为什么古代的中国和印度存在通过长时间打坐延长寿命，甚至达到长生不老的传说，也许这些古老的修行方式可以大大降低熵产生率吧。

5. 小结

总的来看，规模理论可以看作对普利高津的耗散结构理论的一次深远的拓展。这种拓展包括通过广义克莱伯定律实证性地回答了一个耗散结构系统应该保持多大的开放度的问题，然而它的理论基础尚待进一步研究。另外需要拓展的还包括如何从负熵流和熵产生的角度来洞悉复杂系统的老化和死亡。这些问题关系到所有开放复杂系统的本质，非常值得深入研究。

11.2.2 规模不变量

另一种值得深入探究的问题就是规模不变量（scale invariance）。本书指出，无论是生物体、互联网社区还是城市，它们的背后都存在一些"规模不变量"，也就是不随规模缩放而变化的量。

例如，哺乳动物一生的心跳总次数就不随生物体规模变化。这一常数的发现很有可能将我们引向更深层次的原理。

比如，我们不妨假设，生物体就是一个类似于潮汐的周期脉冲，这个脉冲的总量不变。该总的脉冲次数为生物体提供了一生所需的 "能量"，用完了脉冲，生物体就死亡了。于是，如何利用这种脉冲呢？有两种策略，在生态学中分别称为 R 策略和 K 策略。R 策略的办法是尽可能快速应用这个脉冲，从而提高一切生命活动的频率，然而这种生物体的寿命通常不长。很多小型生物就采用了 R 策略的生存方式。K 策略则是尽可能降低生物体的新陈代谢率，从而延长寿命，但它们往往行动不够灵活。很多大型动物就采取了 K 策略的生存方式。R 策略和 K 策略就像是一枚硬币的两面，各有利弊。R 策略和 K 策略的背后有一个共同制约因素，这就是前面说的脉冲总量。生物体还存在很多类似的规模不变量。

在社会系统中也有类似的例子。比如，我们发现每一个人对于社会交互（链接）和多样性的权衡存在认知能力的上限（见第 6 章）。这个上限不随社区规模而变化，这一发现有可能也蕴含着更基本的原理。或许，每个人的认知复杂度类似于物理学中的守恒量，不会随所处环境的系统规模变化而变化。所以，当你把更多认知资源分配到了社会交互和链接上，个人技能多样性就会相应降低。另外，第 7 章中指出，在城市中还存在一个类似的不变量——人均道路面积与人均产出的乘积，其中也可能蕴藏着更深的机制。

前面曾提到，复杂系统之所以具备规模法则，原因在于它们具备规模缩放对称性。而规模不变量的发现，则恰恰告诉我们，当规模缩放的时候，保持不变的具体物理量是什么，它们才是这个复杂系统背后的本质。因此，挖掘更多的规模不变量是未来研究的另一重点。

更进一步，这种规模不变量的发现也许可以帮助我们发现更深层次的守恒律。物理学中的诺特定理（Noether Theorem）可谓 "最美的数学定理"。该定理给出了一般物理系统中对称性与守恒量之间的对偶关系。比如，我们知道物理定律应该是空间对称的，也就是说，在不同的地点验证爱因斯坦方程应该得到同样的结论。而诺特定理指出，这一对称性必然蕴含着一种守恒量——动量。换句话说，动量守恒这个看起来非常本质的原理并非空穴来风，而是空间对称性的必然产物。再比如，能量守恒原理之所以存在，也是因为物理定律满足时间平移对称性的要求，即今天和明天能得到同样的物理定律。可以说，现代物理理论基本是围绕对称性和守恒量建立起来的。

同理，复杂系统的这些已知的规模不变量是否也有助于我们发现新的、属于复杂系统的守恒定律呢？让我们拭目以待吧。

11.3 迈向"复杂物理学"

在科幻小说《基地》中，作者艾萨克·阿西莫夫构想了一门特殊的学问——"心理史学"（psychohistory），它可以对大规模（数十亿）的人类群体做出异常精准的定量化预测。小说中心理史学的奠基人哈里·谢顿将这门学问应用到了包含 2000 万颗星球的银河帝国长达 3 万年的历史中，并精准预测出每一次社会革命爆发的时间甚至人类做出的选择。可以说，心理史学是所有心理学、社会学、经济学学者的终极梦想。然而，这样的理论可能存在吗？

坏消息是，人类迄今为止尚不具备开发这样一套理论的条件。好消息是，我们的确找到了一些蛛丝马迹，可以用来精确地刻画互联网社区、城市，而且它的适用范围可能包括人类群体以外的复杂系统，这就是本书讨论的全部内容——规模法则。

然而，规模法则仅仅是开启神秘大门的钥匙，它的背后可能通向一个全新的领域。这里，请允许我斗胆将这一全新的领域称为"复杂系统的物理学"（physics of complex systems）或简称"复杂物理学"。

简单来说，"复杂物理学"就是将物理学研究范式，也就是第谷→开普勒→牛顿的范式应用到复杂系统之上，并希望获得复杂系统背后的普适原理。一旦这一大胆的想法获得成功，也许它就可以像"心理史学"那样精准地预测社会、经济系统、企业、生物体的"生老病死"等基本行为特征了。人们就可以得到一套关于各类复杂系统的"新万物理论"了（见第 1 章）。

然而，问题的关键在于，复杂系统背后真的存在普适原理吗？为了更好地回答这个问题，我们先来回顾一下复杂科学的发展历史。

11.3.1 历史背景

早在 20 世纪 30 年代，贝塔朗菲提出了系统论，这标志着早期系统科学的诞生。与一般学科不同的是，以系统论为代表的理论属于横断学科，也就是它们尝试打破传统学科，如生物学、物理学、经济学等的边界，抽象出不同系统背后统一的规律，如多个单元如何组成系统，单元之间如何通信，我们如何对一个系统实施调控，等等。

以系统论、信息论、控制论为代表的"老三论"的成功创建，让人们领略到了横断学科的魅力和跨学科研究普遍问题的重要性。

于是，从 20 世纪中叶以来，横断科学不断扩大自己的战果。从混沌理论到分形几何，再到"新三论"，即耗散结构论、协同学和突变论，人们将数学和物理学中发展出来的新概念、新方法广泛应用于各式系统之中。

到了 20 世纪 80 年代，美国圣塔菲研究所的建立标志着复杂科学的诞生，这是系统科学的一次大升级。人们不再将目光局限在简单的、线性的系统，而对广泛存在的复杂系统产生了浓厚的兴趣。复杂系统大多具有类似于生命的特性，包括自组织、自适应、自学习、混沌边缘，等等。然而，传统的数学、物理建模方法在面对复杂系统时开始表现出力不从心。复杂系统中的非线性相互作用，使得即使我们可以建立数学方程，也很难对它进行求解和分析，例如著名的"三体"问题。新的研究方法呼之欲出。

20 世纪 90 年代，计算机技术的飞速发展使得科学家们可以在个人计算机上模拟复杂系统，以探究大量非线性方程背后的涌现现象和规律。人们终于找到了分析复杂系统的利器——计算机模拟。于是，人工生命、元胞自动机、人工股票市场等基于多主体的计算机模型被相应提出，将真实世界中的复杂现象再现于计算机模拟世界中。

然而，没过十年，计算机模拟方法就显现出了各种弊端。最主要的问题是它的构建需要大量的假设，于是科学家们凭借自己的经验和直觉将一条条简单规则变成了计算机代码，然而这些规则和代码可能与真实的复杂系统没有任何关系。这样，基于计算机模拟的复杂科学研究变成了科学家们的"计算机游戏"。

就在此时，大数据技术的流行与普及又让人们看到了希望，因为这些数据记录了各式复杂系统运行的真实现象。于是，以阿尔伯特·巴拉巴西（Albert Barabasi）和邓肯·瓦茨（Ducan Watts）为代表的科学家们一头扎进真实的数据中，尝试从中提取出网络并发现规律。于是，复杂网络研究于世纪之交兴起，一时间，复杂网络几乎成为了复杂科学的代名词。

大数据显然推动了复杂科学的发展，然而，缺乏理论指导的数据研究很容易让科学家们陷入"只见树木不见森林"的窘境。由于现实中的数据过于多样化、领域化，因此由这些数据驱动的科学研究开始逐渐围绕数据打转。一个好的数据集就可以让科学家们在顶级期刊上发表一系列论文。渐渐地，人们忘记了来时的路——寻找普适性的原理。

到了今天，复杂科学开始慢慢淡出学者们的视线，人们甚至耻于寻找不同复杂系统背后的共性和规律，认为搞清楚一个个具体系统的机制，才是破解复杂系统奥秘的必经之路。越来越多的学者认为，复杂系统的统一理论诞生遥遥无期。

所谓合久必分，分久必合。复杂系统研究发展到 21 世纪，基本上处于"分"的状态。然而，此时我们更应该关注它朝"合"的发展趋势。

2017 年，《规模》一书横空出世。规模理论正是在逆势而为。它一方面基于大量的实证数据，弥补了单纯的计算机模拟方法的不足；另一方面它始终围绕规模、规模法则、新陈代谢、生长、死亡等基础而深刻的话题展开，从而避免迷失在大量的具体学科知识和大数据之中。正当几乎所有学者都认为统一的复杂系统理论不可能的时候，规模理论的提出让我们看到了新的希望。它将第一性原理和大量实证数据恰当地结合到一起，将经典物理学中的第谷→开普勒→牛顿的研究范式进一步发扬光大，拓展了普利高津的耗散结构论，以至于它可能延展成一门新的物理学，关于复杂系统的物理学。

无独有偶，就在 2021 年的 10 月份，诺贝尔物理学奖授予了以复杂大气系统为代表的复杂物理系统（complex physical systems）的基础性研究。这是时隔 44 年之后，复杂科学再一次受到诺贝尔奖的青睐。获奖者乔治·帕里西（Giorgio Parisi）是一名统计物理学家，它与韦斯特一样，也在寻找不同复杂系统（如鸟群、大气系统等）的共性。那么，这是否意味着复杂科学的发展将会迎来春天，迈上新的台阶呢？

11.3.2 "复杂物理学"是可能的吗

"复杂物理学"这样一种研究各类复杂系统共性的物理学是可能的吗？我倾向于认为这是可能的，有如下三个理由。

第一，不同的复杂系统之间显然具备广泛的相似性。当我们从夜晚的高空俯视城市，就会发现被夜光照亮的道路很像一根根血管，小汽车很像血液里的红细胞。当我们打开细胞内部，就会发现它简直就像一个小型的工厂。虽然科学不能建立在类比的基础上，但是这些遥远的相似性显然暗示了不同复杂系统背后可能存在统一规律。"复杂物理学"应该致力于发现这些普适规律。

第二，大量研究成果已经揭示了复杂系统存在普适规律。无论是"老三论""新三论"、混沌、分形、幂律，还是本书重点介绍的规模理论，一个个确定的规律摆在我们眼前，虽然离普适原理还很远，但是它们的确暗示了普适规律的存在。

第三，规模理论中的一些重要结论已经告诉我们该理论背后可能存在类似于基本物理原理的复杂系统规律，包括它与耗散结构理论的关系、规模不变量的发现、模型背后的统一性，等等。

然而，对这一问题再多的论证也仍然疏于对"复杂物理学"深入而具体的研究。尽管描绘"复杂物理学"未来的样子非常困难，但是我们不妨从反面，即什么不是"复杂物理学"来推测它未来的大致样子。

11.3.3　"复杂物理学"不应该是什么样子

首先，"复杂物理学"不应该是回答微观、细节问题的学问。诸如哪只股票会暴涨？张三应该如何做出选择？这些问题无疑是实际的、有意义的，但并不是"复杂物理学"应该关心的。该学科应该更多关注宏观的、框架性的问题。例如，人类能否通过科技手段延长寿命？哪个城市最先可能遇到奇点？到 2050 年，城市将会创造多少产值？等等。

其次，"复杂物理学"并不是将复杂系统还原为物理系统，用经典的物理理论加以研究，而是将第谷→伽利略→牛顿的思维范式和分析方法——数据→唯象规律→一般性原理，应用到复杂系统之上。因此，复杂物理学中的"物理"二字指的是采用物理学的研究方法，而不是关注物理学的通常研究对象。

再次，"复杂物理学"不应该只关心某一学科的特殊问题。复杂科学研究的魅力就在于它的跨学科性和横断性。因此，如果我们要总结出一套物理学理论，那么它也应该继承这一特点。当然，这并不意味着"复杂物理学"不能解决某一学科的单一问题。在一些特定情境下，结合一些学科的具体知识或数据，"复杂物理学"也可以解决特定问题。

除此之外，"复杂物理学"又不等同于复杂科学，后者包含前者，二者之间存在微妙的区别。尽管都在关注复杂系统背后的普适规律，但前者更强调那些可以定量表达并求解的规律，而后者不局限于此。比如，涌现这一概念是长久以来复杂科学关注的主题之一，但是它尚难以量化，因此并不是当前阶段"复杂物理学"应关注的主题。再比如，规模理论显然是"复杂物理学"的一个典型例子，它只关心规模、幂律等这些简单的概念和规律，但可以获得精确、定量的描述。进一步，"复杂物理学"更像是在寻找构成复杂系统的必备条件和最小约束，在这些约束下，复杂系统如何演化仍然存在巨大的空间。例如，对于生命来说，"复杂物理学"关心生死存亡这些物理约束，但不关心它们所绽放出来的生命火花——意识、情感、智能等。而意识、情感、智能是如何涌现的，恰恰是复杂科学要回答的问题。

11.3.4　呼唤新的数学

也许，就像牛顿在发明了微积分这一重要的数学工具之后才能构建出宏伟的牛顿力学体系一样，要想构建出"复杂物理学"这一新的理论，也需要一套全新的数学工具。在分析各种复杂系统时，我们会经常与分形、幂律、规模法则等概念打交道。而尺度作为一个与空间、时间平行的变量，必然会进入我们的基本方程之中。那么，一种能够耦合空间、时间和尺度的数学工具也许是必不可少的。

可喜的是，数学界在最近几年慢慢发展出了一套类似的数学工具，这就是分数阶微积分（fractional calculus）。通过将最基本的微积分运算扩展到分数维上，人们构建了一座新的数学大厦。然而可惜的是，目前人们使用这套数学工具分析复杂系统的例子还不是很多。另外，该工具本身也在不断完善中。

与分形、幂律、规模法则等概念相关的还有物理中的临界相变理论（theory of criticality and phase transition），甚至分析临界现象的重要工具——重整化群（renormalization group）。重整化群方法的工作原理是通过尺度变换将系统进行缩放，然后根据规模变化下的不变量来推导系统应满足的特性，包括各种幂律分布、规模法则等。然而，针对一个具体系统，如何构造重整化操作并不是一个简单的问题。

也许，只有等到一套专门用于分析临界相变的数学工具出现，才有可能构建"复杂物理学"。

11.4　批评与不足

尽管"复杂物理学"的前景令人心潮澎湃，但很显然，这套理论还处于萌芽阶段，尚存在非常多的不足。为了让读者获得更全面、更无偏的认识，这里我们专门对本书内容进行批判，并尝试做出一定的回应。

11.4.1　理论自身的不完善之处

不可否认，该理论尚存在很多不完善的地方。比如，我们应该不仅能从理论模型推导出各种规模法则的幂指数，还应该能够推导出它们的系数。然而，就目前的几乎所有模型来说，都没有给出关于系数的解释。就克莱伯定律来说，我们知道它的系数与温度有关，然而无论是 WBE 模型还是巴拿瓦网络模型，都不包括任何有关温度的因素。因此，可以说目前的理论仍然不具有完全的可预测性。

再比如，从基本的规模法则出发，我们虽然可以推导出城市的生长方程，然而该方程并没有经过严格的验证。韦斯特仅用纽约市这一个例子来与模型进行比对，而且比较结果更偏向于定性，这显然与生物学中的生长方程差距很大。关于城市中奇点临近等结论也存在很多值得怀疑的地方。

另外，在很多其他系统中，我们尚未发现生长与死亡的相应规律。虽然这并不意味着这样的规律不存在，但我们尚无法证明本书中谈到的规律是否适用于所有复杂系统，或者理论适用的边界究竟在哪里？这对规模理论的发展提出了质疑。

11.4.2　真的存在统一理论吗

未来的"复杂物理学"研究的是一套制约不同复杂系统运行的底层规律。然而，这样的统一规律是否真的存在呢？贯穿本书始终的规模法则的确可以让我们看到希望：不同的复杂系统存在统一的幂律方程。然而从这些幂律方程出发探寻其背后更底层的规律时，我们针对不同系统得出了完全不同的机制模型。

例如，生物体的克莱伯定律帮助我们挖掘出了 WBE 模型、巴拿瓦网络模型，城市的超线性规模法则、亚线性规模法则帮助我们挖掘出了层级化道路网络模型和匹配生长模型。然而，这些模型是有针对性的，制约不同复杂系统的统一规律尚未浮出水面。这不禁让我们怀疑，不同复杂系统背后的统一原理是否真的存在？

如果真的存在这样的统一原理，显然，就要在各式各样的模型背后找到它们的统一性。例如，第 4 章所讨论的巴拿瓦网络模型就试图将生物系统和河流系统甚至各类抽象的流网络统一起来，第 5 章的"挖雷"模型则有可能建立广义克莱伯定律和超线性规模法则之间的联系，第 6 章和第 7 章就试图用匹配生长模型统一解释互联网社区和城市的生长规律。这些都是沿着统一理论的道路前进的一些尝试。

11.4.3　寻找反例

如果从头到尾纵观本书的所有章节，你会发现双对数坐标系下的直线似乎贯穿始终，用幂律函数形式表达的规模法则随处可见。开始的时候，你会觉得这些方程能够适用于不同场景很是新奇，但到了后来，你可能便会产生这样的疑问：怎么又是这样的直线、这样的方程，难道就没有不同的形式吗？

当我们对正例——服从规模法则的情形积累了足够多的实例之后，自然就会对反例——不服从规模法则的实例，更感兴趣了。那么，在本书讨论的这么多例子之中，是否存在反例呢？答案是肯定的。

事实上，在互联网社区和企业中，我们都看到了反例。

如果我们将某互联网社区每一小时的总活动数与活跃用户数画在一个双对数坐标系中，就会发现这些数据点可能形成两条或者多条直线，这些直线的斜率会明显不同。比如，当用户数小于 1000 的时候，直线斜率较小；而在大于 1000 的时候，直线斜率较大。这说明，整个社区在发展过程中经历了不同阶段，以 1000 用户数这个规模为分界，遵循不同的发展模式。

再比如，当我们研究企业的时候，也会发现很多行业的规模法则的规律性并不明显，这体现为在双对数坐标系下，数据点更加分散，而不是集中在一条直线的两侧。这说明，该行业中的企业并不存在明显的相似性。

这些都构成了反例。尽管理论尚无法针对这些反例给出相应的合理解释，但是对它们的深入研究会帮助我们找到规模法则及其推论的理论边界，从而预测出哪些情况是理论本身不能预测的。

11.4.4　现有理论是完备的吗

虽然我们已经发现了大量规模法则，但是，这些是否已经足够了？这些规模法则是否同等重要？去掉其中一两个是否有关系？这些规模法则之间的关系又是什么？

没有哪一个理论可以回答所有问题。即使牛顿力学，也只能回答诸如理想化的单摆、小球运动等问题。所谓的理论完备性是指，理论规律足以用来解释我们关心的所有问题。

所以，关键在于我们关注的问题是什么。假如我们关注的问题仅仅涉及不同复杂系统的新陈代谢、生长与死亡，那么广义克莱伯定律这一个规模法则就足够了。但是，假如我们关注的问题是城市如何更好地发展，包括环境、交通、经济等各个方面。那么，仅仅关注社会交互的超线性规模法则显然不够，我们需要引入更多规模法则。所以，一味空洞地讨论理论完备性没有任何意义，我们必须首先清晰地界定问题是什么。

当问题确定了之后，我们便可以对规模法则进行取舍，并明确最小的一组规模法则集合。例如，我们关注生物体的生长、衰老和死亡等问题，则只需要关注克莱伯定律这一条规模法则就行了，因为由它可以推导出其他规律。

这种由一条规模法则可以推导出其他规模法则的特性值得我们高度注意，因为这意味着规模法则彼此之间并非完全独立。找到不同规模法则之间的联系，有助于我们理解复杂系统背后的运行机制。就像第 6 章中讨论的多样性与链接度的规模法则之间的关系帮助我们找到了重要的规模不变量，就是一个很好的例子。

11.4.5　模型的不唯一性

除了规模法则以外，我们还介绍了大量模型，包括 WBE 模型、巴拿瓦网络模型、匹配生长模型，等等。然而，这些模型都存在一个很大的局限性，就是它们并不是解释规模法则的唯一可能模型。

比如，为了解释克莱伯定律的起源，我们可以使用 WBE 模型，也可以使用巴拿瓦网络模型。再比如，为了解释城市中超线性规模法则的起源，我们可以使用贝当古模型，也可以使用扩展的匹配生长模型。甚至，在一篇综述文章中[1]，作者列举了十多个模型，都可以解释超线性规模法则。因此，越多的模型可能给我们带来越多的困惑。

那么，如何对这些模型进行比较和筛选呢？著名的"奥卡姆剃刀原理"也许可以派上用场。如果很多模型可以解释同一类现象，那么最简单的模型大致就是最好的。

然而，这里存在一个困难的问题：一组不同的模型除了解释我们最关注的现象以外，还会有一些副产品，这些副产品大多并不相同。例如，WBE 模型和巴拿瓦网络模型都可以解释克莱伯定律，但是它们各自能推导出一系列其他结论，WBE 模型局限在生物体内部网络，而巴拿瓦网络模型对生物体内部网络的解释性较差，但可以扩展到对河流网络、水槽等物理系统的解释。这为我们对这些模型进行取舍带来了一定的困难。

11.4.6　理论有何用途

不可否认，本书所论述的理论大多尚无法直接用于实践，但是这并不意味着当前的研究丝毫没有用途。比如，第 5 章提到的有关百度贴吧用户黏性的计算方法也可以用于度量其他互联网社区。再比如，本书第 9 章就提出了一种利用规模法则进行企业

① Ribeiro F L, Rybski D. Mathematical models to explain the origin of urban scaling laws: a synthetic review [J], arXiv:2111.08365, 2021.

评估的方法，它很有可能在未来获得应用。这些都充分说明了这些理论的实际应用价值。未来的潜在应用还包括对城市发展的诊断、对企业生长的预测、对互联网社区的评估与预测等。

然而，这些浅显的应用对于"复杂物理学"的宏大图景来说可谓不值一提。"复杂物理学"就像是襁褓中的婴儿，过早开发必然不利于其茁壮成长。我们应该给予它更多的耐心。当我们找到了真正的底层原理以后，理论的应用将可能超乎想象。

11.4.7　研究范式是否已然过时

在本书中，我们一直采用的是"第谷→开普勒→牛顿"的基本研究范式，即从实证数据出发，挖掘出有价值的唯象规律，在此基础上构建理论框架。

很多人认为，在大数据、人工智能时代，这种牛顿式的研究方式已经过时了。有了人工智能，人们甚至可以直接从大数据中找到想要的答案，该范式的后面两步似乎可以直接省略。例如，AlphaFold 可以用于蛋白质结构预测，机器学习算法可以用于新药物开发，等等。"面向科学的人工智能"（AI for science）已经成为人工智能的一个独立分支。

然而，我认为大数据、人工智能的方法和本书所采用的基本研究范式各有千秋，前者适合回答具体而微观的问题，后者则适合回答宏观甚至定性的问题。

首先，不应否认大数据、人工智能方法的强大作用，甚至我自己也在进行相关研究。大数据、人工智能的方法通过海量数据和快速计算能够迅速挖掘出我们想要的信息。这种方法更适合解决诸如明天天气如何、哪只股票可能大涨这样的具体问题。只要数据量足够大，机器学习就有可能通过调节成千上万个参数将输入变量和输出变量的相关关系拟合出来。然而，这种方法不适合回答本书感兴趣的宏观问题。原因在于，对于复杂系统来说，可观测变量非常多，而问题通常是模糊不清的。在这种情况下，就无法利用大数据的方式，因为可能的变量组合太多了。这个时候，人的直觉会起到关键作用——猜想出真正重要的变量和关系。

与之相对，物理学的方法能够为人工智能和大数据提供可能的探索方向。虽然"复杂物理学"关注的是宏观、大尺度、机械性的问题，并不能直接解决微观问题，但是这并不意味着宏观的方法丝毫没有用处。事实上，宏观变量通常可以对微观变量起到支配作用。所以，两种方式相结合才是解决问题的最好办法。

有趣的是，人工智能的大模型本身就是一个复杂系统。因此，复杂科学的概念、原理与方法显然也适用于这些模型。例如，近期的研究表明[1]，经过大规模训练的人工智能大模型具有各式各样的涌现现象，而且这些涌现现象与这些神经网络模型的规模法则可能有关[2]。

11.4 结束语

尽管规模理论还存在很多问题，"复杂物理学"也仅仅是一个希望的开始，但是，将人类运用了几百年的第谷→伽利略→牛顿的研究范式应用到复杂系统本身，仍然是一个值得探索的重大方向。

即使关于复杂系统的大一统理论并不存在，复杂系统作为 21 世纪重要的研究对象仍然值得我们高度关注。人工智能、气候危机、人体的本质、生命的起源，这一切重大科学问题都离不开对复杂系统的深度认识。寻找这一切复杂系统背后的科学规律既是对人类的挑战，又是人类解决自身问题的希望。

① Wei J, Tay Y, Bommasani R, et al. Emergent abilities of large language models[J]. arXiv preprint arXiv: 2206.07682, 2022.
② Kaplan J, McCandlish S, Henighan T, et al. Scaling laws for neural language models[J]. arXiv preprint arXiv: 2001.08361, 2020.

附录 A

WBE 模型详细推导

上接 3.4 节，WBE 模型是解释克莱伯定律的重要模型，这里我们给出该模型的数学细节。为了介绍它，我们需要将这个分叉的网络模型化。

如图 A.1c 所示，我们假设对于某一个生物体来说，内部网络分叉的层次分别为 $0, 1, 2, \cdots, L$。对于第 k 层的任意一个分支管道，我们定义几个重要的变量。如图 A.1d 所示，l_k 为该管道的长度，r_k 为它的横截面半径，u_k 为流过该截面营养物质的流速。为简单起见，我们设每一层的分支管道都是一样的，同时设每一个分支的分叉数也都一样，记为 n（事实上，我们可以通过 3.4 节提到的假设(3)得到这个结论，这将在后面论述）。这样，第 k 层的总分支管道数就是 $N_k = n^k$，这些管道的总横截面积是 $n^k \pi r_k^2$，k 层所有管道的总体积是 $n^k \pi r_k^2 l_k$。

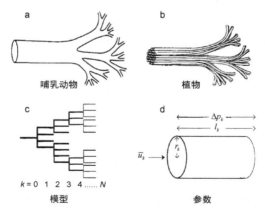

图 A.1　WBE 模型及其参数说明[①]

① 经论文第一作者同意使用该图片。图片来源：West G B, Brown J H, Enquist B J. A general model for the origins of allometric scaling laws in biology[J]. Science, 1997, 276(5309): 122-126.

根据 3.4 节中的假设(1)，分形网络填充整个空间。

第 k 层的某一个分支管道能够填充的空间体积为 $\frac{4}{3}\pi l_k^3$，所以第 k 层全体管道的总填充空间体积就是 $\frac{4}{3}n^k\pi l_k^3$。当分叉的层数很多的时候（即 L 和 k 很大），分形网络的空间填充这条假设可以理解为填充体积在分叉中守恒，即

$$\frac{4}{3}n^{k+1}\pi l_{k+1}^3 = \frac{4}{3}n^k\pi l_k^3 \tag{A.1}$$

当我们忽略更细小的分支，只看第 k 层的时候，整个空间被 k 层分支填满；当考虑第 $k+1$ 层时，$k+1$ 层的分支仍然填充同样的空间。所以，这两层总的填充体积是相等的。根据式(A.1)化简，能够得到：

$$\beta \equiv \frac{l_{k+1}}{l_k} = n^{-1/3} \tag{A.2}$$

因此，l_k 也构成了一个等比数列，且比例记为 β，它是 $n^{-1/3}$。更进一步，根据假设(3)，我们能够推断出上下两层管道横截面积的关系。我们知道，对于大部分哺乳动物来说，血管网络传输能量是以一种脉冲的方式进行的，也就是通过心脏的搏动将携带能量的血液输运到全身各个组织。之所以采用脉冲的方式，是因为这样可以减少大量的能量损耗。当脉冲遇到血管分叉时，会损失一部分能量，为了让这种损失达到最小，血管分叉处应该满足横截面积守恒定律，即上游的血管横截面积应该与下游分叉以后的血管横截面积的总和相当。这也就是说，生物体内的分形网络在每一次分叉的时候要保持总横截面积不变（如图 A.1a 和图 A.1b 所示），即：

$$n^{k+1}\pi r_{k+1}^2 = n^k\pi r_k^2 \tag{A.3}$$

所以，我们就能得到：

$$\alpha \equiv \frac{r_{k+1}}{r_k} = n^{-1/2} \tag{A.4}$$

也就是说，r_k 实际上构成了一个等比数列，我们记这个比例为 α，它刚好等于 $n^{-1/2}$。

做好了这些预备工作，我们就可以推导出克莱伯定律了。首先，我们来看看，生物体的新陈代谢率 F 该如何表达。新陈代谢相当于从输运管道的根部（第 0 层）输入的营养物质的总量。如果这种流体的流速为 u_0，那么流入第 0 层的流量就是 $u_0\pi r^2 l_0$。

接下来，这些流量流入第 2 层、第 3 层……直到第 L 层。根据流量守恒，我们可以得到：

$$F \propto u_0 \pi r_0^2 l_0 = u_1 n \pi r_1^2 l_1 = \cdots = u_L n^L r_L^2 l_L \tag{A.5}$$

根据假设(2)，生物体内输运网络最低层次分叉是不随体重变化的常数，所以 $u_L r_L^2 l_L$ 既与生物体内网络有多少层分叉 L 无关，也与生物体的体重 M 无关。因此式(A.5)可以写成：

$$F \propto n^L \tag{A.6}$$

也就是说，新陈代谢率是分叉层数 L 的一个指数函数 $F(L)$。更进一步，我们可以把体重 M 表达成 L 的函数。注意，生物体的体重 M 正比于整个分形网络填充体积的总和，也就是：

$$M \propto V = \sum_{k=0}^{L} n^k \pi r_k^2 l_k \tag{A.7}$$

而我们知道 r_k 和 l_k 是等比数列，它们都可以表达为最后一层单元的 r_L 和 l_L 的某个比例，也就是：

$$r_k = r_L \alpha^{-(L-k)} = r_L \frac{n^{L/2}}{n^{k/2}} \tag{A.8}$$

$$l_k = l_L \beta^{-(L-k)} = l_L \frac{n^{L/3}}{n^{k/3}} \tag{A.9}$$

所以：

$$M \propto \pi n^{\frac{4}{3}L} r_L^2 l_L \sum_{k=0}^{L} n^{-k/3} = n^{\frac{4}{3}L} \frac{1-n^{-(L+1)/3}}{1-n^{-1/3}} \tag{A.10}$$

因为 $n^{-\frac{1}{3}} < 1$，所以当 L 很大的时候 $\dfrac{1-n^{-(L+1)/3}}{1-n^{-1/3}} \approx \dfrac{1}{1-n^{-1/3}}$，这样式(A.10)可以写为：

$$M \sim n^{\frac{4}{3}L} \tag{A.11}$$

与式(A.6)联立把 L 消去就可以得到：

$$F = a(n, r_L, l_L, u_L) M^{3/4} \tag{A.12}$$

其中，规模法则系数 a 是关于最底层单元参数和分叉数的系数。这就是克莱伯定律。

尽管我们已经得到了克莱伯定律,但是在上述推导的过程中实际上有很多假设。例如每一层的分叉数 n_k 为常数,这相当于假设了分形网络非常规则,但实际网络中分叉是很不规则的。还有一些假设,包括新陈代谢率 F 正比于第 0 层的流量,体重 M 正比于所有管道的总体积等。实际上,WBE 模型根据假设(3)利用拉格朗日乘子法巧妙地推导出了上述诸多假设。不过,由于这些推导过程略显复杂,而且存在一定的争议,因此这里就不详细论述了,感兴趣的读者可阅读韦斯特等人的原文[①]。

---

① West G B, Brown J H, Enquist B A. A general model for the origin of the allometric scaling laws in biology. Science, 1997, 276(5309): 122-126.

附录 B

巴拿瓦最优输运网络

上接 4.1.1 节，这里给出巴拿瓦网络模型的推导细节。如图 4.4b 所示，我们考虑这种符合巴拿瓦假设的输运效率最高的网络。由于不存在冗余的边，因此这样的网络必然是一棵树。由于每个单元耗散的流量必须来自源，因此该单元消耗的一单位流量就对应为该粒子的流动距离（即从源到该节点所经历的中间节点数）。设该网络的源位于几何体的中心，几何体的半径为 l。网络的新陈代谢率由于正比于新陈代谢单元的个数，所以也正比于 l^d。根据第三个假设，所有链接都是局域性的，从源沿着网络到达任意一个节点的路径不可能特别短，最短也要正比于该节点到源的欧氏空间距离。所以在最优网络中，每个节点产生的代价为该点到源的几何距离，而所有节点都是均匀分布的，所以所有节点到中心源的平均距离正比于 l，即 $\langle L \rangle \propto l$。而所有节点数 N 正比于 l^d，于是，该网络的输运代价 M 就正比于 l^{d+1}，即：

$$M \langle L \rangle N \propto l^{d+1} \tag{B.1}$$

为了论证上述最优网络中总流量 M 与 l 呈幂指数为 $d+1$ 的幂律关系，巴拿瓦给出了严格的证明。设 L_i 为从源到任意节点 i 的最短网络距离，并设源到 i 的欧氏空间距离为 l_i。由于网络的链接都是局域性的，所以 $|L_i - L_j|$ 必然等于 0 或 1。下面，我们考虑任意一条从 i 指向 j 的连边 $i \to j$，设该连边上的流量为 $w_{i \to j}$。每个节点都需要耗散流量，而这部分流量必须从源输运过来。这部分输运可以通过多种路径实现，但是最高效的（网络中的总流量最小）路径显然是从源到 i 的最短路径。这样，i 每消耗一单位流量，整个网络的流量就增加 L_i。我们称这部分流量为有效流量。这样，假如 i 每单位的消耗是 D，那么它所需要的有效流量就是 $D \cdot L_i$。这样全网络所需的有效流量就是 $D \cdot \sum_i L_i$。

另外，我们从连边的角度来考虑网络中总的有效流量。实际上，该有效流量应该是 $\sum_{i \to j} w_{i \to j}(L_i - L_j)$。当 $L_i - L_j$ 为 0 时，连边 $i \to j$ 的有效流量必然为 0；当 $L_i - L_j = -1$

时，该流量不是从源直接输运过来的，所以一定不是有效的；当 $L_i - L_j = 1$ 时，流量可能是有效的，也可能是为了平衡 $L_i - L_j = -1$ 的情形所产生的无效流量。总之，$\sum_{i \to j} w_{i \to j}(L_i - L_j)$ 计量了所有有效流量。这样，

$$\sum_i DL_i = \sum_{i \to j} w_{i \to j}(L_i - L_j) \tag{B.2}$$

而我们知道，$L_i - L_j$ 等于 0 或者 1 或者 -1，所以，

$$\sum_{i \to j} w_{i \to j}(L_i - L_j) \leqslant \sum_{i \to j} w_{i \to j} \tag{B.3}$$

即任意网络的总流量都会大于等于有效流量 $\sum_i DL_i$。对于局域链接来说，存在一个常数 c 使得 $L_i \leqslant cl_i$，所以 $\sum_i DL_i \leqslant c \sum_i Dl_i = N\langle l_i \rangle \propto l^{d+1}$。对于均匀分布于 d 维空间中的流网络来说：

$$\sum_{i \to j} w_{i \to j} \propto l^{d+1} \tag{B.4}$$

这就是巴拿瓦网络模型，它通过简单而深入的分析推导出了克莱伯定律（详情请参考巴拿瓦教授的论文[①]）。

然而，巴拿瓦网络模型并非毫无瑕疵。它的最大问题就在于该网络中的节点——巴拿瓦所说的新陈代谢单元——究竟指什么？假如这个单元是指生物体中的细胞，那么这些单元的总数 N 是一个生物体的总细胞数，应该正比于该生物体的体重 M，而不是像巴拿瓦网络模型中假设的正比于新陈代谢率 F。这个致命的缺陷使得巴拿瓦网络模型遭到了一系列的批评。

2010 年，巴拿瓦在《美国科学院院刊》上发表论文[②]，提出了全新的模型，尝试回应批评。该模型仍然假设生物体由均匀分布的新陈代谢单元（细胞）组成，并且这些单元的数目 N 正比于生物体的新陈代谢率 F。但是，与之前模型的不同之处在于，基本单元会随生物体的体型变大而变大。如果一个生物体的体重是 M，体积是 V，那么每个新陈代谢单元的质量就正比于 M/F，体积正比于 V/F。三维空间中，该单元的线性尺度 r 正比于 $(V/F)^{1/3}$。

下面我们考虑输运网络，巴拿瓦论证，无论网络是什么形状（星形网络或者层级

---

① Banavar J R, Maritan A, Rinaldo A. Size and form in efficient transportation networks[J]. Nature, 1999, 399(6732): 130-132.

② Banavar J R, Mases M E, Brown J H, et al. A general basis for quarter-power scaling in animals[J]. PNAS, 2010, 107 (36), 15816-15820.

分形网络），输运流速 v 如果要随着生物体体型而变，那么它必须和每个新陈代谢单元的线性尺度匹配，也就是说，

$$v \propto r \propto (V/F)^{1/3} \tag{B.5}$$

这是因为，当新陈代谢单元变大，离源最近的新陈代谢单元与源的距离仍然是 r。这样的话，输运粒子所经过的最大距离必然正比于 r，否则粒子就有可能直接跳过离源最近的新陈代谢单元。由于新陈代谢单元均匀分布，所以每个输运管道的特征长度 l 正比于体积的 1/3 次方，管道中流动的物质总量就是

$$M \propto Fl/v \propto FV^{1/3}/(V/F)^{1/3} = F^{4/3} \tag{B.6}$$

于是，我们就可以得到克莱伯定律。我们看到，这个模型的关键就在于生物体内的物质输运速度（血流速度）正比于新陈代谢单元的线性尺度，而这一尺度正比于 $(V/F)^{1/3}$，如果把 $F \approx M^{3/4}$ 代入，就会得到：

$$v \propto M^{1/12} \tag{B.7}$$

这是此模型的理论基础，也是它最核心的预测。

附录 C

贝当古层级化道路网络模型的数学推导

与第 3 章介绍的 WBE 模型类似，路易斯·贝当古假设城市的道路网络也是一个层级化的分形网络，越低层的分支路面越窄。网络的每一层都对应 b 个下一层分支。于是，整个网络就构成了一个规则的树状结构。如果网络一共有 h 层，则一共有 b^h 个叶节点。这些叶节点是延伸到所有居住区的最低一层道路，它们是不随城市规模变化的基本单元。叶节点的数量应该刚好与城市总人口相等，于是 $b^h = N$，可以推导出 $h = \ln N / \ln b$。

接下来，该模型假设每相邻两层的道路宽度之比，以及道路总长度之比都是常数。由于道路网络要填充整个城市空间，因此最后一层道路网络的总长度应该与城市面积相当，这就必然要求相邻两层的道路总长度之比为 $l_i / l_{i+1} = b^{\eta-1}$，其中 $\eta = 2/3$，为城市总面积与总人口之间的幂指数。与此类似，该模型假设相邻两层的道路宽度之比为 $s_i / s_{i+1} = b^\alpha$，其中 $\alpha = 5/6$，为道路容量与总人口之间的幂指数。这样，我们不难计算出整个道路网络所有层的道路总长度为：

$$L \propto N^\eta = N^{2/3} \tag{C.1}$$

也就是说，道路总长度的规模缩放行为与城市面积的规模缩放行为表现一致。然而，我们在实证数据中并没有看到这一现象。不过，贝当古指出输油管道、水管网络的总长度的确满足这个规模缩放规律。

然后，我们可以计算出整个道路网络的容量（每一层的道路网络容量都等于道路宽度乘以道路总长度）与人口的关系为：

$$A_n \propto N^\alpha = N^{5/6} \tag{C.2}$$

这与前面给出的道路总面积所满足的规模法则一致。根据前面的推理，我们可以得到关于社会总产出的规模法则：式(7.7)。更有意思的是，如果假设一个城市的平均房价就是该城市平均面积的 GDP，那么我们还能得到平均房价的规模法则：

$$P \propto N^{1/2} \tag{C.3}$$

这一点也得到了美国各大城市实证数据的支持。

更进一步，我们还需要对整个道路网络的平均交通能耗建模。为了定义能耗，贝当古将整个道路网络看作一个大电路，其上的交通流构成了电流，每条子道路都具有一定的电阻。根据电学知识，电阻大小与导线长度成正比，与导线横截面积成反比，因此不难推导出相邻两层电阻之比为 $b^{1-\eta+(\alpha+\beta)/2}$。由于电流守恒，整个电路处于稳态，所以任意两层通过的电流相等。根据这些假设，我们不难计算出，网络上的总能耗，也就是电阻消耗的总功率为：

$$W = W_0 N^{7/6} \tag{C.4}$$

其中 W_0 为该规模法则的系数，可以由道路面积、阻抗等参数计算得出。

这一结论印证了环境污染、犯罪、疾病传播等负面因素与财富创造、科技创新等正面因素具有相同的规模法则。

参考文献

第 1 章

- 有关复杂科学的一般性介绍：
  - 米歇尔·沃尔德罗普. 复杂——诞生于秩序与混沌边缘的科学. 陈玲，译. 上海：三联出版社，1997.
  - 梅拉妮·米歇尔. 复杂. 唐璐，译. 长沙：湖南科学技术出版社，2018.
  - 约翰·卡斯蒂. 虚实世界. 王千祥，权利宁，译. 上海：上海科技教育出版社，1999.
  - 约翰·霍兰. 隐秩序——适应性造就复杂性. 周晓牧，译. 上海：上海科技教育出版社，2019.
- 关于网络科学的一般性介绍：
  - 邓肯·J. 瓦茨. 六度分隔——一个相互连接的时代的科学. 陈禹，译. 北京：中国人民大学出版社，2011.
  - 邓肯·J. 瓦茨. 小小世界——有序与无序之间的网络动力学. 陈禹，等，译. 北京：中国人民大学出版社，2006.
  - 艾伯特-拉斯洛·巴拉巴西. 链接——商业、科学与生活的新思维. 沈华伟，译. 杭州：浙江人民出版社，2013.
- 关于幂律、规模法则与莱维飞行：
  - Viswanathan G M, Buldyrev S V, Havlin S, et al. Optimizing the success of random searches[J]. Nature, 1999, 401(6756): 911-914.
  - Brockmann D, Hufnagel L, Geisel T. The scaling laws of human travel[J]. Nature, 2006, 439(7075): 462-465.
  - Hu Y, Zhang J, Huan D, et al. Toward a general understanding of the scaling laws in human and animal mobility[J]. EPL (Europhysics Letters), 2011, 96(3): 38006.
  - 杰弗里·韦斯特. 规模——复杂世界的简单法则. 张培，译. 北京：中信出版社，2018.
  - 艾伯特-拉斯洛·巴拉巴西. 爆发——大数据时代预见未来的新思维. 马慧，译. 北京：中国人民大学出版社，2012.

第 2 章

- 有关分形与规模法则的介绍：

  - 曼德布罗特. 大自然的分形几何学. 陈守吉，凌复华，译. 上海：上海远东出版社，1998.
  - 达西·汤普森. 生长和形态. 袁丽琴，译. 上海：上海科学技术出版社，2003.
  - 杰弗里·韦斯特. 规模——复杂世界的简单法则. 张培，译. 北京：中信出版社，2018.

第 3 章

- 有关克莱伯定律：

  - Kleiber M. Body size and metabolism[J]. Hilgardia, 1932, 6(11): 315-353.
  - Whitfield J. In the Beat of a Heart - Life, Energy, and the Unity of Nature[J]. Joseph Henry Press, 2006.
  - West G B, Brown J H. The origin of allometric scaling laws in biology from genomes to ecosystems: towards a quantitative unifying theory of biological structure and organization[J]. Journal of experimental biology, 2005, 208(9): 1575-1592.
  - Brown J H, Gillooly J F, Allen A P, et al. Toward a metabolic theory of ecology[J]. Ecology, 2004, 85(7): 1771-1789.
- 有关 WBE 模型和生命的第四维：

  - West G B, Brown J H, Enquist B J. A general model for the origin of allometric scaling laws in biology[J]. Science, 1997, 276(5309): 122-126.
  - West G B, Brown J H, Enquist B J. The fourth dimension of life: fractal geometry and allometric scaling of organisms[J]. Science, 1999, 284(5420): 1677-1679.
- 有关生长模型：

  - West G B, Brown J H, Enquist B J. A general model for ontogenetic growth[J]. Nature, 2001, 413(6856): 628-631.

第 4 章

- 有关巴拿瓦网络模型：

  - Banavar J R, Maritan A, Rinaldo A. Size and form in efficient transportation networks[J]. Nature, 1999, 399(6732): 130-132.
  - Garlaschelli D, Caldarelli G, Pietronero L. Universal scaling relations in food webs[J]. Nature, 2003, 423(6936): 165-168.
  - Banavar J R, Moses M E, Brown J H, et al. A general basis for quarter-power scaling in animals[J]. Proceedings of the National Academy of Sciences, 2010, 107(36): 15816-15820.
- 有关德雷尔球模型：

- ■ Dreyer O. Allometric scaling and central source systems[J]. Physical review letters, 2001, 87(3): 038101.
- ● 有关最优输运网络：
  - ■ Xia Q. Optimal paths related to transport problems[J]. Physical review letters, 2001, 87(3): 038101.
  - ■ Bernot M, Caselles V, Morel J M. Optimal transportation networks: models and theory[M]. Springer, 2008.
- ● 有关流网络：
  - ■ Guo L, Lou X, Shi P, et al. Flow distances on open flow networks[J]. Physica A: Statistical Mechanics and its Applications, 2015, 437: 235-248.
  - ■ Baird D, Ulanowicz R E. The seasonal dynamics of the Chesapeake Bay ecosystem[J]. Ecological monographs, 1989, 59(4): 329-364.
  - ■ 集智百科：流网络。
- ● 食物网、互联网、国际贸易网络等流网络上的异速标度律：
  - ■ Zhang J, Guo L. Scaling behaviors of weighted food webs as energy transportation networks[J]. Journal of theoretical biology, 2010, 264(3): 760-770.
  - ■ Wu L, Zhang J. The decentralized flow structure of clickstreams on the web[J]. The European Physical Journal B, 2013, 86(6): 1-6.
  - ■ Zhang J, Feng Y. Common patterns of energy flow and biomass distribution on weighted food webs[J]. Physica A: Statistical Mechanics and Its Applications, 2014, 405: 278-288.
  - ■ Pei-teng S, Jing-fei L, Peng-hao W, et al. Centralized flow structure of international trade networks for different products[C]//2013 International Conference on Management Science and Engineering 20th Annual Conference Proceedings. IEEE, 2013: 91-99.
  - ■ Shi P, Zhang J, Yang B, et al. Hierarchicality of trade flow networks reveals complexity of products[J]. PloS one, 2014, 9(6): e98247.
  - ■ Zhang J, Lou X, Guo L. Universal patterns and constructal law in open flow networks[J]. Int. J. Heat Tech, 2016, 34: S1.

第 5 章

- ● 有关注意力流网络：
  - ■ Shi P, Huang X, Wang J, et al. A geometric representation of collective attention flows[J]. PloS one, 2015, 10(9): e0136243.
  - ■ Wu L, Zhang J. The decentralized flow structure of clickstreams on the web[J]. The European Physical Journal B, 2013, 86(6): 1-6.
  - ■ Zhang J, Lou X, Zhang H, et al. Modeling collective attention in online and flexible learning environments[J]. Distance Education, 2019, 40(2): 278-301.

- ■ Wang C J, Wu L, Zhang J, et al. The collective direction of attention diffusion[J]. Scientific reports, 2016, 6(1): 1-10.
- ● 有关贴吧:
  - ■ Wu L, Zhang J, Zhao M. The metabolism and growth of web forums[J]. PloS one, 2014, 9(8): e102646.
- ● 有关耗散与异速标度律:
  - ■ Zhang J, Wu L. Allometry and dissipation of ecological flow networks[J]. PloS one, 2013, 8(9): e72525.
- ● 有关"挖雷"模型:
  - ■ Zeng F, Gong L, Liu J, et al. Human mobility in interest space and interactive random walk[J]. Journal of Physics: Complexity, 2020, 1(2): 025004.

第 6 章

- ● 有关匹配生长模型:
  - ■ Zhang J, Li X, Wang X, et al. Scaling behaviours in the growth of networked systems and their geometric origins[J]. Scientific reports, 2015, 5(1): 1-5.
  - ■ 集智百科: 匹配生长。
- ● 有关城市的规模法则:
  - ■ Bettencourt L M A, Lobo J, Helbing D, et al. Growth, innovation, scaling, and the pace of life in cities[J]. Proceedings of the national academy of sciences, 2007, 104(17): 7301-7306.
- ● 有关互联网社区的规模法则:
  - ■ Wu L, Zhang J. Accelerating growth and size-dependent distribution of human online activities[J]. Physical Review E, 2011, 84(2): 026113.
- ● 有关城市中多样性和产出的关系:
  - ■ Bettencourt L, Samaniego H, Youn H. Professional diversity and the productivity of cities[J]. Scientific reports, 2014, 4(1): 1-6.

第 7 章

- ● 有关城市规模法则:
  - ■ Bettencourt L M A, Lobo J, Helbing D, et al. Growth, innovation, scaling, and the pace of life in cities[J]. Proceedings of the national academy of sciences, 2007, 104(17): 7301-7306.
- ● 关于贝当古模型:
  - ■ Bettencourt L M A. The origins of scaling in cities[J]. Science, 2013, 340(6139): 1438-1441.

- 关于匹配生长用于城市建模：
  - Li R, Dong L, Zhang J, et al. Simple spatial scaling rules behind complex cities[J]. Nature communications, 2017, 8(1): 1-7.

第 8 章

- 有关技术奇点：
  - 维基百科：技术奇点。
  - 雷·库兹韦尔. 奇点临近——当计算机智能超越人类. 董振华，李庆成，译. 北京：机械工业出版社，2011.
- 有关城市生长方程与奇点：
  - Bettencourt L M A, Lobo J, Helbing D, et al. Growth, innovation, scaling, and the pace of life in cities[J]. Proceedings of the national academy of sciences, 2007, 104(17): 7301-7306.
  - 杰弗里·韦斯特. 规模——复杂世界的简单法则. 张培，译. 北京：中信出版社，2018.

第 9 章

- 有关企业规模分布的齐普夫定律：
  - Axtell R L. Zipf distribution of US firm sizes[J]. Science, 2001, 293(5536): 1818-1820.
- 关于离差指标用于城市评估：
  - Bettencourt L M A, Lobo J, Strumsky D, et al. Urban scaling and its deviations: Revealing the structure of wealth, innovation and crime across cities[J]. PloS one, 2010, 5(11): e13541.
- 关于 COX-MCP 生存分析方法：
  - Breheny P, Huang J. Coordinate descent algorithms for nonconvex penalized regression, with applications to biological feature selection[J]. The annals of applied statistics, 2011, 5(1): 232.

第 10 章

- 有关企业的规模法则和生长：
  - Zhang J, Kempes C P, Hamilton M J, et al. Scaling laws and a general theory for the growth of companies[J]. arXiv: 2109.10379, 2021.
- 有关吉布莱特假说：
  - Sutton J. Gibrat's legacy[J]. Journal of Economic Literature, 1997, 35(1): 40-59.
  - Santarelli E, Klomp L, Thurik A R. Gibrat's law: An overview of the empirical literature[J]. Entrepreneurship, growth, and innovation, 2006: 41-73.
  - Relander P. Gibrat's law revisited-A study on Gibrat's law with models of industry dynamics[J]. 2011.

- Hall B H. The relationship between firm size and firm growth in the US manufacturing sector[J]. 1986.
- Evans D S. The relationship between firm growth, size, and age: Estimates for 100 manufacturing industries[J]. The Journal of Industrial Economics, 1987: 567-581.

- 有关史丹利的企业生长研究工作：

- Stanley M H R, Amaral L A N, Buldyrev S V, et al. Scaling behaviour in the growth of companies[J]. Nature, 1996, 379(6568): 804-806.
- Fu D, Pammolli F, Buldyrev S V, et al. The growth of business firms: Theoretical framework and empirical evidence[J]. Proceedings of the National Academy of Sciences, 2005, 102(52): 18801-18806.

- 有关企业死亡率：

- Daepp M I G, Hamilton M J, West G B, et al. The mortality of companies[J]. Journal of The Royal Society Interface, 2015, 12(106): 20150120.

第 11 章

- 有关耗散结构理论：

- 伊利亚·普里戈金. 从存在到演化. 北京：北京大学出版社，2007.
- 伊利亚·普利高津. 确定性的终结. 湛敏，译. 上海：上海科技教育出版社，1998.

- 有关系统科学：

- 许国志，顾基发，车宏安. 系统科学. 上海：上海科技教育出版社，2000.

- 有关热力学与分数阶微积分：

- Herrmann R. Fractional Calculus - An Introduction for Physicists. World Scientific Publishing Company, 2014.
- 吴强，黄建华. 分数阶微积分. 北京：清华大学出版社，2017.

- 有关临界相变与重整化群：

- 于渌，郝柏林，陈晓松. 边缘奇迹：相变和临界现象. 北京：科学出版社，2018.
- Christensen K, Moloney N R. Complexity and criticality[M]. World Scientific Publishing Company, 2005.

后　记

2022 年 11 月 20 日，我结束了整本书的写作。翻看自己的书稿，我思绪万千。虽然我以前也出版过一些书，包括与人合作的一本《数字创世纪》、一本独立的译作《人工与自然系统中的适应》，以及组织带领集智俱乐部的其他小伙伴一起写作的《科学的极致——漫谈人工智能》《走近 2050——有关注意力、互联网与人工智能》，但本书才是我自己第一本真正意义上的专著。

本书的写作始于 2014 年夏天，那个时候我的匹配生长模型的工作已经完成了初稿。我知道接下来是漫长的接受学术体系评价的等待阶段。于是，为了让憋在脑袋中的一大堆灵感和想法更快地抒发出来，我开始了本书的写作。我试图好好总结从生物到互联网社区以及城市的规模法则，为自己持续了近 5 年的研究工作做一个阶段性的交代。

写专业论文与写书的感觉完全不一样。专业论文的写作会有更大的拘束性，不得不约束自己真实的想法。而写书有更大的自由空间，让我的思想能够痛痛快快地伸个懒腰。

然而，当时的我忽略了一个重要的问题，就是写书的周期要远比我想象的长。这就导致了我写到后面的章节时已经感觉到筋疲力尽了。虽然除了最后一章，我已经完成了计划的全部内容，但是写作质量令自己作呕，以至于到了 2014 年底，我彻底放弃了写作这本书，继续投入到了论文写作的鏖战之中。

这一放就放了将近四年的时间，我基本上已经把这本书给忘了……

2018 年 1 月，我再次来到位于美国新墨西哥州的圣塔菲研究所与韦斯特研究组展开合作。与韦斯特刚一见面，我就在他的办公室中看到了各种语言版本的《规模》这本书。于是，我问他，这本书有没有找人翻译为中文版呢？他说，已经在翻译了，是中信出版社。我当时心想，不知是哪位译者在翻译这本书，如果他不是做这方面研究的话，估计他会非常痛苦。

有趣的是，当我于 3 月回国以后，中信出版社的刘编辑竟然主动找到我，要我帮忙校译。我欣然答应了，希望自己的专业知识能够有所帮助。于是，在接下来的一个多月的时间里，我完全沉浸在通读、校译之中，几乎推掉了其他所有活动。我为韦斯特深邃的思想所深深折服。

又过了大概半年多的时间，刘编辑欣喜地说《规模》马上要出版了，为了配合宣传，希望我能写作一些介绍性的文字。于是，我开始"翻箱倒柜"地在自己的文件夹下搜罗，并无意间发现了躺在无人问津的文件夹中写了一半的本书书稿。我重新翻看自己的文字，令我欣喜若狂的是，稿件的写作结构居然与《规模》这本书非常类似。然而，令我汗颜的是，我之前的写作竟然如此草率和肤浅。

之后，我把这本书的半成品书稿交给了刘编辑，并犹豫要不要出版本书。刘编辑看过之后说：只差一章了，如果能马上完成，当然可以出版。于是，我再次进入本书的文字世界。为了写作最后一章的总结性文字，我重读了整本书。结果，我实在忍无可忍，最终决定重写绝大部分章节。

记得著名哲学家、认知科学家兼语言学家、《哥德尔、埃舍尔、巴赫》一书的作者侯世达曾经提出一个所谓的侯世达定律："一件事情的完成时间要远比你想象的要长，即使你已经考虑到了侯世达定律这一点。"

我再一次见证了侯世达定律。计划一个月完成的任务被我拖了两个多月之久，并且我在原稿的基础上加入了大量内容。

这样一来，尽管我早期的写作完全基于自己的想法，但是在看过韦斯特的《规模》一书之后，不可避免地受到他的影响。因此，新加入的内容包含了他的许多观点，以至于我自己都无法区分哪些是我原本就有的，哪些是韦斯特的。

但我想，即使本书是对《规模》一书的解读也未尝不可，或者说是补充更为合适。这是因为在本书中我加入了大量有关规模法则的数学公式。虽然我深知，作为一本科普性的读物，每加入一个数学公式就有可能吓跑许多读者，但我还是没有放弃这些公式。原因在于，我个人在读《规模》时就感觉到，大段对规模定律的文字描述是如此拖沓且令人费解。我想，与其这样，还不如把这些简单的幂律公式原封不动地摆出来，这样做至少可以方便那些对幂律公式不那么恐惧的读者。而那些连幂律公式都看不懂的人也确实不是本书的目标读者。于是，我把书稿交给了中信出版社的刘编辑。

没想到，一个月后，刘编辑反馈说这本书的可读性有待商榷，需要把公式放到注释或者附录里。总之，这本书要做大手术进行调整。

这一要求我完全可以理解，毕竟中信出版社的读者大多是商业背景，但是这一要求对于我来说却太难了。因为手头上的工作太多，我不想为这本书再耗费大量时间。于是，我再一次将书稿写作搁置了。

这一放就到了 2022 年夏天。闲来无事，我又翻开了这本书稿。看着那些辛勤编写的文字爱不释手，于是再一次决定写作本书。由于我与韦斯特等人合作的企业规模法则与生长的研究已经完成了初稿，因此，在这一次改稿中，我将企业部分的研究成果全部加了进来，这就有了本书的第 9 章和第 10 章。

写作完成后，我将书稿交给了图灵公司，他们是我和集智俱乐部长期的合作伙伴，已经出版过《科学的极致》《走近 2050》等多本图书。考虑到图灵公司的图书大多偏重科技类、理工科，因此我想他们大概不会排斥书中充斥的大量公式。果然，图灵的王编辑很快答应了下来。然而即便如此，我仍然对整本书的内容做了重大的编辑和调整，以进一步提高可读性。

于是，到了 2022 年的 11 月 20 日，就在我写下这段文字的时候，我终于看到这本书即将成形。